梁衡 著

董岩 来向武 编

权与德的修炼

干部修养十二讲

的

孔學堂書局

图书在版编目（CIP）数据

权与德的修炼：干部修养十二讲 / 梁衡著 ; 董岩,
来向武编 . — 贵阳 : 孔学堂书局 , 2024.4
ISBN 978-7-80770-500-0

Ⅰ . ①权… Ⅱ . ①梁… ②董… ③来… Ⅲ . ①中国共
产党 – 干部 – 道德修养 – 学习参考资料 Ⅳ . ① D262.3

中国国家版本馆 CIP 数据核字（2024）第 003744 号

权与德的修炼：干部修养十二讲 梁衡 著 董岩、来向武 编

QUAN YU DE DE XIULIAN : GANBU XIUYANG SHIER JIANG

策　　　划：赵宇飞
图书监制：祁定江
责任编辑：张基强

出版发行：贵州日报集团当代融媒体集团
　　　　　孔学堂书局
地　　址：贵阳市乌当区大坡路 26 号
印　　刷：宝蕾元仁浩（天津）印刷有限公司
开　　本：787mm×1092mm　　1/16
字　　数：260 千字
印　　张：18.25
版　　次：2024 年 4 月第 1 版
印　　次：2024 年 4 月第 1 次印刷
书　　号：ISBN 978-7-80770-500-0
定　　价：48.00 元

　　受老朋友赵宇飞委托写一本帮助广大干部提高修养的书，于是有了这本《权与德的修炼：干部修养十二讲》。

　　原本不敢领受这一任务，写这样一本书，工作量繁重，以我现在的年龄和精力，算是个大工程。但老赵的话让我无法推却，"您自己做领导干部多年，而且我知道近年来您又在这方面多有思考"。

　　于是着手准备，其实就是将这些年的所闻所见、所感所思，整理出来。这促使我能够系统而深入地思考"干部修养"这个问题，自己也从中受益不少。我从领导岗位上退休十几年了，我想这些受益对于许多年轻干部来说，应当更有启发和价值。当前，正值中央倡导改进领导干部作风，提高干部修养。这样一本书的出版发行，正当其时。

　　具体完成的过程，有大量繁琐细致的工作。我的两位博士生，在中央广播电视总台工作的董岩同志和在西北大学工作的来向武同志，帮助我完成了很多工作，使这本书能够及时与大家见面。其中，董岩同志完成了第三、第四、第五、第六章的具体撰写工作，来向武同志完成了第七、第八、第十一、第十二章的写作。

　　本书的内容，从三个大类、十二个方面论述了干部修养问题，吸纳了古今中外的有益思想，突出了马克思主义精髓，强调了理论与实际的有机结合，应该说紧扣当前现实环境，既有理论辨析，又有现实针对性。形式上，为方便阅读和引起思考，每章前有寓意深刻的名言短句，每章后有相关延伸阅读的经典文章。

中国传统典籍中，《大学》里说"物格而后知至，知至而后意诚，意诚而后心正，心正而后身修，身修而后家齐，家齐而后国治，国治而后天下平"。前四句讲"内修"问题，后三句讲"外治"问题，而连接这两个方面的是"修身"一环，可见自身修养的重要性。

在我们党的历史上，曾有一篇重要的文献，就是刘少奇同志在 1939 年完成的《论共产党员的修养》。那篇四万多字的文章，解决了当时从不同环境中走到一起的广大共产党员统一思想认识、提高自身修养等诸多问题。虽然时移势易，但今天每位领导干部提高自身修养的重要性没有变，提高修养对于我们工作的重要性没有变。希望通过大家的共同努力，推动我们的工作更加前进一步。这也是本书的初衷。

是为序。

目录

修身篇

用权篇

律己篇

干部为何要加强修养

何为修养？修养是指人的综合素质，就是经过自我认识、自我提升后所达到的一种修身养性的境界。唐代吕岩《忆江南》词中说："学道客，修养莫迟迟，光景斯须如梦里。"其实强调修养的不只是道家。中国传统文化中，儒、释、道都注重个人修为与境界提升。中国儒家素有"修身齐家治国平天下"的传统，并将修身视为齐家治国平天下的基础。可见，不注重修养，没有好的修养，也不可能成功立业。

修养作为一种无形的力量，约束着我们的行为。任何一个人，只有具备良好的个人修养，才会被社会所尊重。对于拥有一定权力的干部来说，加强修养尤为重要。干部者，骨干、干练部分也。它是一个团体、一项事业的核心，也是一种信仰、一种理想的示范。治国先治吏，干部队伍的建设一直是头等大事。作为领导干部，身上承载着党和国家赋予的历史使命与百姓寄予的殷切希望，肩负着带领百姓谋求发展与实现富裕的重大责任，同时还要接受社会的监督和历史的检验，这就要求领导干部必须在实践中不断修炼、学习、提高和完善自己，努力做到德、才、行、识兼备。有了这样的积累与修养，才可能正确使用权力，提高执政能力和执政效率，发挥正能量，使百姓受益，身体力行促进经济发展、推动社会进步。如果我们每个干部都能这样严于律己、严于修身、严于用权，忠诚于人民、忠诚于党、忠诚于国家，那么才会赢得民心，人民才会看到希望，国家才有未来。正所谓"修己以安百姓"。

古时，曾子说过"吾日三省吾身"，是说自我反省的问题。《诗经》上则有"如切如磋，如琢如磨"的话，这是说朋友之间要互相帮助、互相批评。这一切都说明，一个人要有进步，就必须下苦功夫，听得进真言、净言和忠言，郑重其事地进行自我修养。80多年前，刘少奇同志在《论共产党员的修养》中提出，党员要不断改造和提高自己，在实践中加强自我修养和学习。在党的100多年发展历程中，这一问题从来没有被忽视过。毛泽东同志在中国共产党第七届中央委员会第二次会议上告诫全党：共产党员务必继续保持谦虚谨慎、不骄不躁的作风，务必继续保持艰苦奋斗的作风。邓小平同志说：领导干部，特别是高级干部以身作则非常重要。

那么干部修养主要包括哪些呢？一是党性修养，这是最高要求。二是理论修养，重温马列经典，结合新实践读懂原理。因为我们是从这个基础上发展起来的，老祖宗不能丢，历史不能割裂。三是知识修养，多读点社会科学方面的书。有的错误是私欲、虚荣、好大喜功造成的，有的则是无知使然。多读书、勤思考、善积累、常反思，方能开拓视野、宽广胸怀、提高认识、少犯错误。四是人格修养。干部、党员，首先是一个普通人。在一个团体中，人格独立，才能民主团结；在社会上，人格健全，才能政治清明。这不只是共产党的要求，古今中外都如此。

干部修养是社会文明的标志，是社会风气的先导。在社会转型期、改革关键期，提高干部队伍的整体素养尤为重要。但实际情况却不容乐观：形式主义、官僚主义、享乐主义和奢靡之风，在一些地方并未彻底扫清。少数领导干部理想信念动摇，宗旨意识淡化，精神懈怠；贪图名利，弄虚作假，不务实效；脱离群众，脱离实际，不负责任；铺张浪费，奢靡享乐，甚至以权谋私、腐化堕落。这些问题和现象，有损党在人民群众中的形象，激化了社会矛盾，不利于社会稳定与和谐。党的十八大以来，中央相继提出的整顿"四风"和"三严三实""两学一做"等专题教育，旨在加强党员干部作风建设，不断提高干部修养。每个党员干部，只要脚踏实地、实事求是、努力磨砺、认真修养，长此以往，自己的思想和品质就一定会逐步提高。关键是要形成良好的习惯，持之以恒，从不懈怠。

两千多年前，孔子曾云"吾十有五而志于学，三十而立，四十而不惑，五十而知天命，六十而耳顺，七十而从心所欲，不逾矩"。孟子则说，能担当历史大任的人物，都须经过痛苦艰辛的修炼过程，此即"必先苦其心志，劳其筋骨，饿其体肤，空乏其身，行拂乱其所为，所以动心忍性，曾益其所不能"。

是故欲做事、欲成事，必先做人，从加强自我修养开始。圣人如此，更何况人民公仆?!

修身篇

古人云："身修而后家齐，家齐而后国治，国治而后天下平。"

修身就是修养身心，通过自省、慎独、改过等方式，使自己的德性得到养护，心灵得以净化。对于领导干部而言，严以修身，就是要加强党性修养，坚定理想信念，提升道德境界，自觉远离低级趣味，做一个高尚的人、一个纯粹的人、一个有道德的人、一个有益于人民的人。

淡泊名利

> 淡泊是一种境界。淡者，水清也；泊者，船停靠岸边，定也。以淡制浓，心才能定。出声色而不动，入功利而不迷，是为淡泊。

夫君子之行，静以修身，俭以养德。非淡泊无以明志，非宁静无以致远。

——〔三国〕诸葛亮

莫言名与利，名利是身仇。

——〔唐〕杜　牧

我们每个人在内心深处都觉得，对于生命持一种无忧无虑的淡泊态度，将抵偿他自身的一切缺点。

——〔美国〕威廉·詹姆斯

一、说淡泊

淡泊是一种境界。

"淡泊"这个词因为诸葛亮的一句名言"非淡泊无以明志，非宁静无以致远"而载入中国政治思想史，成了政治家的修身戒条。

淡的反面是浓。政治本是一件浓烈之物。热血青年浓烈的爱国情，战场上浓密的硝烟，仕途中浓郁的恩怨纠结，同志间浓厚的友爱，交际场上浓艳的酒色等。真是如徐志摩的文章"浓得化不开"。如此浓重之政治，是避不开的。主张"内圣外王"的儒家，将此叫"入世"，要搞好政治就不得不融入这个浓重世界中。而千百年来的政治实践，又让政治家悟出一个"淡"字。淡而泊，泊者，船停靠岸边，定也。心要能定，以淡制浓，出声色而不动，入功利而不迷。

淡，首先是心要淡。心主神明，心里冷静清醒，一切都好办。心一乱，方寸全乱。而外来的诱惑首先是惑其心，攻心为上。声色犬马，高官厚禄，名誉头衔，投其所好，送其所要。浓浓的诱惑，无孔不入，不怕你不软、不从、不上当。有人爱金钱，有人爱美女。清朝时，朝中某官极清廉，行贿人苦于送礼无门，多方侦探，知他只有一件心事，想刻一本书，于是便找名匠刻印送上，一弹击中。可见官场围城中的贿风之浓，拒贿之难。其实对付之法，九九归一，就是一个"淡"字。淡然看一切，一切都归无。居里夫人获诺贝尔奖后，没有将金质奖章高高挂起，而是把奖章给了女儿当玩具在地上踢着玩。我们现在的学界要是都有份淡心，就不会学术造假。某次，几个知识分子参加领导召开的会，有好事者就大喊："快来与领导照个相。"有几个人岿然不动。好事者又说："你们怎么不识抬举？"不动者大声曰："我们没有这个要求。"这样的人定不会行阿谀之事。

淡而后能定。你如果给庙里的和尚送礼，送个木鱼他也许还能勉强受之，送个猪头，他是断不肯受的。因为他淡于荤腥，见了就恶心，就退避，自然也就有了定力，绝不上当。瞿秋白、陈赓等共产党领袖被捕后，蒋介石都曾许以高官，就是陈独秀后来蒋介石也曾许他一个部长。但他们都不为所动，宁愿受贫或赴死。我们常用"坚定"这个词，指一种主动的抵御、抵抗、斗争，其实还有一种"淡定"，根本就不去理它，视而不见，这才是最厉害的。对方想打你一拳，却打在空气上；想拉你的手，抓到的是一只空袖口。范仲淹提倡"心忧天下"，但前提是"不以物喜，不以己悲"，外不为利所惑，内不为私所动。当你的内心达到最好的恬淡之态，也就获得了最大的定力。

定而后有大志。凡历史上有大成就者，皆有淡泊的一面。因淡泊才让出了生存空间，扩大了精神世界，才有大节，于富贵贫贱、毁誉、欢戚不动一心，而慨然有志于天下。范仲淹两岁而孤，家中贫困无依。他少有大志，以天下为己任，发愤苦读，有时晚上读书疲倦了，就用冷水冲头洗脸，常常连饭也吃不上。做官以后，简朴清贫的生活一直坚持不改，常论天下大事，奋不顾身。后来官至参知政事（副宰相），领导了北宋对西夏的反侵略战争，又主持了"庆历新政"改革，成为一代名相。

有大志才能做大事。曾国藩以文官治军，终成大业，靠的便是"尚志""诚实"和"勇毅"。他淡泊名利，志向坚定。诸葛亮以"非淡泊无以明志，非宁静无以致远"自励。他自幼父母早亡，由叔父抚养长大，后避乱荆州，潜心向学，淡泊明志。辅佐刘备之后，又夙夜在公，鞠躬尽瘁。他与刘备陈说天下形势及兴复汉室之计，即著名的《隆中对》，策划孙、刘联盟，于赤壁大破曹军，奠定了三国鼎立的局面。蜀汉建立，拜为丞相。刘备死后，他又辅佐幼主，外联东吴，内修政治，南征平叛，北抗强魏。为统一中原、兴复汉室大业，鞠躬尽瘁，死而后已，成为一代典范。

淡泊不是消极避世，不是独居一室、两耳不闻窗外事，淡泊志在修身，进而济世。古人云："簪缨之士，常不及孤寒之子可以抗节致忠；庙堂之士，常不及山野之夫可以料事烛理。何也？彼以浓艳损志，此以淡泊全真也。"也就是说，那些戴着华冠美饰的高官显贵们，常不能像那些家世寒微者那样坚持节操、为国尽忠、不计名利。世上不乏有才华之辈，但最缺乏攘利不先、赴义恐后、忠愤耿耿之人。正是这些淡泊之人给历史、给后人留下了宝贵的精神财富。

二、身居官位淡泊难

领导干部身处权力的中心，名利的诱惑、众人的追捧、欲念的驱使，心求淡泊实在难。

1. 利的蛊惑

人们常说官场是个名利场。当官意味着拥有权力，只是级别不同，职位不同，但都有职、有权、有名。在封建时代，官僚的神圣地位体现在整体上，是特殊的利益集团；体现在个体上，是享有财富，享有特权。如果没有制度和道德的约束，做官是最直接、最有利可图的投资方式，是获取特权、攫取财富、保护财富的最有效手段。自从隋唐科举制兴起、用科考方式选拔官员以来，科举作为当官的主要途径一直受到社会各阶层的重视。历代读书人无不发愤苦读，进京赴考者如过江之鲫。当然，他们中很多人怀抱治国之志；但也有一些人是受到利益的驱动，为了升官发财，谋个好差事。

今天，权力依然充满了诱惑，是财富，是特权，可有很多方便之处，是一笔无形资产。比如，当官可以享受高待遇，单位会配车、配司机，住好房子，工资、医疗待遇也好，远比普通人的生活优越。这些还不算什么，当官还有社会地位，有话语权，可以不看人脸色，而让别人看你的脸色、求你办事。当官可用手中之权为自家人行方便、找工作、谋职位。比如单位工程招标，有权就可以让自家亲戚、朋友中标，以权谋私。正是："一人得道，鸡犬升天！"这些是当官的好处，但也是诱惑，稍一不慎，转念之间，利就会变成弊，酿成大祸。历史和现实中，这样的例子比比皆是。曾经身为"红小鬼"，为建立新中国立下汗马功劳的刘青山、张子善，在很短的时间内，就抵挡不住"糖衣炮弹"的侵袭、利益的诱惑，而迅速腐化堕落。在 1950 年到 1951 年短短一年时间里，刘青山、张子善利用职权，盗用机场建筑款、救灾款、治河款、干部家属救济粮、地方粮，克扣剥削民工供应粮及骗取银行贷款等，总计达 171.6272 亿元（旧币），相当于现今的 171 余万元。这就是建国第一贪污案。曾经的功臣，却沦为死囚，倒在自己人的枪口下。当时毛泽东说了这样一句话：如果干部一个个都寡廉鲜耻、贪污无度、胡作非为，而我们国家还没有办法治理他们，那么天下一定大乱，老百姓一定要当李自成！国民党是这样，共产党也是这样。

经不起利的蛊惑，便可能堕落为贪恋官位或者一心敛财的贪官。唐代韩愈的《河南令张君墓志铭》说："刺史可为法，不可贪官害民。"唐代皮日休的《橡媪叹》说："狡吏不畏刑，贪官不避赃。"《水浒传》第十八回说："人称义士犹难保，天鉴贪官漫自夸。"旁观古今中外落马的贪官，他们无一不是贪念丛生，利欲熏心，将权力视为获取金钱的捷径，为了仕途、官位甚至不要人格、不要底线、不计代价，陷于疯狂的利益之坑，最终身败名裂。

2. 名的吸引

人生在世，不好功名者甚少。尤其身在官场，能有几人不执着于浮名？记得有这样一则短信："路漫漫其修远兮，吾将上下而打点！"上下打点无非是为了功名利禄。

君不见中国上下两千多年的封建社会，帝王一旦登基，关注的头等大事便是规划建造自己百年后的陵寝。《晋书》云："汉天子即位一年而为陵，天下贡赋三分之一，一供山庙，一供宾客，一充山陵。"为了建造陵墓，举国之力，大兴土木，不惜劳民伤财。建陵时间最长的当属汉武帝刘彻，刘彻于公元前 140 年登基，第二年就开始修建自己的陵墓——茂陵。他在位 54 年，自己的陵墓修了 53 年，茂陵成为中国历史上修建时间最长的帝陵。入葬茂陵的时候，陵园殿堂、房屋等建筑的管理人员就达 5000 人。陵寝建好了，还不算完，还要追谥一长串名号。比如慈禧太后生前徽号就有 16 个字，加上死后的谥号，慈禧太后的正式全称长达 25 个字——"孝钦慈禧端佑康颐昭豫庄诚寿恭钦献崇熙配天兴圣显皇后"，恨不得把天下所有美誉都顶到自己头上。在这方面，超脱一些的是武则天，作为中国历史上唯一的女皇帝，她曾给自己加封"慈氏越古金轮圣神皇帝"之尊号。退位后，改尊为"则天顺圣皇后"。死后与高宗葬于乾陵，留下了一座无字碑，任后人评说。

多年前，笔者在人民日报社工作时，一次值班，看到一篇文章，内容是讲一个县长在任期间，竟为自己立了 13 块碑。修路要立碑，办学校要立碑，而且都要写上县长的名字。身为一县之长，本是人民公仆，做了件分内之事，就忙着树碑立传，硬要留下名字，逼大家记住。我当即配了一篇评论《碑不自立，名由人传》：

　　陕西某贫困县，县委领导竭诚尽力为群众办了不少好事，受到群众好评。但遗憾的是，每完成一件工程，某领导即要立碑以记，并亲拟碑文。由此引出群言纷纷，石碑虽起，口碑却降。由是想到碑的本意，试略为一辩。

　　碑者从石从卑，取坚用谦。本意是以坚石刻记要事，以期久远，所以立碑之时总是思之又思，酌之再三，心也惴惴，手也颤颤，不知后人会作何点评。何敢草率，何敢张扬。就是在盛行立碑的封建时代，若行此事，也要庭议公论，焚香沐浴，毕恭毕敬。当年新中国成立，中国人民政治协商会议念近百年来无数英雄为国捐躯，特决定于天安门广场立人民英雄纪念碑一座，并议请周恩来亲题碑文。周受命之后，诚惶诚恐，闭门三日，重练书法，抄写数遍，才完成现在碑上的这篇文字，但他却坚辞不敢题名落款。至今，国人多不知此详。呜呼，昔一开国总理在先烈面前如此自谦，今一小县之长在父老面前这样张狂，同为碑石该作何感？

碑者背也。一背，指所书之事已背我们而去，属事后之论。碑，最早是古人在下棺之时立于墓坑两侧的系绳引棺之石。后来就顺便将死者的事迹刻于其上，到汉以后才逐渐演变为专门的记事之碑。可见其本意是盖棺定论，后而书之。二背，指所言为他人、他事，是背对背，不是面对面，更不是自说自话。现在某些地方官却忙于为自己树形象，工程甫定，碑身即起，水泥未干，墨色已干。行匆匆，急慌慌，如赶早集。争立石碑之外，又有争出书者，争登报者，争出镜者。唐代书法家颜真卿有一篇很有名的《争座位贴》，现在这些人更争几行之多，几秒之长，为己树碑，不厌其烦。唐时白居易知杭州，为民修堤，后人感其功，立碑曰白堤；到宋时苏东坡又知杭州，再修一堤，后人又念其功，立碑曰苏堤。假如当年白居易、苏东坡都自磨一石，曰白曰苏，立之湖畔，也许早已被埋于污泥，没于尘埃。数十年前大寨因大修梯田而名扬全国，老英雄贾进才一生打石垒坝无数，满手老茧如铁锈石斑。别人说，老贾，大寨该给你立一座碑。老人说："要碑做啥？这满沟的石坝不就是碑。"说得好，碑本天成，何必人立。试想，如果老人也像某县领导这样心贪，往每块坝石上刻一个"贾"字，那参观者该恶心成什么样？当然，结果并没有这样，所以大寨展览馆里这位老英雄的形象依旧灿烂。

历史老人很怪，有自鸣得意者，就捂住他的嘴；有桃李不言者，偏扬他的德。从来都是碑不自立，名由人传。奉劝有立碑嗜好者切记这一点。[1]

动不动就树碑立传，这种虚浮好名之风实在不可长！

1　原文载于《人民日报》2004 年 4 月 9 日。

3. 酒色之诱

云南省人民检察院的官方微博上有一则《斥贪官》的诗：

> 祸国殃民酒色官，如狼似虎罪斑斑。
>
> 贪污索贿刮乡里，舞弊营私搞特权。
>
> 不与人民寻富路，却同小秘品时鲜。
>
> 臭名昭著千家恨，末日来临万众欢。

干部身处官场，手有权力，想要做到淡泊果真不易。有人前来求情求办事，有人设宴殷勤款待，还说什么薄酒一杯，聊表心意；旁边佳人相劝，温柔似水；于是频频举杯，三四杯下肚，便不再正襟危坐，五六杯之后便彻底扔掉了面具……几次三番，便熟络起来，或称兄道弟，或兄妹相称。但凡妹妹、兄弟张口，无不亲力亲为，此为酒色所迷惑。

江西省人大常委会原副主任、省总工会原主席陈安众以酒色之气而闻名。在江西萍乡流传着关于陈安众四个"一八"的段子："一米八的个子、一百八十斤的体重、一斤八两的酒量、十八岁的姑娘。"陈安众好酒可谓公开的秘密。前往县乡视察时，经常自带茅台、五粮液。而且，他习惯把茅台或五粮液装在普通瓷瓶里，以免老百姓说闲话。一位曾与陈安众打过交道的工作人员还透露一个细节，陈安众是在一位随行人员的提醒下，才意识到换掉酒瓶的必要，而这位工作人员因此获得擢升。陈安众在北京学习时，一些商人去找他吃饭，他之前已经用红酒杯子喝了三杯白酒。他往沙发上一靠，"对不起各位，我已经喝了八九两了，让我休息十分钟，就十分钟。"而后开始闭目养神。十分钟之后，他又喝了三杯，依旧谈笑风生。在陈安众的"带动"下，江西萍乡的餐饮娱乐业发展迅猛，一片繁荣。酒色之气由此在萍乡蔓延开来，渐成气候。

沉湎于声色犬马中，得过且过、醉生梦死，哪里还能有什么淡泊？哪里还有什么志存高远？

4. 有人抬轿子、吹喇叭

也有一些官员本心求淡，却是淡不起来。为什么呢？因为他的周围有一群不淡的人围着他，团团转，抬轿子，投其所好。起初觉得有些不适，但时间一长却是惬意得很。毕竟，动听悦耳的话语、奇妙美好的景物人人喜欢，这也是人之常情。为官的头脑不清醒，很容易被这些抬轿子的人拉下水，沆瀣一气，毁了清明。历史上最有名的莫过于唐玄宗和宋徽宗。这两个极富艺术天赋的帝王，都重用奸臣，毁在了自己人手上。

唐玄宗李隆基开创了"开元盛世"，天下太平，渐渐听不进宰相张九龄的忠言，反倒重用奸臣李林甫、杨国忠。因为这两个人善于拍马阿谀，总是迎合着玄宗，让玄宗高兴。公元736年，唐玄宗想从洛阳回长安，但宰相张九龄等人说秋收还没有结束，这样上路会骚扰百姓，影响生产。李林甫却对唐玄宗说，长安和洛阳是陛下的东宫和西宫，陛下愿意什么时候来往就什么时候来往，不必再等以后，至于妨碍了农民秋收，免了他们的税收也就行了。张九龄还曾劝玄宗杀掉安禄山以除后患，而他非但不听，后来竟罢了张九龄的官，任由李林甫把持朝政，最终酿成了"安史之乱"。

与唐玄宗比，宋徽宗赵佶的奸臣班底规模更庞大。北宋末年，都城汴梁流传着一首民谣："打破筒，泼了菜，便是人间好世界。"这位"筒"指大太监童贯，而那位"菜"便是反复无常、两面三刀、唯利是图的蔡京。这二人都是徽宗赵佶的心腹红人。他们与梁师成、朱勔、王黼、李彦并称"六贼"。蔡京钳制天子，培植亲信，广布党羽，铲除异己，一是为权，二是求美财供侈费。他提倡"丰亨豫大"之说，视国家财物如粪土，大兴土木，任意挥霍，没等几年就把历朝的储备一扫而空。这种恣行骄淫恰与轻薄天子宋徽宗的纵欲无度不谋而合，于是更加有恃无恐。

但身为一国之君，到底不太好意思明目张胆地做些无耻的勾当。而蔡京善解人意，从中点化，徽宗便借坡下驴。有一次，徽宗大宴群臣时拿出了一些玉盏，对辅臣说："朕多次想用以饮酒，唯恐百姓们以为朕太奢华。"蔡京赶快说："臣以往出使契丹，见所使玉盘、玉盏，都是石晋时之物。他们还曾在臣面前夸耀说南朝无有。今用以为皇上祝寿，实在于礼无嫌。"徽宗又假惺惺地说："先帝曾作一小台才数尺，上疏的大臣就很多，朕甚畏其言。此器已经很久没用了，如果人言复兴，久当莫辨。"蔡京又进一步为徽宗搭个台阶："如果事情合乎情理，多言也不足畏。陛下应当享用天下的进奉，区区玉器，何足计之！"一席话说得徽宗心里热乎乎的。蔡京还常对徽宗说："人主当以四海为家，太平为娱，岁月几何，何必良苦？"徽宗自然深以为理，于是常常微服出宫，夜宿娼门。蔡京还在宫中设小市场，宫女们扮成商贩卖酒卖茶，宋徽宗扮成乞丐挨门行乞，大家取乐，不成体统。

正是：奸臣当道，后患无穷。君昏不知，国将不国！

三、要以平常心，淡泊名利地位

面对如此多的诱惑，如何出淤泥而不染，心如止水，做到淡泊呢？2014 年习近平同志在上海考察调研时提出，各级干部要增强信仰力量和道德力量，正确对待权力，正确对待名利，正确对待群众，做到坚定清醒有为、为民务实清廉。

1. 以平常心，正确对待名利

正确对待名利，是立身之本。平常心，是指一种超然的态度，对一切功名利禄都泰然处之。对领导干部来说，保持平常心，就是对个人名利以及职务高低保持一种平和豁达、尽责心安的态度：功名利禄，乃身外之物。在对待个人名利地位上，领导干部要始终保持平常心，做到"三个淡泊"。

首先要淡泊官位，摒弃"官本位"意识，树立正确的世界观、人生观和价值观。"官本位"是我国封建社会遗留的政治文化糟粕，是一种自私自利、腐朽没落的人生理念。"官本位"把是否为官、官职大小当成一种人生最高价值追求。"官本位"思想作祟，自然是看重仕途看重权力，做不到淡泊官位。

其次是淡泊名利。淡泊名利是"宠辱不惊，去留无意"的人生态度；是"不以物喜，不以己悲"的境界；是"先天下之忧而忧，后天下之乐而乐"的胸怀；是"鞠躬尽瘁，死而后已"的信仰。浑浑噩噩、不思进取、锱铢必较的人是无法淡泊名利的；碌碌无为、唯利是图、患得患失的人怎能奢谈淡泊名利。唯有公而忘私、敬业奉献、情操高尚的人才耐得住寂寞，才能以淡泊名利的情怀书写人生。在世界历史舞台上，淡泊名利同样是杰出人物的主要品质之一。美国著名记者、哈佛大学肯尼迪政治学院公众服务教授大卫·葛根曾评价历任美国总统，他认为淡泊名利是作为总统最大的优点："具有这一优点的福特、杜鲁门、艾森豪威尔和里根都成了杰出的领导者。作为一位总统，心存抱负是很正常的，但是当这种抱负转化成只有争权夺利才能满足野心时，那将是毁灭性的。约翰逊、尼克松和克林顿总是想得到更多，正是这种不断膨胀的欲望使他们走向极端，甚至剥夺了他们作为总统的尊严。"

居里夫人也是一位看淡名利之人。她一生共得了 10 项奖金、16 种奖章、107 个名誉头衔，特别是两次诺贝尔奖。她本来可以躺在任何一项大奖或任何一个荣誉上尽情地享受，但是她将奖金赠给科研事业和战争中的法国，将奖章送给 6 岁的小女儿去当玩具。一位朋友见状曾惊讶地说："得到这样一枚奖章，是极高的荣誉，你怎么能给孩子玩呢？"居里夫人笑了笑说："我是想让孩子从小就知道，荣誉就像玩具，只能玩玩而已，绝不能看得太重，否则就将一事无成。"爱因斯坦说："在所有的世界著名人物当中，玛丽·居里是唯一没有被盛名宠坏的人。"领导干部应学习她淡泊名利的人生态度，把党和人民的利益放在首位，吃苦在前，享受在后，"先天下之忧而忧，后天下之乐而乐"。

其三是淡泊物欲。人的物欲分为两种：一种是生理需要；一种则是心理欲求，是对物欲的无限追逐。需要应该合理满足，欲求则应予以节制。人若过分地追求物欲，就会陷入无底的欲望深渊，这是所有罪恶及悲剧的根源；物欲的役使，会使人步入歧途，甚至铤而走险，最终带来的是痛苦和不幸。淡泊物欲是一种智慧，人的欲望无穷尽，而世间的物资有穷尽，以有限的物资满足无穷的欲望，即使尽其一生去追逐也是欲壑难填。人赤条条地来到这个世界上，不管他怎样叱咤风云，怎样钱财万贯，最终也只能孑然一身离开这个世界。通俗地说，钱财乃身外之物，生不带来，死不带去。若能认清这些道理，何尝不是一种人生的大智慧。佛家讲，不做物欲的奴隶。钱财只是手段、工具，不是人生的目的，更不是生命的意义所在。习近平曾告诫官员，当官不要以钱为念，要以理想为基础，"不要看到经商发财而感到怅然若失……如果觉得当干部不合算，可以辞职去经商搞实业，但千万不要既想当官又想发财，还要利用手中权力谋取私利，官商结合必然导致官僚主义"。干部当谨记："千万不要既想当官又想发财。"

"杨善洲，杨善洲，老牛拉车不回头，当官一场手空空，退休又钻山沟沟；二十多年绿荒山，拼了老命建林场，创造资产几个亿，分文不取乐悠悠……"这是流传于滇西保山市施甸县的民谣，它唱出了云南省原保山地委书记杨善洲淡泊名利、60年如一日对理想信念的坚守。身为地委书记，退休之后完全可以享受许多人羡慕的安逸闲适的晚年，他却偏偏一头扎进家乡的荒山，用20余年的时间，把荒山秃岭变成了生机勃勃的绿色天地。他为官30多年，从未想过给自己谋福利。按照政策，组织部门上交了为他的家人办理"农转非"的报告，他闻讯后坚决要求撤销了报告。他的妻子和大女儿一辈子都在农村。他担任地县领导干部30多年，可直到退休也没有能力为在农村的家盖一所像样的房子，他家的房子曾经是全村最差的。杨善洲不图名、不求利、不谋私，守得住清贫，耐得住寂寞，一尘不染，一身正气，成为领导干部的楷模。

然而，少数党员干部，包括部分领导干部，不能正确对待名利，对于来自各方面的诱惑，缺乏坚定的立场、抵制的态度，甚至有的还急功近利、追名逐利，久而久之，便陷入了欲望的黑洞，不仅葬送了自己的政治前途，最后落得人财两空、身败名裂。党员干部要想在仕途上走好走稳走久，必须正确对待名利，不为名所动、不为利所惑。

2001 年，时任福建省长的习近平在接受媒体采访时说：

> 年轻时，我对主席和小平同志对自己的评价不理解，三七开，那么低！现在明白了，作为一个领导干部能争取到人民和自己都打出及格分已经很不易了。在现在的社会环境下，既不可出师未捷身先死，倒在许多诱惑面前，也不能希冀立万事之功、不世之功，更不可希望做前无古人、后无来者的伟业。以平常心、踏实成事才是本。

2. 不好大喜功，不搞政绩工程

领导干部哪个不想有政绩？但不能脱离实际，不能"发烧"，烧得自己也坐不住。淡泊之心就是一种实事求是的态度，时刻能冷静为之。无为而治，不是无所作为，而是不为功利目的，不做表面文章，不做应景之事，不搞政绩工程。特别是决策人不能好大喜功。

社会上从来不乏好大喜功之人。有一则笑话，说是要给珠穆朗玛峰安电梯，给长城贴瓷砖，给月亮涂涂料，给太平洋安锅盖。虽说是笑话，但历史上确有其事。说的是秦二世突发奇想，说是要给城墙都漆上漆。皇帝金口玉言，一言九鼎，大臣们听后面面相觑，但谁敢反对?! 这时有一个叫"旃"的俳优对秦二世说："这很好啊！就是陛下不说，我也要请求的，漆城墙虽说会劳民伤财，但毕竟是好事，漆了城，敌人来了爬不上来，就是爬上来了，也会被漆粘住。只是应该先盖一个能容下城墙的大棚。"一听如此浩大工程，秦二世也只好作罢。到了乾隆时代，当"文治武功、十全老人"乾隆还在为前来觐见的外国使节行不行跪拜礼而反复磋商之时，西方已经进入了蒸汽机时代。也正是从那时起，我们与世界逐渐脱轨了。到了只"好大"而"无功"的慈禧老佛爷手上，便只剩下"量中华之物力，结与国之欢心"了。

好大者并不是完全出于个人爱好——醉翁之意不在酒，在于山水之间也——在于"喜功"。这"功"就是功名、功利。好大喜功是几千年来的大一统观念衍生出来的传统病：大中华，大汉族，大中国，大一统，地大物博，人口众多……这些观念已经深入吾国吾民的心里，成为一种民族潜意识。可我们贪大求大的亏实在吃得太多："大跃进"，大炼钢铁，大鸣大放，直至"文化大革命"，虚荣心、浮夸风让国民经济濒于崩溃。

1959 年 11 月 1 日，陈毅元帅偕夫人回到阔别了 36 年的家乡——四川省乐至县视察。乐至县地处川北，是土质瘠薄、石骨嶙峋的丘陵地区。当时浮夸风劲吹，这个落后的山区县竟被"吹"成了全省的一面"红旗"。

离乐至县城 5 华里的仙鹤公社境内，有一个较大的石山坡，被称为"高产卫星坡"。陈毅在车内听说公社把全部人力和物力都投在高产地上，很多男青年在深翻土地，一队队送肥的姑娘挑着担子在穿行。这就是所谓高产地里的"大兵团作战"。陈毅看这一切，苦笑着，不时摇头。

陈毅来到"卫星坡"下，走下车来问：这个坡，过去种什么？一个干部回答：原来可耕地少，种小麦、苞谷，产量很低。现在靠公社的力量，荒坡换新颜。今年全县小麦平均亩产 501 斤，这高产地已过千斤关了。陈毅幽默地叹道：不简单啊不简单，荒坡竟过了千斤关。

有人提议请陈老总面对家乡翻天覆地的变化，不妨吟首诗，以表乡情。陈毅说："在作诗前，你们得先算一算一道数学题。高产地占不到整个公社土地的 1/5 吧！你们把全部人力、物力集中在高产地搞'大兵团作战'，荒掉了 4/5 的土地，这真能增产吗？假如一亩产 500 斤，5 亩就该产 2500 斤。5 亩高产地能产 2500 斤吗？你们为了争红旗，就只有吹牛、说谎。是不是？"陈毅越说越激动："吹牛不犯死罪，可我们共产党是执政党，我们也吹牛，那是要害死人的。"

他用拐杖指着脚下的坡地说："这个坡，要是建成桑园就好了，因地制宜嘛！何需花那么大的力气修公路？"

人们听后都沉默了。陈毅又说：你们不是要我作诗吗？好，我就来诌上几句，赠给诸君：

> 今日话乡情，情真意更诚。
> 好大喜功事，万代招骂名。

"大跃进"期间，在好大喜功的浮夸风狂吹之下，不但农业亩产过万斤，文化也可以放卫星。1958 年 11 月 14 日，中共山西省阳城县委做出"全党全民动手创作"的决定："党委号召，书记挂帅，全党动员，全民执笔，苦战 3 个月，立说 40 万，精选 10000 篇，著书 100 册。"在县委号召下，10 天之后，阳城县一中师生"第一个卫星提前上了天"。他们的"先进"经验是"三想三写加二抓"，即：劳动时就想，休息时就写；走路时就想，坐下来就写；吃饭时就想，放下碗就写；抓时间，日以继夜地写；抓事实，一件事要推想它联系的一切。

著名作家赵树理刚被任命到阳城挂职时，人们正在接受 1959 年的创作任务。该县一个仅有 32 人的剧团，就要完成诗歌 6 万首、大型剧本 40 个、中型剧本 100 个、小型剧本 1500 个，还要演出大小节目 5300 个场次。赵树理听后禁不住哈哈大笑，说："要是真能这样，作家就该失业了。"

共青团阳城县委召开青年大会，动员大家放"文艺卫星"，特请赵树理去讲话。不料他劈头就说："我给你们泼冷水来啦！我一个专业作家，一年还写不好一本书。诗是语言的精华，你们一个晚上怎么能写出几十首呢？别说放'卫星'，我看连个'起火'（一种最简单的烟火）也放不成。你们年纪轻轻，可不能养成吹嘘夸口的毛病！"

然而，"大跃进"势不可当，赵树理的讲话丝毫不影响县团委书记布置放"文艺卫星"的任务。这个县团委书记指示：各机关团员，每人在1959年出版作品100篇……赵树理听了哭笑不得，默默退出会场，回家后顺手写了一首幽默风趣的打油诗《招生广告》：

> 人道作诗难，只因作得少。
>
> 一天二百首，一月管保好。
>
> 你若无啥写，题目向我讨；
>
> 硬自《钢铁歌》，软至《她来了》，
>
> 随便写一个，然后找材料。
>
> "手呵动地手"，"笑呵圆的笑"。
>
> 莫谓人不懂，难懂方为妙。
>
> 我住天字街，门牌第一号。
>
> 祝尔准诗人，前来把名报。

1957年毛泽东访问苏联期间提出，要在15年间，在钢铁等主要工业产品的产量方面赶超英国。但到了1958年5月，毛泽东认为，只要解放思想，破除迷信，振奋敢想敢说敢做的大无畏创造精神，我国7年就能赶上英国，再加8年或10年赶上美国。在超音速般的"大跃进"中，许多豪言壮语就此而生。比如：让高山低头，要河水让路；人有多大胆，地有多大产。"大跃进"对新中国的社会生产力形成了大破坏。

3. 不计得失升迁，不发牢骚

"牢骚太盛防肠断，风物长宜放眼量。"诗句摘自毛泽东1949年4月29日写的七律《赠柳亚子先生》，意思是，人生往往会遭遇很多困扰与烦恼，主要是来自于自己。一个人要淡看名利得失。

我们常说，人生不如意者十之八九。面对挫折、苦难，能否保持豁达的胸怀，能否保持积极向上的人生态度，在逆境中磨炼意志，不计较一时的成败得失，在失望中看到希望，关键在于能否以宽阔的胸襟、长远的眼光，去辩证地分析问题，排解心中的"牢骚"与"浊事"。领导干部，要淡看富贵得失，淡看升迁荣宠。在其位，谋其政，尽其力。历史上那些忠臣良吏，常常因忠谏遭贬，却不改其志，不论权位高低，离京远近，仍尽心尽力，为国分忧，为民请命。

范仲淹就是一例。他四次被贬，第一次是反对皇上率百官于会庆殿为太后祝寿，第二次是因废郭皇后事，第三次是因为与吕氏集团的争斗，第四次是因"庆历新政"改革。但他依然我行我素，"宁鸣而死，不默而生"，无论官位浮沉，都心忧天下，不负苍生。

被贬饶州时，他热心办学，整顿吏治减免赋税。饶州人素有种茶习惯，但进贡太多，百姓不堪重负，不少人背井离乡外出逃难。范仲淹心情十分沉重，入夜辗转反侧难以入眠。于是披衣起床，伏案提笔，一份减免百姓贡茶的奏章写成了，马上令人快马送往朝廷。仁宗皇帝准奏，从此饶州百姓摆脱重负。当时民间流传着这样一句话，"一章奏免贡新茶，惠及饶民千万家"。

古代饶州城，商贾云集。因管理不善，市面混乱，还经常发生火灾，百姓苦不堪言。历任知州均整治无果。范仲淹调查清楚后，便立即下令疏通沟渠，将市内龌龊之水引至郊外。他昼夜不歇，亲自监工，一个月之内全部疏通，整个市貌焕然一新。为了防止火灾发生，他还下令在城内挖了很多水井以备救急用。

范仲淹如同一枚螺丝钉，到哪里都忠实地发挥作用，从不抱怨和懈怠。自康定元年至庆历三年，他在陕西统兵整三年，以出色的军事才能，抵御了西夏的侵扰，确保了宋朝边疆的安全，他的《渔家傲》真实地记录了无怨无悔与将士同甘苦的戍边生活：

塞下秋来风景异，衡阳雁去无留意。四面边声连角起，千嶂里，长烟落日孤城闭。

浊酒一杯家万里，燕然未勒归无计。羌管悠悠霜满地，人不寐，将军白发征夫泪。

命运多舛的苏轼也是宠辱不惊，淡泊名利与地位。他一生宦海沉浮，因屡屡"犯上"而一再遭贬，仕途可谓蹭蹬不济。尤其因反对王安石变法而被人构陷，被投入牢狱，险些丧命，这就是"乌台诗案"。出狱之后，又被贬至黄州，后来司马光主政，苏轼又不合时宜地发出了不同的声音，结果又被流放。七年后，又无端遭牵连，被贬至惠州。后再贬至海南。

苏轼屡次遭贬，壮志难酬，忧患之心备受煎熬。但他每到一地仍是忧国忧民，积极工作。任职杭州，他在西湖清淤，建起一堤穿湖而过，让人间天堂更美。被贬黄州，苦难良多，但其文学创作达到了高峰。他著名的《猪肉颂》打油诗写道："黄州好猪肉，价钱等粪土。富者不肯吃，贫者不解煮。慢著火，少著水，火候足时它自美。每日起来打一碗，饱得自家君莫管。"这里的"慢著火，少著水，火候足时它自美"，就是著名的东坡肉烹调法了。苏轼虽然屡遭打击迫害，丢官被逐，但始终能自我调适，随遇而安，自始至终未曾苟且偷生，消沉遁世，留给后人无数豪迈从容之佳句和豁达淡泊之精神。直到66岁大赦天下，他才被开恩召回。但还没到朝廷，便死在了常州。他死前两月，北归途中，看到李龙眠为他画的像，即席写诗云："心似已灰之木，身如不系之舟。问汝平生功业，黄州惠州儋州。"以被贬的三地作为平生功业的总结，多么洒脱旷达、从容淡然。

官场最常遇到的是升迁、贬谪，贪恋权位与荣华的官吏，常常不堪一击，最怕的莫过于丢官贬官，一旦失去了权力，其精神支柱随即坍塌。因此不少官吏往往死在了被贬之地。只有像范仲淹、苏轼这样淡泊之人，才能平和对待荣辱盛衰，勤政爱民，数十年如一日，不改本色。

4. 不求奢华，不贪美色

古人云："俭，德之共也；侈，恶之大也"，"历览前贤国与家，成由勤俭破由奢"。勤俭节约是中华民族的传统美德。在中共中央《关于改进工作作风密切联系群众的八项规定》中，明确规定：要轻车简从、减少陪同、简化接待，不张贴悬挂标语横幅，不安排群众迎送，不铺设迎宾地毯，不摆放花草，不安排宴请；要改进警卫工作，坚持有利于联系群众的原则，减少交通管制，一般情况下不得封路、不清场闭馆……这些规定，亲民务实，提倡勤俭，狠刹了奢靡之风。

陈云是严于律己的典范，他清正廉洁，克勤克俭，从不铺张浪费。他给自己定了一些规矩，如外出视察时他要求"不迎不送""不请不到"，坚持从不吃请，从不收礼。陈云对这些规矩严格执行，从来不打折扣。新中国成立以后，陈云曾 26 次到浙江视察指导工作，浙江历任党政军领导都不无遗憾地说，他们没有一人有机会陪陈云吃过一顿饭。陈云也从不收礼。他常说："很多人送礼是有求于我，我若收下，以后决定事情必有偏差。"他还风趣地说："只有毛主席和周总理送的礼我才收，因为他们不求我办事。"改革开放初期，两位军队领导看望陈云，带来当地产的两盒葡萄。陈云坚决不收，他们反复解释说："这葡萄值不了多少钱，是给你尝一尝，也不是送礼。"陈云就说："那我吃 10 颗葡萄，叫'十全十美'，剩下的你们带回去。"陈云吃饭很简单，可谓粗茶淡饭。有一年，他到外地，接待单位给他摆了一桌子菜。他一看，坚决不吃，直到厨房重新做了平时吃的一荤一素，才肯就餐。还有一年春节，有同志到他那里请示工作，正赶上他吃午饭，见桌上还是平时的两菜一汤，就说："今天过节了，是不是多加几个菜？"他说："不用加，我天天过节。"他指的是和过去比，现在的生活每天都和过节一样。

孔子云："吾未见好德如好色者也。"又有"食色性也，人之大欲"。可见好色乃人之天性。常听人说："美人当前，秀色可餐；艳冶当前，勃然难制。"其实这是好淫者的借口。因为，有欲、无欲全在心念。面对美色，沉溺于温柔乡，容易失去理性，冲昏了头脑，消磨了意志，失掉了原则和底线。好色，成了权力场罪恶的根源之一。

法国总统戴高乐将"远离女人"作为自己的座右铭之一，就是基于二战时法国总理雷诺被一名漂亮的德国女间谍左右，在抗战与投降问题上举棋不定，最终经不起美色诱惑投降了。戴高乐对此深恶痛绝，作为一个对国家有高度政治责任感的政治家，他将"远离女人"作为自己的座右铭。古往今来，很多官员都没能保持清醒的头脑，倒在了美色之下。

明朝严嵩虽然奸贪狡诈，却只有欧阳氏一个妻子，二人携手终老。严世蕃在这点上与他父亲截然不同。他的荒淫无度比起《金瓶梅》中的西门庆有过之而无不及。严世蕃妻妾成群，堪比皇帝。妻妾就有 27 个，侍女、丫鬟更是无数。他让他的这些美妻娇妾，列屋群居，过着良辰美景不夜天的富丽生活。她们轻纱罗衣，光鲜华美，所穿服饰甚至还绣有龙凤花纹，点缀着珍珠宝石，极尽奢华之能事。严世蕃睡的是象牙床，围的是金丝帐，在美人堆里左拥右抱，醉生梦死，最后却是身陷牢狱，身首异处。

明代抗倭英雄戚继光，出身于将门世家。他的父亲戚景通，家教十分严格。戚继光 12 岁那年，有一次，几个工匠来戚家修理房屋。戚景通安排他们安设四扇雕花门户。工匠们都感到迷惑不解，纷纷议论说："像这样的将门世家，可以安设十二扇雕花门户啊！"工匠们的议论，被戚继光听到了，他立即去找父亲，提出要增设八扇雕花门户。戚景通没想到儿子小小年纪，就讲究起虚荣和排场来，便声色俱厉地说："你要从小养成勤俭的品德，否则，连这四扇雕花门户也是保不住的。"一天，戚继光穿着一双很考究的丝织鞋子走过厅前，结果被父亲看见了，戚景通十分恼火，当即怒气冲冲地斥责道："你一个小孩子就穿这样讲究的鞋子，长大后，就会去追求绫罗绸缎。要是当了军官，说不定还会侵吞士兵的粮饷，后果不堪设想啊！"戚继光听了父亲的教诲，立刻脱掉丝鞋，换上了布鞋。从此，他再不追求奢侈，直到担任了朝廷的大将军，依然过着俭朴的生活。

　　王安石冰清玉洁，不贪官位。进士及第后，其他人都奔走要谋求一个馆阁之职或京官留在汴梁，这样提升的机会多。而王安石主动请求到偏远地方任职，来到鄞县（在今宁波市）出任县令，其后几次辞去京官。在事业最兴隆之时，他坚辞相位，回家隐居。他不贪钱财，搬出相府时，官府之物寸草不带。吴夫人特别喜欢那里的一张床，想按照价格付钱买下来，王安石也没有同意，他认为这样将来会说不清楚。王安石不爱女色，终生一妻，绝无绯闻。他不爱官、不爱财、不爱色，是个地地道道的"三不爱官员"。仅此三项，就可让王安石永享盛名。梁启超最服膺的人便是王安石，在戊戌变法失败后，他对于王安石变法的历史意义以及王安石的政治水平、人格操守理解得更是入木三分，因此感叹道："若乃于三代下求完人，惟公庶足以当之矣。"

　　作为领导新加坡52年的国父，李光耀具有很高的政治智慧。他认为，有好领袖才会有好政府："没有好人掌管政府，能不能有好政府？美国自由主义者相信可以……但亚洲经验使我得出不同的结论：要有好政府，必须有好人管理政府。我40年来观察到的是，甚至当政府制度差，只要有好人掌管，政府就会过得去，会有适当的进展。另一方面，我看到过很多理想的政府制度垮了。"

　　在李光耀看来，好领袖必须具备领袖特质：抵抗外来诱惑，克制不良欲望的坚强意志；尽忠于国家和人民的献身精神；冷静、理性、果敢的品质以及对国家的"责任感"。有了这些，才能抵制美色诱惑，经受住考验。有一次，李光耀出席东南亚国家的会议。会议间隙，主办方找来了一些女孩子休闲娱乐，当这些女孩子来到李光耀面前时，李光耀拒绝说："不，不能这样。"便走开了。李光耀严于律己，同时也严格要求同僚、下属不能贪图美色。在新加坡从政，如果生活作风发生问题，就会前途尽失。曾经有一位警察总监，因生活作风问题而被撤除职务，从显赫的官员降为一介平民。

　　李光耀一生从政，政敌曾形容他刻薄无情。但他对妻子一往情深。夫人柯玉芝为新加坡名校莱佛士书院的同窗，后前往英国剑桥大学格顿学院深造，成为亚洲首名考获剑桥大学法律系一等荣誉学位的女性。两人婚后恩爱情深。李光耀称妻子是自己的至爱，并说她是自己"力量的源泉"。2003年，柯玉芝首度中风。中风前，她的生活总是围绕着丈夫转。中风后，李光耀的生活就变成围绕着夫人转，从一个"大男人"变成一位深情的丈夫。他会敦促妻子游泳锻炼，督促她每天吃药，还一天为她测量多次血压。虽然还在内阁，但他总根据夫人的需要调整工作安排。2008年，柯玉芝再度中风，从此长卧不起。原先，李光耀夫妇很少在公开场合表露爱慕之情，但妻子二度中风后，李光耀便经常吻其额头，给予慰藉。无论工作多忙，每晚回家后，李光耀都会抽出两个小时和妻子"说话"。虽然她无法动弹或讲话，但李光耀说："我跟她讲话时她是知道的，我每晚都这么做。她会为了我保持清醒。我告诉她我今天做了些什么，念她最喜欢的诗。"

2010年10月2日，夫人去世。葬礼上，李光耀手拿红玫瑰，在爱妻生前最爱的巴哈乐曲伴奏下，作最后的吻别。李光耀曾说："西方文化中的思想，是娶你所爱的人，而东方文化的观念，是爱你所娶的人。"防止贪色贪腐，从爱自己老婆开始。这是李光耀的忠告。

5. 不要虚名

官愈大就愈贪图虚名，类似小偷愈偷胆愈大。有的人身居高位，却看淡名利，不务虚名，毕生勤勤恳恳，忠于党的事业。陈云就是这样一位典范。他是我们党的第一代、第二代中央领导集体的重要成员，但他生前一直不同意对他的个人宣传。如果有宣传他的文章、书籍，报到他那儿，都要被他"枪毙"。他在东北解放战争时期，在四保临江中作出了卓越贡献，但他不同意拍摄相关题材的影视剧。他的另外一些传奇事迹，他也不同意宣传。当时拍了一部电视剧，叫《陈云出川》，他本来是不同意拍的，当时拍了之后，播了一半，他听工作人员说有这个电视剧，便给中央写信，要求停播，后来这个片子就没有播。他觉得自己的事情不要宣传。包括后来在审阅党的十二大报告时，他看到里面提到他的名字，说陈云同志在八大的时候在经济体制方面提出了很多重要思想，可惜后来没有照这个去做，他审阅报告稿时让秘书告诉起草组，把他的名字删掉。他对个人名利看得很淡，对党和人民的事业却看得很重。在党和国家遇到困难，或者在一些重大的转折关头，他都挺身而出。比如在1978年12月的中央工作会议上，他率先提出了要按照"有错必纠"的原则，纠正"文化大革命"中的重大冤假错案，在当时引起了很大的反响。这是关系到党和国家命运的重大问题，人们在私下里可以议论，但公开在党的会议上提出来，陈云是第一个。能够这样做，确实需要勇气，需要对党和人民的责任心。"个人名利淡如水，党的事业重如山"，这是陈云晚年所写的书法，也是他的名利观的真实写照。他说："我们是党员，在党的领导下，适合老百姓的要求，做了一点事，如此而已。"

朱镕基在怎么对待虚名问题上为干部，特别是为高级干部，做了一个好榜样。《朱镕基讲话实录》里面一则资料很有趣。有人要为他写传，他就给人家写信说："我必须明确表态，千万不要这么做。国事艰难，舆论纷杂，飞短流长，诚惶诚恐。如再授人以柄，树碑立传，罪不可逭。千祈停止撰写一切涉及我的回忆或评论材料，并代我广告亲友，不胜感激之至。"

凡有资格立传者，必是干过一点大事，在社会上有一定影响，有一定知名度的人。传者，传也，能传给后人一点东西才有价值。既然是为后人而立那就让后人去做，从来都是政声人去后。凡史上有价值的传记都是经过岁月的沉淀，由后来人从容道来。但急于立传者不这么看。理由是"趁我在世好核实材料"，说是核实却常是隐恶扬善，添枝加叶，自为粉饰。还有一个潜台词是，有权不用过期作废，趁着在世，何不享受一下吹捧的泡沫。说到底是私心加虚荣。过去帝王和贵人常在生前大修陵墓，为的是死后再延享生前的荣华尊贵。生前立传有如活人修墓，也是此意。但这实在靠不住。陶渊明诗："亲戚或余悲，他人亦已歌。死去何所道，托体同山阿。"陶渊明比今人还懂得唯物辩证法。连亲人也只有短时余悲，外人能念你几时？如果你没有干成一点大事，有何理由让人记住？如果你干了大事，历史又怎能忘记？再说既为官就是以身许国，还要这点虚名干什么？你看第一代领导人，毛泽东、刘少奇、周恩来、朱德等，没有一个人生前修传，周恩来连骨灰都不留。方志敏为敌所俘，敌兵搜遍全身并无分文。他一定没有想到此生要为自己留下一本传记。开国将帅，每个人身上都留下了累累弹痕，也没有想到要留本传记。再往上推，文天祥被俘九死一生，在狱中写了一首《正气歌》，他没有想到去写自传；司马迁是中国传记文学的鼻祖，写了许多至今还熠熠生辉的人物列传，却没有为自己写一个小传。传者，写人不写己，传世不娱时。

朱镕基不让人为自己修传的理由有二：一是"国事艰难"，顾不上干这种事。一个高官"居庙堂之高则忧其民"，有心忧天下，无心抹脂粉。二是干这种傻事必将"授人以柄"，传为笑话。他说：我脾气不好，就以"有容乃大，无欲则刚"为座右铭。朱镕基的严厉是出了名的。性格直率，容易冲动，在任上骂人无数。朱镕基说："你没有贪欲，你就刚强，什么也不怕。"其实，不贪让人刚强，更让人冷静。朱镕基在修传这件事情上就不肯上当。他说："千祈停止撰写一切涉及我的回忆或评论材料，并代我广告亲友，不胜感激之至。"你看，又求人家，又感激人家不要给他写传。真是每临大事有静气，只缘心中无私欲。其实老百姓对公务人员的要求就是少点私心，多点真话，这是底线。但不少官员硬是连这一点也做不到，反而私随权增，利令智昏，授人笑柄。

毛泽东也不务虚名，曾拒绝毛泽东思想的说法，拒绝塑铜像，三次拒绝在人民币上印上自己的头像。第一次是在中央苏区，毛泽东拒绝的理由是"我的像不能用，我没有这个资格"，结果中国首发的红色货币上印的是列宁像。第二次是在1947年，当毛泽东得知人民币票样印有自己头像时，致电董必武说："钞票是政府发行的，我是党的主席，不是政府主席，要印也要等将来我当了政府主席后再说。"

按道理说，当上政府主席的毛泽东会坦然让货币印上自己头像，但是在 1949 年 10 月新中国成立后，毛泽东依然拒绝货币印上自己头像，毛泽东说："中央人民政府主席是当上了，但是当上政府主席也不能印上自己头像。"

除了出书立传，还有不少官员喜欢把牵强不属于自己的美名都揽到自己头上。抗美援朝期间，一位年轻的文艺工作者为了表达对中国人民志愿军总司令彭德怀的敬意，在志愿军总部的山坡上构思一首歌词——《彭德怀将军之歌》。他没有察觉到彭德怀已经走到身边。"小同志，你在写什么？"战士抬头一看是彭总，赶紧站起敬礼，把稿子递给彭总。彭总看了一遍，说："拿笔来，我给你改动一下。"他把笔递给彭总后，只见彭总在"彭德怀将军"五个大字上"刷刷"画了几笔，并在上面写了"战士"两个大字。歌名变成了《战士之歌》。彭总说："真正功勋大的是战士们，是他们用枪炮消灭了敌人。你去写他们吧！写一首优秀的《战士之歌》！"

堂堂一个志愿军司令员对待浮名就是这么淡然。虚名，最不可靠，除了暂时满足虚荣心，到头来不过是一场空。苏轼在被贬黄州时曾做过一首著名的《满庭芳·蜗角虚名》，对官场热衷名利作了无情的嘲讽：

蜗角虚名，蝇头微利，算来著甚干忙。事皆前定，谁弱又谁强。且趁闲身未老，须放我、些子疏狂。百年里，浑教是醉，三万六千场。
思量，能几许？忧愁风雨，一半相妨。又何须抵死，说短论长。幸对清风皓月，苔茵展、云幕高张。江南好，千钟美酒，一曲满庭芳。

有道是：淡泊名利、清心寡欲；一介不苟、鬼伏神钦。一个官员，身在官场，图虚名，则百姓遭实祸；而淡看名利，心底无私，才能心怀天下，无私奉献，为民谋福利，才能真正赢得民心。正如著名诗人臧克家的抒情诗《有的人》所说：

有的人活着，他已经死了；有的人死了，他还活着。有的人，骑在人民头上："呵，我多么伟大！"有的人，俯下身子给人民当牛马。有的人，把名字刻入石头，想"不朽"；有的人，情愿作野草，等着地下的火烧。有的人，他活着别人就不能活；有的人，他活着为了多数人更好地活。骑在人民头上的，人民把他摔倒；给人民作牛马的，人民永远记住他！把名字刻在石头上的，名字比尸首烂得更早；只要春风吹到的地方，到处是青青的野草。他活着别人就不能活的人，他的下场可以看到；他活着为了多数人更好地活着的人，群众把他抬举得很高，很高。

经典
阅读

诫子书

◎〔三国〕诸葛亮

夫君子之行，静以修身，俭以养德。非淡泊无以明志，非宁静无以致远。夫学须静也，才须学也。非学无以广才，非志无以成学。淫慢则不能励精，险躁则不能治性。 年与时驰，意与日去，遂成枯落，多不接世，悲守穷庐，将复何及！

让我平静地离去

◎〔法国〕戴高乐

我希望在科隆贝双教堂为我举行葬礼。

如果我在他地去世，应将我的遗体运回我家，不举行任何公开仪式。

我的墓地就是已经安葬了我女儿安娜的那块墓地，我妻子将来有一天也要安葬在那里。

碑文是：夏尔·戴高乐（1890—   ）。别的什么都不要。

仪式将由我的儿子、女儿、女婿、儿媳，在我的办公室的协助下进行安排，务必使之极其简单。

我不要国葬。不要总统、部长、两院各单位和行政、司法机构参加。

只有法国军队可以以军队的身份正式参加，但参加的人数应该很少。不要音乐，不要军乐队，不要吹吹打打。

在教堂里和别的地方，都不要发表讲话。

在议会里，不念悼词。

举行仪式时，

除了给我的家属，

给我的那些曾经荣获解放勋章的战友，

给科隆贝镇议会留出席位外，不留其他任何席位。

法国和世界上其他一些国家的男女，如果愿意的话，可以把我的遗体护送到我的墓地，以此作为对我的纪念。

但是，我希望在安静的气氛中把我的遗体送到我的墓地。

我事先声明拒绝接受法国或外国的勋章、晋升、称号、表彰和声明。

无论授予我什么，都是违背我的遗愿的。

第二讲

谦虚谨慎

在全国胜利的前夕，毛泽东告诫全党，进城、夺取全国胜利，这只是万里长征走完了第一步，今后的路更长，工作更伟大，更艰苦。

君子泰而不骄，小人骄而不泰。

——《论语·子路》

慎终如始，则无败事。

——《道德经》

当我们是大为谦卑的时候，便是我们最近于伟大的时候。

——［印度］泰戈尔

一、说谦虚谨慎

在讲究内敛含蓄的东方文明中，谦虚谨慎既是一种美德，也是领导干部的基本修养。

毛泽东在 1956 年 9 月中国共产党第八次全国代表大会开幕词中曾有一句著名的话——虚心使人进步，骄傲使人落后。

虚心是谦虚、不自满，有自知之明，能接受别人的意见和批评。比如不耻下问的孔子，三顾茅庐的刘备。谦虚的人对上恭谨，对下宽仁，谦谦有礼，不恃才傲物咄咄逼人。谨慎则是细致严谨、小心慎重，负有责任心。比如韬光养晦的曾国藩，鞠躬尽瘁的周恩来。谨慎的人谨言慎行、严于律己，事事求全责备，处处以身作则。

谦虚是一种催化剂。能催人奋发，催人向上，催人进取，催人自律。谦虚的人，有自知之明，虚心求教，平等待人，不断进步。历史上成功的人，大多谦虚自知。古希腊的著名哲学家苏格拉底，不但才华横溢，而且广招门生奖掖后进，运用著名的启发谈话启迪青年智慧。每当人们赞叹他的学识渊博、智慧超群的时候，他总谦逊地说："我唯一知道的就是我自己的无知。"被人们称为"力学之父"的牛顿发现了万有引力定律；在热学上，他确定了冷却定律；在数学上，他提出了"流数法"，建立了二项定理，他和莱布尼兹几乎同时创立了微积分学，开辟了数学上的一个新纪元。他是一位有多方面成就的伟大科学家，然而他非常谦逊。对于自己的成功，他谦虚地说："如果我看得比笛卡尔要远一点，那是因为我站在巨人的肩上的缘故。"他还对人说："我只像一个在海滨玩耍的小孩子，有时很高兴地拾着一颗光滑美丽的石子儿，真理的大海还是没有发现。"谨慎是一种镇定剂，能定其心明其责，约其言节其行。谨慎的人，有责任意识深思熟虑，严明有序善始善终。历史上守成有道的成功之人，皆谨慎自持。有逸群之才、英霸之器的诸葛亮，文武兼备，一生谨慎。后主继位，诸葛亮总揽军政，他立法施度，科教严明，赏罚必信，无恶不惩，无善不显，使蜀汉气象为之一新：吏不容奸，人怀自厉，道不拾遗，强不侵弱。在诸葛亮"安静""持重"、不轻易冒险的策略下，蜀汉牵制强大的曹魏达30年之久。

谦虚不是谦卑，不是虚伪，不是作秀，是不张扬自夸，不贪慕功名，不追求虚浮，为了成全事业，顾全大局，甚至不惜牺牲个人利益。谨慎不是胆怯，不是懦弱，不是畏首畏尾，是不轻纵欲念，不轻举妄动，埋头苦干，如履薄冰。无数的史实证明，一切的成功始于谦虚，太多的衰败因骄傲而来；一切的善终得益于谨慎，太多的悲剧归于妄为。历史上的例子很多。五代晋王李克用带着对梁、燕、契丹的遗恨而死。临终前，李克用留给儿子李存勖3支箭，嘱其复仇。李存勖不忘父亲遗志，出征时将3支箭装入锦囊，凯旋后则祭祀在祖庙，以此激励自己奋发图强。在此强大的推动力下，李存勖攻城略地，灭燕破梁，又败契丹，无往不胜。"其意气之盛，可谓壮哉！"可是当天下已定，大功告成时，李存勖却变得骄傲自满起来，纵情声色，致使上下离心，国运日衰，三五年后就祸端骤起，最后自己也被乱箭射死。

曾国藩的成长经历也是一面镜子，见证了谦虚谨慎的巨大能量。曾国藩禀赋平平，并无过人之资，考了七次才勉强中了秀才。朋友左宗棠说他"欠才略""兵机每苦钝智"，连学生李鸿章当其面也说他"儒缓"，做事反应慢。在30岁之前，曾国藩天天忙于应酬，喝酒、听戏、聊天，放浪形骸，心绪浮躁，难以静心读书。他为人傲慢，性情暴躁，经常话不投机，便脱口辱骂。有一次，和同乡京官郑小山吃饭时，意见不合竟打了起来，结果不欢而散。后来，在北京当官，渐渐接触到很多博学的谦谦君子，曾国藩很受触动，觉得自己不能再这样混下去了，于是开始认真读书，学做圣人之道。他每天早起，主敬，静坐，读书，谨言，夜不出门。每天，都用工整的小楷，把自己所作所为详细记录下来，特别是对自己不符合圣人之道的言行进行反省，处处严格要求。立志自新后，他登门拜访曾打架的郑小山，赔礼道歉，两人和好如初。虚心谨慎、不断反思的曾国藩，从此脱胎换骨，令人刮目相看，终于成就了一番大业。

《尚书》云，"满招损，谦受益"，这是一条颠扑不破的真理。一些有远见的政治家也曾反复论述谦虚谨慎和骄傲自满对事业成败的影响。诸葛亮说："将不可骄，骄则失败，失败则人离，人离则众叛。"曾国藩说："天下古今之庸人，皆以一惰字致败，天下古今之才人，皆以一傲字致败。"毛泽东深谙历史之道，他从历代王朝，包括农民起义成功建立政权，都未能摆脱从艰苦创业到腐败灭亡的周期率这一历史教训，深刻意识到只有保持谦虚谨慎的工作作风，才能巩固党的执政地位。

1949年3月，在西柏坡党的七届二中全会上，在全国胜利前夕，毛泽东告诫全党，进城、夺取全国胜利，这只是万里长征走完了第一步，今后的路更长，工作更伟大、更艰苦。他说："因为胜利，党内的骄傲情绪，以功臣自居的情绪，停顿起来不求进步的情绪，贪图享乐不愿再过艰苦生活的情绪，可能生长。"加上"因为胜利，人民感谢我们，资产阶级也会出来捧场"，因而"可能有这样一些共产党人，他们是不曾被拿枪的敌人征服过的，他们在这些敌人面前不愧英雄的称号；但是经不起人们用糖衣裹着的炮弹的攻击，他们在糖弹面前要打败仗。"若干年后的今天，斯人已逝，而"务必使同志们继续地保持谦虚、谨慎、不骄、不躁的作风"犹在耳边。作为一个执政六十多年的大党，防止腐败，避免重蹈历史覆辙，切实需要从持慎防骄做起。

二、仕途有风险，为人须谨慎

1. 常怀戒慎恐惧之心

"戒慎恐惧"，出于《礼记·中庸》："戒慎乎其所不睹，恐惧乎其所不闻。"意思是对一个人喜怒哀乐情感及思想未发作时的一种警觉，是防患于未然的意思。

一向对党和人民事业高度负责的周恩来，推崇临事而惧的精神。他说："这不是后退，不是泄气，而是'戒慎恐惧'。"无论是长期领导地下斗争、出任总理还是处理国际事务，"戒慎恐惧"一直贯穿于周恩来的政务生涯。

任何事物都有两面性。仕途诱惑多多，却又危机重重。利益之争，权力之争，使得宦海浮沉，阴晴不定。得道时，荣华富贵；失意时，没官削爵，甚至家破人亡。仕途艰险，不可不防。

卢杞是唐宰相卢怀慎之孙。卢怀慎为官廉洁，家无储蓄，门无遮帘，饮食无肉，妻儿饥寒，生活得很贫穷。卢怀慎的儿子卢奂在广州做太守时，不为奇珍异宝所动，能保持清廉节操，备受时人称赞。玄宗嘉其美政，赞叹说："专城之重，分陕之雄，亦既利物，内存匪躬，斯为国宝，不坠家风。"但到了孙子卢杞这里，家风不存，道德败坏。卢杞相貌丑陋肤色如蓝，犹如恶鬼投生。他妒贤嫉能，对他有小小忤逆，就置人于死地。但又恶衣粝食，人们以为他清廉节俭，未识其心。颇有口才的卢杞后来当上了御史中丞。许多人都栽在他的手里。这时有一个老臣郭子仪却懂得"长怀恐惧"之理。当时郭子仪生病，百官探问，皆让姬妾陪侍一旁。忽闻卢杞至，郭子仪立即让姬妾全部回避。家人问其故，郭子仪回答说："杞形陋而心险，家人见之必笑。此人必记恨，则吾族休矣。"郭子仪看人奇准，很有先见。果然，另一官员杨炎以杞陋貌无识，心甚鄙之，为杞所谮，逐于崖州。崔宁在德宗面前流涕论时事，也不知戳到了卢杞的哪根神经，得罪了他而被构陷杀害。连颜真卿直言上谏，也为卢杞所不容。他设计让年迈的颜真卿出使叛军，与李希烈谈判劝降，结果如卢杞所望，颜真卿一去不回。可叹中国历史上伟大的书法家却是这样死的。在政界，像卢杞这样的奸佞小人不知几多，防不胜防。

东汉"四知"太守杨震常告诫为官者，要清正自持，低调行事，时时小心，处处谨慎，不授人以柄，不给小人作梗之机。杨震调任东莱太守路经昌邑时，昌邑县令王密是他提拔起来的官员，特备白银十斤以报恩情，王密于白天谒见杨震后，又乘更深夜静无人之机，将白银送给杨震。杨震不但不接受，还批评说："我和你是故交，关系比较密切，我很了解你的为人，而你却不了解我的为人，这是为什么呢？"王密说："现在深夜无人知道。"杨震说："天知、地知、我知、你知，怎能说无人知道呢！"受到谴责后，王密十分惭愧，只好作罢。杨震"暮夜却金"对后世影响很大，人称其为"四知太守"。杨震为何暮夜却金？是因其常怀恐惧之心，"头上有神明"，敬畏自己的官职，敬畏自己所担当的责任，所以能够慎独自持，出淤泥而不染。

被政界人物奉为"官场楷模"的曾国藩严守官场游戏规则，深谙谦虚谨慎的真谛，在中国历史上创造了仕途"奇迹"——升官最快，37岁即官至二品，在清朝独一人；做官最好，政声卓著，治民有方；保官最稳，历尽宦海风波而安然无恙，荣宠不衰。曾国藩熟读中国历史，对官场之道参深悟透，积淀了一整套官场绝学。对于谦虚谨慎，曾国藩体会颇深，反复教育兄弟：

> 故吾人用功，力除傲气，力戒自满，毋为人所冷笑。乃有进步也。
> 古来言凶德致败者约有二端：曰长傲，曰多言。
> 长傲、多言二弊，历观前世卿大夫兴衰及近日官场所以致祸福之由，未尝不视此二者为枢机，故愿与诸弟共相鉴诚。

2. 世事无常宠辱不定

古话说伴君如伴虎，是指在权力的中心更险恶，更要十分小心。历史上伴不好君，而为君所杀者数不胜数。尤其是碰到昏君、暴君、庸君，再加上奸臣、弄臣侧立一旁谗言毁谤，更是危险。言行稍有不慎，往往会掉脑袋，死得很惨。这样的例子比比皆是。虽然这是封建制度造成的，矛盾的主要方面在皇帝的专制独裁，但也与是否小心谨慎处理好关系有关。

这方面的例子最有名、最具代表性的莫过于汉武帝和他的大臣们。汉武帝刘彻奋先辈之余烈，施展雄才大略，创造了辉煌业绩。他大胆改革选官制度，不拘一格选拔人才，并知人善任，创造了盛世之治。但武帝这个"君"却猛于虎。公孙弘为汉武帝时由儒生任丞相的第一人，他事君、做人十分谨慎，察言观色唯汉武帝马首是瞻，以80高龄寿终正寝于丞相之位。但在他之后为丞相的李蔡、庄青翟、赵周、石庆、公孙贺等，除石庆因"醇谨"寿终正寝外，其他人皆死于非命。武帝逼死太子，对司马迁施以"腐刑"。为强化皇权，严惩不法的宗室、外戚、豪强富商和游侠，他比其父辈更加重用酷吏。酷吏嗜杀成性，妄杀无辜，虽维护了皇权，也激化了社会矛盾。

为何伴君如伴虎？全是一个"权"字惹的祸。皇帝拥有至高无上、生杀予夺的权力，可翻云覆雨为所欲为，生死祸福皆由他一人说了算。中国两千年的帝制历史上，除了宋代皇帝不杀大臣稍稍宽松外，余下的朝代皆是血腥满地，忠良奸佞，冤魂载道。

世事无常，君恩不定。唐代名相房玄龄深知其中玄机。因其德高望重，唐太宗屡次给他升官，加授太子少师，以教太子。房玄龄十分惶恐，要求解除宰相一职，被唐太宗驳回，但他仍不敢去当太子的师傅，大家都称赞他谦虚。贞观十六年（642年），房玄龄又升了一次官，他觉得自己当宰相已长达十五年，女儿成为韩王妃，儿子房遗爱娶了高阳公主，过于显贵，再次要求离休。太宗特地派使者劝谕他说："国家忽然没有了您这样的良相，就好像人失去了两只手。"房玄龄只好留任原职，但内心仍惴惴不安，毕竟"飞鸟尽，良弓藏，狡兔死，走狗烹"的历史教训实在太多。同为唐太宗班底的长孙无忌没有这么幸运。太宗对他极信任，李治被立为太子也全靠他一手促成。他被封为太子太师，正一品，唐朝最高级别的官员。没想到太子即位后，在立武则天为后的问题上，他提了反对意见，从此失去信任，最后被流放、抄家，自杀身亡。

清代词人纳兰性德家势显赫。其父纳兰明珠是当朝宰辅，权倾一时。纳兰二十二岁应殿试赐进士出身，选授三等侍卫，后又晋升一等侍卫。深得康熙宠信的贵公子却是忧心谨慎，度日如年。纳兰性德明白，身在君侧，稍有闪失就被降黜，重者流放充军，甚至头颅落地，不得不时时提防，处处小心。对于宦海沉浮，命运翻覆深有感触。正如他在词里写道："翻覆手，看棋局""御沟深，不似天河浅"。

纳兰性德作为新科进士而去充任侍卫，这在清代历史上实属特殊。用非所长，高名低就，而且伴君如伴虎，提心吊胆的感觉让他如坐针毡，比如同学徐元梦很受康熙的赏识，让他教皇子们读书，就因为不能拉硬弓受到了康熙帝的斥责，徐元梦当面解释了几句，就被康熙帝命人拖出去痛打，并要抄他家，到了晚上，康熙帝怒火平息了，反令御医去给他治伤，第二天还是让他教皇子们读书。在帝王眼中，一切权力独揽，其个人好恶即为是非曲直的标准。臣属在他面前没有独立人格可言，言行稍不慎，就可能获罪，被冤枉了还不能辩解，更不能怨恨，只能以诚释疑，这样动辄得咎的日子，让纳兰惶恐不安，时时处于高度紧张的状态。其父明珠位高权重，喜结党营私，政敌们就经常在康熙面前参奏明珠。康熙向来重视朋党之弊的教训，尤其三藩之乱平定后，明珠在康熙身旁的辅佐作用大减，纳兰知父亲已是险象环生，"荣华及三春，常恐秋节至"，纳兰苦不堪言，他借嵇康言志说：

> 予生实懒慢，傲物性使然。
>
> 涉世违世用，矫俗迕俗欢。

三、谦虚谨慎，处理好几个问题

谦虚谨慎就是有自知之明，能清醒地认识自身的优点和缺点，尊重他人，虚心接受不同的意见，正确处理个人和他人、个人和集体的关系，讲究分寸，进退有度，从而能处之泰然，善始善终。

1. 处理好与上级的关系

儒家文化传统讲究的是中庸之道，所谓"礼之用，和为贵，先王之道，斯为美"。这里的"和"即有中和协调之意。有道是：中和为福，躁性者火炽，遇物则焚，寡恩者冰清，逢物必杀，难建功业而延福祉。心态平和，对上尊重，表里如一，清醒自持，不能上有政策、下有对策，有令不行、有禁不止。

表里如一，不阳奉阴违

表里如一，言行一致，是共产党人心胸坦荡的表现。2014 年 10 月，在中国共产党第十八届中央纪律检查委员会第四次全体会议上，王岐山强调，党员干部特别是领导干部要严守党的政治纪律和政治规矩，把"同党中央保持高度一致"变成实实在在的行动。党内决不允许搞团团伙伙、拉帮结派、利益输送，决不允许自行其是、阳奉阴违。

现实中，有一些领导干部却是两副面孔，在上级面前毕恭毕敬，什么要求都能承诺，什么目标都敢说能实现；但在具体工作时，不顾客观实际，拿虚假东西敷衍、欺骗上级。这种做法，小则误事，大则误国。领导干部无论何时、何地、何种情况下都要坚持原则，表里如一，对待上级，不阳奉阴违。自觉做到人前人后一个样，台上台下一个样，对人对己一个样，不搞两面作风，不搞双重标准，勤于自修。

历史上阳奉阴违的例子很多。最典型的是清末百日维新时袁世凯当面接受光绪的密令，却暗中告密，导致维新变法失败。

百日维新期间，光绪皇帝根据康有为等人的建议，颁布了一系列变法诏书和谕令。主要内容有：经济上，设立农工商局、路矿总局，提倡开办实业；修筑铁路，开采矿藏；组织商会；改革财政。政治上，广开言路，允许士民上书言事；裁汰绿营，编练新军。文化上，废八股，兴西学；创办京师大学堂；设译书局，派留学生；奖励科学著作和发明。这些革新政令，目的在于学习西方文化、科学技术和经营管理制度，发展资本主义，建立君主立宪政体，使国家富强。新政措施虽未触及封建统治的基础，但这些措施代表了新兴资产阶级的利益，为封建顽固势力所不容。清政府中的一些权贵显宦、守旧官僚对新政措施阳奉阴违，托词抗命。慈禧太后在光绪皇帝宣布变法的第五天，就迫使光绪连下三谕，控制了人事任免和京津地区的军政大权，准备发动政变。

1898 年 9 月，光绪皇帝几次密召维新派商议对策，但维新派既无实权，又束手无策，只得向光绪皇帝建议重用袁世凯，以对付荣禄。9 月 16、17 日，光绪皇帝两次召见袁世凯，授予侍郎；18 日夜，谭嗣同密访袁世凯，劝袁世凯杀荣禄，举兵救驾。事后，被袁世凯出卖。9 月 21 日凌晨，慈禧太后突然从颐和园赶回紫禁城，直入光绪皇帝寝宫，将光绪皇帝囚禁于中南海瀛台；然后发布训政诏书，再次临朝"训政"。戊戌政变后，慈禧太后下令捕杀在逃的康有为、梁启超；9 月 28 日，在北京菜市口将谭嗣同、杨锐、刘光第、林旭、杨深秀、康广仁六人杀害。所有新政措施，除开办的京师大学堂外，全被废止。为期 103 天的变法维新以失败告终。

清醒自持，去忌防疑

对待上级，还要清醒自持，事上敬谨，低调克制，去忌防疑。老子的知足哲学包括了"功成身退"的思想，认为过分自满，不如适可而止，锋芒太露，势难保长久，富贵而骄奢，必定自取灭亡。而功成名就，激流勇退，将一切名利都抛开，这样才合乎自然法则。无论名利，在达到顶峰之后，都会走向其反面。

美国的副总统是外界公认、非常模糊的职位。约翰·亚当斯将这一职位描述为"有史以来人们所能发明的，或者说是所能够设想出来的最没有意义的职务"。曾担任了八年副总统的尼克松评价说："它是美国政治制度中，最草率地确定下来的、极不明确的职务。"然而，乔治·布什在这一职位上却做得很出色。他在任副总统期间的表现，为人所称道。

乔治·布什是与里根一起竞选总统的，后来看到里根的明显优势，就主动退出竞选，并号召全党团结起来，共同支持里根，他的大度和坦荡，使里根深受感动。1981 年 1 月 20 日，里根与布什双双宣誓就任美国正、副总统。

在布什历时 8 年的副总统任期内，使他对于自己的职位、如何处理与总统的关系，有着非常清醒和理智的认识。他给自己定了 5 条严格的纪律：第一，不与总统争权，不超越副总统权限；第二，当白宫某些决策或政策受到公众冷遇时，不要故意显示自己正与总统保持一定距离，来玩弄政治上的机会主义把戏；第三，不要泄露白宫机密；第四，将所有谈话内容，甚至包括朋友们的谈话内容都记录下来，特别是想与他们保持长期友谊时更应注意这一点，以防人们特别是新闻记者胡说八道；第五，应忠实地履行对总统的职责，在任何问题上，无论是赞成还是反对，都应向总统提出自己的见解。其实，布什的这几条"副总统哲学"，非常适用和实用。任何人想真正做一个好下属、好副手，都必须坚持一个前提，那就是严于律己。

1981 年 3 月 30 日，总统里根遇刺，副总统布什获悉后立即赶赴华盛顿。但他乘坐"空军 2 号"没有直飞白宫，而是降落在自己的副总统官邸，再改乘汽车前往白宫。布什是经过缜密考虑的，在总统遇刺这样危及国家安全的时刻，更需要谨慎小心。在后来的代行总统职务期间，布什一直以低姿态出现。在主持国家安全委员会会议时，他总是坐在自己副总统的位子上，而里根的总统位置则始终空着。副总统布什宣布，在总统恢复健康期间，他不会行使总统权力，也不打算占据行政首脑这个位置。他坚决拒绝那种要他做代总统的说法。4 月底，里根的身体好转，布什马上宣布，他将退出舞台中心。

作为一位成熟的政治家，乔治·布什深刻地认识到自己的职位与职责，他这个副职总是竭力维护总统的形象、维护团结和谐的氛围。他熟知"抢镜头"之弊端，亦深谙政坛谦逊、谨慎、忠诚、坦荡的可贵。他以"忠诚""谨慎""谦逊"的品质，赢得了总统的信任。由此里根对布什更加信赖，破例把布什带进白宫圈子，每周单独会面一次，还把许多重要国务交由他处理，与他"共同改造美国"。按照美国传统，副总统系"名誉"职务，没多少实际权力。但布什的8年副总统却发挥了重要作用。里根任满时推举布什接班，并全力支持其竞选活动。1985年，里根在接受《纽约时报》采访时称乔治·布什是一位"最佳副总统"。上下级之间关系和谐，可减少内耗，有利于提高工作效率。

在中共党史上因未能及时去忌化疑而酿成后来之祸的当数毛泽东与张闻天、彭德怀的关系。遵义会议之后毛泽东初掌兵权，但部队走路多打仗少拖得很苦。林彪写信要求撤换毛泽东由彭德怀指挥。毛泽东怀疑是张闻天、彭德怀幕后操纵。而张、彭都是性格豁达的人，当时也不解释，认为事后自明。在延安时毛泽东要与江青结婚，高层一致反对，又没人去说，张闻天以总书记身份转达大家的意见，毛泽东更加恼火。直到1959年庐山会议将张、彭打成反党集团，"文革"中两人被迫害而死。这个祸根一直可追溯到1935年"会理会议"开始的那一点疑团。我们不妨设想一下，如果当时张、彭能及时表明态度，把情况说透，及时解开疙瘩；如果毛泽东心胸更豁达些，不计较那些陈年旧账，也许历史会改写。

充分尊重，建议有方

对待上级，还要尊敬有度，建议有方。结束了德国的分裂、完成了德意志统一的"铁血"宰相俾斯麦，政治手腕强硬而灵活，反应机敏，口才一流。他的墓碑上刻的是："冯·俾斯麦侯爵，威廉一世皇帝的忠实的德国仆人。"

俾斯麦做事讲究策略和灵活性。有一次，俾斯麦租了一个地方当办公室。他要求房东在房间里装个电铃，但房东以"没有置办装电铃的义务"为由拒绝了。当时，俾斯麦没说什么。晚上，俾斯麦的房间忽然传来了枪声。房东以为发生了意外，立刻前去查看。只见俾斯麦在慢条斯理地办公，书桌上摆着尚在冒烟的手枪。房东胆怯地问："发生了什么？"俾斯麦淡淡地说：

"没什么。我只不过在用枪召令我的部下。"第二天一大早，俾斯麦的房间就安上了电铃。

俾斯麦初次担任外交官，就出席了日耳曼同盟会议。普鲁士国王任命他当外交官时，对他有点不放心，说："你从无外交的经历，竟接此重任，实在很大胆。"俾斯麦机智地回答："陛下将此重任托付给我，是陛下的胆量大。至于我能否胜任，过一段时间就知道了。如果我不能胜任，请陛下立刻撤我的职。如今陛下敢下令，我就敢受命。"

1862 年成为首相的俾斯麦在当年 9 月 26 日的下院首次演讲中说道："当代的重大问题并非通过演说和多数派决议就能解决的，而是要用铁和血来解决。"从此俾斯麦被冠上了"铁血宰相"的绰号。随后国王威廉一世对他说："我很清楚这个结局。他们会在我歌剧广场的窗前砍下你的头，过些时候再砍下我的头。"而俾斯麦则回应道："既然迟早要死，为何不死得体面一些？是死在绞架上，或死在战场上，这之间没有区别。我们必须抗争到底！"凭着过人的机智、强硬的政治手腕、谋略和忠诚，俾斯麦赢得了威廉一世的信任。国王与其首相之间形成了十分牢固的关系。

在这方面，唐朝的狄仁杰做得也很到位。史书评价他：为官，则爱民如子，不惧权要；为臣，则忠贞不渝，老成谋国；为人，则诚实友善，刚正不阿；处事，则机警权变，足智多谋。狄仁杰处于李唐与武周王朝更替的非常时代，他老成、机警与变通，谏言妥当，很得高宗与武则天的重用。

高宗时期，一位武官误砍了唐太宗昭陵的柏树，本罪不当诛，但盛怒中的唐高宗下诏要处死这名武官，狄仁杰为此上奏请求依法处理，看到唐高宗龙颜大怒，左右都示意他赶快退下，但狄仁杰却犯颜直谏："国家的律法，对各种罪行的处罚均有明文规定，哪里有未犯死罪却处以极刑的道理？一旦有法不依，叫我们的百姓如何信服？即便陛下真的要改变律法，也得从今天开始实施。如果陛下为了一株昭陵柏树而处死一名武将，历史将如何评价陛下？"在狄仁杰的据理力争之下，唐高宗终于收回成命，依法处理了此案。

一个名叫王本立的高官凭借皇帝的恩宠，行为不法放纵，百官畏惧，狄仁杰上奏请求将他交给有司审察，当唐高宗有意包庇时，狄仁杰再一次挺身而出："国家虽然缺乏英才，但并不需要王本立之流，陛下怎么能为了包庇有罪之人而废弛国家的律法？如果陛下一定要赦免王本立，那就请免去我的官职，让后世的忠臣引以为诫。"王本立最终被依法定罪，一时间朝廷肃然。

高宗驾崩后，武则天为了登上帝位，不择手段，又实行"告密酷吏"的政策，腥风血雨，人人自危。就在举国一致反对女主当道时，狄仁杰却保持沉默，依然坚守岗位，做好自己份内的事，尽可能减少酷吏造成的损失。随着武则天老去，立储之事摆在了面前。当时，已废掉两个太子和两个皇帝的武则天准备立侄儿为太子，召集群臣商议，希望取得舆论支持。如履薄冰的大臣们无不噤若寒蝉，只有狄仁杰提出了反对意见，建议立庐陵王李显为太子。武则天对此极为恼怒，下令罢会，君臣不欢而散。不久，狄仁杰又利用为武则天解梦的机会再次劝谏："侄儿和儿子究竟哪个更亲呢？立自己的儿子为太子，则千秋万代之后可以在宗庙内得到祭祀，如果立侄儿为太子，自古却从来没有听说过有侄儿在宗庙之中祭祀姑姑的。"武则天虽然有所醒悟，但仍然拒绝说："册立太子，这是我的家事，你就不要插嘴了。"狄仁杰回答道："君王以四海为家，四海之内，哪一个不是您的臣民，四海之内，又有哪一件事不是陛下的家事呢。陛下是君王，臣子是肱股，自然有辅佐陛下的义务，更何况我作为陛下的宰相，怎么能够不尽到自己的责任呢？"狄仁杰凭着过人的智慧和高超的说服功力，既主持了公道，又给皇上留了面子，最后皆大欢喜。

但历史上更多的是缺乏策略、直言上谏而枉死的忠良。面对帝王、上级的权威，刚正不屈的一片忠心招来的却是杀身之祸！他们因直言不讳而与帝王、同僚结怨，缺乏灵活的说服策略，以针尖对麦芒，没有任何回旋的余地，最后饱受折磨，甚至含冤而死。其勇气可嘉，忠心可鉴。为此却付出了生命的代价，令人唏嘘不已。

周恩来在处理与毛泽东的关系时却能十分得体小心，相信我们在工作中一定也会遇到不少难言之隐，但难到如周恩来者则几无可能。学一学这种处理复杂局面的方法，工作才有成效。

2. 处理好与同级、下级的关系

己所不欲勿施于人，推行推己及人的恕道，遇事设身处地为别人着想，能营造团结、良好的氛围，有利于工作的开展。

互相尊重，平等相待

谦虚本来就是指对平级和下级说的，对我们的上级或长辈则要"谦恭"。谦虚一词出自《晋书·张宾载记》："封濮阳侯，任遇优显，宠冠当时，而谦虚敬慎，开襟下士。"讲的就是对下级温文有礼，平等相待。

唐代房玄龄便是宽人律己的一代明臣。他在相位近二十年，尽心尽力，居然从未被权势腐蚀，反而越做越小心，实属难得。史书上称赞他总管政府各个部门，日日夜夜精诚谨慎，唯恐有一件事情没做好。唐太宗对他信任备至，交给他用人大权。房玄龄首先精简机构，裁汰冗员，最后只留下精英六百多人。他善于发挥下属的优点，对同僚十分宽厚，听说别人做了什么出色的事情，高兴得好像是自己做的一样。对下属从来不求全责备，不以自身长处去看待他人，不以出身贵贱区分他人，朝野上下都充盈着乐观进取的精神。正因房玄龄作为百官之首能以身作则，天下英才在其带领下共同辅佐唐太宗，才有了"贞观之治"。

德国总理默克尔平时很注意克制自己的情绪，从不大发雷霆，她表达愤怒的方式是冷淡。一次会议中，默克尔对一些数字和事实不甚了解，于是向一位官员请教，但不着边际的回答让默克尔很不满意。"真是一番了不起的评论。"默克尔脸上挂着嘲笑的表情，语气中尽是讽刺。官员的脸先红后白，后来就一脸死灰呆坐在那里。会议结束后，默克尔走向他说："你回答得没错，只是对我毫无帮助。"这时她的表情温和而友善，言语间充满着安慰。

作为总理，默克尔懂得如何对属下宽严相济。

美国历史上最长寿的前总统杰拉尔德·鲁道夫·福特为人谦虚，是个"好好"先生。福特刚就任总统，就让人感受到了他的谦逊随和。以前，白宫内阁会议室里的总统座椅要比其他内阁成员座椅的椅背高5厘米，但在福特就职后召开的第一次内阁会议上，人们注意到，福特的座椅改成了与其他内阁成员一样的座椅。作为总统，他不像尼克松那样嫉妒亨利·基辛格的声望，相反，他支持亨利·基辛格以致遭到了保守派的反对。财政部部长比尔·西蒙是一个办事有效且有领导才能的内阁成员，他的观点曾遭到尼克松属下切齿痛恨，但福特却默默地接纳了。宽容使他得到了丰厚的回报。在福特身上，人们看到了开诚布公和坦诚相见，以至于有人说他是"白宫里的童子军"。尽管他是一个经历了30年政治斗争的老手，但政敌却少得惊人。福特去世后，有人曾这样评价说，福特使美国重新成为一个整体，他非常体面地做到了这一点，展示了非凡的技巧和智慧。

新中国的缔造者之一周恩来在五十多年的革命生涯中，始终虚怀若谷，从不居功自傲。他常说："我们每一个人，不管过去做了多少工作，现在担任什么职务，没有党和人民，就既不会有过去的成绩，也不会有今天的职务。党和人民是伟大的，我们个人是渺小的。"他认为："不仅要教育群众，还要向群众学习。因为领导者本身知识还不完全，经验还不够，领导地位并不能使你得到知识和经验。"他善于启发和倾听不同意见，即使是普通干部或群众讲的意见都认真考虑。他说："一个人的认识总是有限的，要多听不同的意见，这样才利于综合。"他善于发现别人的长处，充发挥每个同志的聪明才智，从不居功、不诿过，从不以领导者自居。他经常说："一个人站在领导地位，不虚心，不平易近人，自以为了不起、什么都懂，只要有这种思想并且在作风中表现出来，就危险了。"

胡耀邦作风民主，凡与他接触过的人无不交口称赞。"不戴帽子，不打棍子，不抓辫子，不装袋子"，这是胡耀邦身体力行的名言。他让人说话，动员人说话，凡是他主持的会议，与会的人都比较轻松，发言热烈，有时甚至争论得面红耳赤，胡耀邦全不在乎。1985 年 6 月，劳动人事部副部长严忠勤在向书记处汇报工资改革方案时，因与胡耀邦理解不一致争论起来。但事后胡耀邦说："严忠勤这人不错，敢于直言。"

建国前后的毛泽东也善于倾听不同的声音，尊重大家的意见。在延安时，1944 年 3 月，郭沫若写了著名的《甲申三百年祭》，总结了李自成农民起义军失败的经验教训。他指出三条：一是骄傲自满；二是不保持革命队伍起初时的优良作风；三是屠戮功臣。毛泽东看后很是赞赏，他指示《解放日报》全文转载，并把它当作整风学习的重要文件。他在《学习和时局》的报告中谈到："我党历史上曾经有过几次表现了大的骄傲，都是吃了亏的。全党同志对于这几次骄傲，几次错误，都要引为鉴戒。近日我们印了郭沫若论李自成的文章，也是叫同志们引为鉴戒，不要重犯胜利时骄傲的错误。"1944年 11 月 21 日，毛泽东致郭沫若的信中说："你的《甲申三百年祭》，我们把它当作整风文件看待。小胜即骄傲，大胜更骄傲，一次又一次吃亏，如何避免此种毛病，实在值得注意。"他还说："我虽然兢兢业业，生怕出岔子，但说不定岔子从什么地方跑来；你看到了什么错误缺点，希望随时示知。"

1945 年 7 月 4 日下午，黄炎培等 6 位民主人士访问延安并与毛泽东长谈。毛泽东问黄炎培，来延安考察了几天有什么感想？黄炎培坦率地说："我生 60 多年，耳闻的不说，所亲眼看到的，真所谓'其兴也勃焉，其亡也忽焉'。一人、一家、一团体、一地方乃至一国，不少单位都没能跳出这周期率的支配力。大凡初时聚精会神，没有一事不用心，没有一人不卖力，也许那时艰难困苦，只有从万死中觅取一生。继而环境渐渐好转了，精神也渐渐放下了。有的因为历时长久，自然地惰性发作，由少数演为多数，到风气养成，虽有大力，无法扭转，并且无法补救。也有因为区域一步步扩大了，它的扩大，有的出于自然发展；有的为功业欲所驱使，强求发展，到干部人才渐渐竭蹶，艰于应付的时候，有环境倒越加复杂起来了，控制力不免薄弱了。一部历史,'政怠宦成'的也有,'人亡政息'的也有,'求荣取辱'的也有。总之,没有能跳出这个周期率。中共诸君从过去到现在,我略略了解的,就是希望找出一条新路,来跳出这个周期率的支配。"黄炎培这一席耿耿净言,掷地有声。毛泽东高兴地答道:"我们已经找到了新路,我们能跳出这周期率。这条新路,就是民主。只有让人民来监督政府,政府才不敢松懈;只有人人起来负责,才不会人亡政息。"

谦让,顾全大局

谦让就是要学会妥协,它与谦虚还有不同,要能忍让、牺牲。它既是一种美德,又是一种处世智慧。懂得退让,平和待人留有余地。相互谦让,善于合作,既讲原则,又有方法,懂得推美让功,肯牺牲个人利益,以成就共同事业。

陈云自 1930 年起进入党的中央委员会,直到 1987 年因年龄原因退出,其间长达 57 年。但是很多人反映,对陈云同志的情况不太了解,连他的名字有时都很少听到。这其中一个重要原因,就是陈云本人始终反对宣传他,更不允许在宣传上突出他。凡是宣传他的文章,只要报到他那里,毫无例外地都要被他"枪毙"。有人说,这是陈云同志谦虚。他说这不是谦虚,是实事求是。他对个人的功劳历来有一个看法,那是他在党的七大发言时讲的。他说:"假设你在党的领导下做一点工作,做得还不错,对这个功劳怎样看法?我说这里有三个因素:头一个是人民的力量,第二是党的领导,第三才轮到个人。可不可以把次序倒转一下,第一是个人,第二是党,第三是老百姓?我说不能这样看。"全国解放前夕,他在给老战友孩子的回信中也说:"我与你父亲既不是功臣,你们更不是功臣子弟。""千万不可以革命功臣的子弟自居。"

中国共产党之所以能保持长期的团结,与周恩来这样一个肯吃苦、吃亏、谦让的领袖有极大关系。周恩来对下对上都永葆一种谦让的美德。

他曾不惜牺牲个人利益，消除了党内的多次摩擦和四次大的分裂危机。第一次是红军长征，当时周恩来身兼五职，是中央三人团（博古、李德、周恩来）之一、中央政治局常委、书记处书记、军委副主席、红军总政委。在遵义会议上，只有他才有资格去和博古、李德争吵，把毛泽东请了回来。王明派对党的干扰基本排除了（彻底排除要到延安整风以后），红一、四方面军会师后又冒出个张国焘。张国焘兵力远胜中央红军，是个实力派。有枪就要权，不给权就翻脸，党和红军又面临一次分裂。这时周恩来主动将自己担任的红军总政委让给了张国焘。红军总算统一，得以继续北上，扎根陕北。

第二次是大跃进和三年困难时期。1957年底，冒进情绪明显抬头，周恩来、刘少奇、陈云等提出反冒进主张，毛泽东大怒，说不是冒进，是跃进，并多次让周恩来检讨。甚至说到党的分裂。周恩来立即站出来将责任全部揽到自己身上，几乎逢会就检讨，目的只有一个，就是保住党的团结，保住一批如陈云、刘少奇等有正确经济思想的干部，留得青山在，为党渡危机。而他在修订规划时，又小心地坚持原则，实事求是。他藏而不露地将"十五年赶上英国"，改为"十五年或者更多的一点时间"，加了九个字。将"在今后十年或者更短的时间内实现全国农业发展纲要"一句删去了"或者更短的时间内"八个字。不要小看这一加一减八九个字，果然一年以后，经济凋敝，毛泽东说："国难思良将，家贫思贤妻。搞经济还得靠恩来、陈云，多亏恩来给我们留了三年余地。"

第三次是"文化大革命"中，林彪骗取了毛泽东信任。这时作为二把手的周恩来再次让出了自己的位置。他这个当年黄埔军校的政治部主任，毕恭毕敬地向他当年的学生、现在的"副统帅"请示汇报，在天安门城楼上，在大会堂等公众场合为之领座引路。林彪的威望，或者以他当时的投机表现、身体状况，总理自然知道他是不配接这个班的，但主席同意了，党的代表大会通过了，总理只有服从。果然，九大之后只有两年多，林彪自我爆炸，总理连夜坐镇大会堂，为国为党再定乾坤。让也总理，争也总理，一屈一伸又弥合了一次分裂。

第四次，林彪事件之后总理威信已到绝高之境，但"四人帮"的篡权阴谋也到了剑拔弩张的境地。这时已经不是拯救党的分裂，而是拯救党的危亡了。总理自知身染绝症，一病难起，于是他在抓紧寻找接班人，寻找可以接替他与"四人帮"抗衡的人物，他找到了邓小平。1974 年 12 月，他不顾危病在身飞到长沙与毛泽东商量邓小平的任职。邓小平一出山，双方就展开拉锯战，这时总理躺在医院里，就像诸葛亮当年卧病军帐之中，仍侧耳静听着帐外的金戈铁马声。"四人帮"唯一忌惮的就是周恩来还在世。这时主席病重，全党的安危系于周恩来一身，他生命延缓一分钟，党的统一就能多维持一分钟。现在他躺在床上，像手中没有了弹药的战士，只能以重病之躯扑上去堵枪眼了。癌症折磨得他消瘦、发烧，常处在如针刺刀割般的疼痛中，后来连大剂量的镇痛、麻醉药都已不起作用，但是他忍着，他知道多坚持一分钟，党的希望就多一分。因为人民正在觉醒，叶剑英他们正在组织反击。他已到弥留之际，当他清醒过来时，对身边的人员说："你去给中央打一个电话，中央让我活几天，我就活几天！"就这样一直撑到 1976 年 1 月 8 日。

周恩来曾是毛泽东的上级，后来又长期是他的下级。作为一国总理，一人之下，万人之上，既要顾及国家利益又要争取主席的支持，没有非凡的谦让气度是做不到的。他以人格的魅力换来了难得的工作效果。

学习对方长处

人无完人。清楚自身的欠缺和不足，保持清醒审慎，做到言不妄发，事不轻举，行为有度。同时善于发现别人的优点，主动学习，取长补短，不断完善自己，才能建功立业，有所作为。

唐太宗李世民便是一位善于学习的君王。唐高祖武德四年（621 年），李世民率军生擒夏王窦建德，逼降郑帝王世充，李渊为了表彰李世民的特殊功勋，特设天策上将府，封他为天策上将，官位在诸位王公之上。李世民虽仅有二十多岁，却极有远见，认为四海已渐渐趋于稳定，建设时期即将来临，便及时由武略转向文治，在西宫修建文学馆，延揽四方文士，号称"十八学士"。

李世民邀杜如晦坐上十八学士的首座，与房玄龄并列，其次有虞世南、于志宁、苏世长、薛收、褚亮、姚思廉、陆德明、孔颖达、李玄道、李守素、蔡允恭、颜相时、许敬宗、薛元敬、盖文达、苏勖，这十八位学士以六人为一班，轮流值班，共同研讨学问，商定国家大计。李世民每天忙完公务，就到文学馆和学士们一起学习，常常讨论到深夜才入寝。

为了表示敬意，李世民还特意请当时的著名画家阎立本为十八学士画像，让褚亮题写了赞语，并珍存起来，一时满朝传颂此事，文学馆成了天下文人向往之所，那是可以实现报国之志的理想之所。

李世民以戎马起家，又年轻气盛，居然愿意每天晚上跟着一帮中年学者读书讨论虚心好学，孜孜不倦地上短期进修班，被后人大大称赞。这十八学士实际上就是李世民的智囊团，正是在他们的策划协助下，李世民发动了著名的"玄武门之变"，成功地从父亲李渊、兄长李建成手里夺得皇位，君临天下。

毛泽东在延安时期，虚心好学，经常向年轻的理论家艾思奇请教哲学问题。1937 年，年仅 27 岁的艾思奇和周扬等人来到延安，受到毛泽东的热烈欢迎。在见到艾思奇之前，毛泽东已经通读了几遍艾思奇的《大众哲学》，他还给在苏联留学的儿子毛岸英寄过一本《大众哲学》，让他好好阅读这本书。又曾去信给在西安八路军办事处工作的叶剑英，要他在西安多买一些《大众哲学》带回延安来，供提高干部思想水平之用。他甚至给在抗大教学的艾思奇写了封长达 14 页的信，包括《大众哲学》的读书笔记，向艾思奇请教哲学问题：

思奇同志：

　　你的《哲学与生活》是你的著作中更深刻的书，我读了得益很多，抄录了一些，送请一看是否有抄错的。其中有一个问题略有疑点（不是基本的不同），请你再考虑一下，详情当面告诉。今日何时有暇，我来看你。

　　　　　　　　　　　　　　　　　　　　　　　　　毛泽东

　　后来毛泽东又写信给他，继续探讨哲学问题。在信中提出的一些观点让年轻的哲学家很受启发，他平等待人、虚心好学的精神令艾思奇非常感动深受鼓舞。在延安时，毛泽东为了推动干部研究马列主义哲学，还发起组织了一个哲学小组，成员有艾思奇、陈伯达、吴黎平、杨超、和培元、何思敬等，每周活动一次。有一次，他把自己的《实践论》和《矛盾论》的油印稿发给大家，征求大家的意见，以便进行修改。但大家开始都有点拘束，谁也不愿先发言。于是，毛主席笑着对艾思奇说："思奇同志，你的哲学文章写得好，从卓别林到希特勒的胡子，你竟然发现了那么多哲学道理，今天还得你开个头哟！"风趣的话语打消了大家的顾虑，艾思奇也就无拘无束带头发言，侃侃而谈。接着大家都敞开胸怀，畅所欲言。大家的发言，毛主席不但认真听，还一一摘要记了下来。散会前，毛泽东还请各位留下吃饭，以表感谢。席间，有说有笑，毫无拘束，领袖和同志关系融洽。

　　身为一代诗人的毛泽东非常谦虚，他接纳批评、从善如流，他总认为自己的作品并非篇篇上乘，或诗味不多、没有什么特色，或主题虽好，诗意无多。因此欢迎别人讥弹其文，应时改定。例如1957年《关于诗的一封信》在《诗刊》上发表不久，北京大学的一位同学给他写信，指出他信中"遗误青年"应为"贻误青年"。毛泽东不仅笑纳批评，虚心接受，还要求《诗刊》予以更正。在给柳亚子、陈毅等人的信中，他谦和有礼，虚心求教。他要胡乔木将他的诗两首《七律·到韶山》和《七律·登庐山》送给郭沫若一阅，

"看看有没有毛病，加以笔削，是为至要"。后又给胡乔木写信说："沫若两信都读，给了我启发。两诗又改了一点字句，请再送郭沫若一观，请他再予审改，以其意见告我为盼！"言辞恳切，态度敬重，丝毫不摆领袖架子。

3. 谨慎处理好复杂的政务

干部小心谨慎不仅是为了处好关系，主要体现在指导工作上。领导干部拥有决策和执行的权力，一拍板，往往关系国计民生，影响甚广。因此，不能有长官意识，不懂装懂，头脑一发热，便激情决策，仓促行事，而应尊重规律，三思而行，慎重决策，不能意气用事，凭感觉办事，切忌盲目跟风，大干快上。

慎重决策

治国少不了决策，决策正确与否，决定着国家兴衰成败。为此，党的十八届四中全会通过的《决定》第一次提出"健全依法决策机制"的命题。现实中，领导者决策失误的现象屡有发生，无论地区、行业还是单位，由于决策失误造成的损失往往触目惊心，教训极为深刻。有些领导干部决策不讲科学，不讲民主，主观臆断，"决策时拍脑袋敲定，失误时拍屁股走人"，出现了"前任决策，后任埋单""领导决策，百姓埋单"的现象。究其根源，在于制度不完善，缺乏责任心，既不了解实际情况，却主观自负，又缺乏科学论断，没有长远眼光。

历史和现实中失之谨慎草率行事，仓促上马而铸成错误的例子比比皆是。比如20世纪50年代建设的三门峡水库，建成仅仅一年半的时间，水库就淤了15亿吨泥沙，不仅三门峡到潼关的峡谷里淤起厚厚的泥沙，就是潼关以上，渭河和北洛河的入黄口，也淤了"拦门沙"。为了解决三门峡淤积问题，又专门进行了费时、耗力又耗财的两期改建工程，暂时解决了燃眉之急。1992年8月，渭河、北洛河的洪水入黄河不畅，漫堤决口，淹没农田60多万亩，近3万人无家可归。曾几何时津津乐道的所谓综合效益：发电、灌溉、航运（维持下游水深 1 米）至此全部落空。

改革开放以来，我国决策科学化、民主化进程大大加快，但是盲目决策的现象仍不少见，比如一哄而上的大城市建设。据有关部门统计，到 2003 年底，全国有 182 座城市明确提出要建设"国际化大都市"的目标，这个比例占全国 667 座城市的 27%。而目前世界上仅有少数几座城市称得上"国际化大都市"。英国地理学家、规划师彼得·霍尔将这一概念解释为，对全世界或大多数国家发生全球性经济、政治、文化影响的国际第一流大都市：①通常是主要的政治权力中心；②国家的贸易中心；③主要银行的所在地和国家金融中心；④各类人才聚集的中心；⑤信息汇集和传播的地方；⑥不仅是大的人口中心，而且集中了相当比例的富裕阶层人口；⑦随着制造业贸易向更广阔的市场扩展，娱乐业成为世界城市的另一种主要产业部门。美国学者米尔顿·弗里德曼也提出了七项衡量世界城市的标准：①主要的金融中心；②跨国公司总部所在地；③国际性机构的集中地；④第三产业的高度增长；⑤主要制造业中心（具有国际意义的加工工业等）；⑥世界交通的重要枢纽（尤指港口与国际航空港）；⑦城市人口达到一定标准。但我们这些城市的决策者大多并不清楚"国际化大都市"的标准有这么高，也不清楚建设国际化大都市的可行性方案及实施措施。再比如 CBD（中央商务区）的建设，也是茫然不知，一哄而上。20 世纪 90 年代，北京、上海提出要建设 CBD 的规划，随即全国有 40 多个城市也提出建设 CBD，有的提出几年内建成，有的城市还规划要建几十平方公里的 CBD。而发达国家城市发展的经验是，CBD 应建于一定规模的人流、物流、资金流、信息流的基础上。世界较为闻名的中央商务区有纽约曼哈顿、伦敦金融城、香港中环、东京银座、巴黎拉德芳斯、首尔江南等。美国的纽约、芝加哥历经 20 多年才建成 CBD，纽约曼哈顿 CBD 方圆不过 1 平方公里。如果连基本的概念、必备条件、功能、特点都不清楚，就仓促建设，正所谓"情况不明决心大，胸中无数点子多"，这样的决策岂能成功?!

忍辱负重

顾全大局就要忍辱负重，忍，是对政治家素质的更高要求，也是对为公为私，大度小量，远志近利的一种考验。

中国历史上为国隐忍的著名例子是蔺相如与廉颇"将相和"的故事。廉颇是功勋卓著的老将，蔺相如是因才能而擢升为相的新秀。廉颇不服，常有意辱之，蔺相如每每相让。二人同住一巷。每天要上朝时，蔺相如就先让仆人探看廉颇是否出门，让其先行，如相遇于巷，蔺相如必自动回车让路。现邯郸还留有此地，就名"回车巷"。下人常为蔺相如羞愧，蔺相如说，我这样是为国家，只要我与廉颇团结，不闹分裂，国家强盛，秦国就不敢小看赵国，廉颇闻后大愧，遂有负荆请罪的故事。记录这个故事的是司马迁。他不但记其事，自己也遇上了一件麻烦事。他因言得罪，受了宫刑，遭奇耻大辱。他痛苦地思考着，到底是死还是活。他在那篇著名的《报任安书》里讲道："人固有一死，或重于泰山，或轻于鸿毛，用之所趋异也。"这要看你为什么（所趋）而死。他为了完成《史记》，选择了"忍"，忍辱生存，忍辱负重。他列举了历史上许多王侯将相级的大人物强忍受辱的例子，还有孔子、屈原那样的学者忍辱著书。他说："勇怯，势也；强弱，形也。"

周恩来正是意识到所负之责重于泰山，所以他就得"忍"，勇敢坚韧地在夹缝中工作，在重负下前行。现在回头看，在他忍气吞声、克己为国的心态下确实为党为民族干了许多大事。举其要者，1958年"大跃进"后，他主持三年调整，医治狂热后遗症，拯救了国民经济。"文化大革命"中，他亲自指挥，处理林彪叛逃事件；他抓革命促生产，维持了国民经济最起码的运转，并且还有一些较大突破，如大庆油田的开发等；他抓科技的进步，原子弹、氢弹、人造卫星实验成功；他抓外交的突破，"文化大革命"中中日、中美建交等等。还有一项更大的成功是在召开四届全国人大时，他促成了邓小平的复出和一大批老干部的重新起用，为以后打倒"四人帮"，实行改革开放，奠定了基础。这些都是总理在忍着一口气，没有闹翻脸的情况下，一点一点艰难地争取来的。

小不忍则乱大谋。设想如果 1958 年总理翻脸，甩手而去，也许三年困难时期那一道坎国家就迈不过去。而在"文化大革命"之乱中，如果总理翻脸而去，就正合林彪、江青之意，他们会更加大行其乱。等到人民已经觉悟，再重新组织力量，产生领袖，扭转乾坤，大约又要经过民国那样的大乱，没有三五十年，不会重归太平。那时中国与世界的差距早不知又落下多远了。

行谨则能坚其志，言谨则能崇其德。身为清廷汉臣、权倾一时的曾国藩执著于实现自己的抱负，又善于从"名利两淡"上下功夫，讲求谦让退却，常常反省自知，严于律己，不意气用事，成为历史重臣保身有道、安享晚年的少有案例。

周恩来担任总理 27 年来，为官处事，始终抱有敬畏之心，敬业、畏业、慎用权力，一生勤政、廉政、慎政，兢兢业业，力戒少犯错误。他要求领导者始终保持一种"总觉得自己对革命有所欠缺，总觉得工作做得不好，不能满意"的心理状态；要求年轻人"一定要非常谦虚，不要骄傲，应该觉得自己差得很，事情还做得很少"。周恩来说："在漫长的中国革命战争岁月中，有许多同志都牺牲了。为了把牺牲同志的工作都承担起来。我们活着的人更要加倍工作。我每天都以此激励自己，这也可以算是我的'养身之道'吧。"

经典
阅读

说谦虚

◎吴　晗

　　"谦受益，满招损"，这个格言，流传到今天至少有两千多年了。这是普遍真理，任何地区、任何时代都适用的真理。这条真理指出了人们成功和失败的道理。但是，可惜得很，并不是所有的人都能从这个格言受到教益。

　　人们对事物的认识是需要一个过程的。对于新的事物，总是从不认识到认识一些，再到认识得更多一些，从无知到有知，这是一个不可违反的客观规律。先知先觉，对新萌芽的事物，一露头便能认识其全部意义和内部规律的人是不存在的。所贵于先知先觉的，正是因他们具有丰富的实践经验，能够认识这是个新事物，是萌芽对之采取欢迎、扶植、研究的态度；并且能够时刻注意加深认识，达到更多的更完全的认识，使之成为人们都能认识的事物。先知先觉之所以能够这样做，正是因为他们首先有了很多知识，而又承认自己知识不够，"吾生也有涯，而知也无涯"，对新事物采取谦虚、谨慎、严肃、认真的态度。

　　当然，有更多的人并不是这样对待新事物的。他们满足于已有的知识、经验，满足于当前的环境，对新事物的出现，一看脸孔陌生，不是采取怀疑的态度，不加理睬，不去注意，就是大喝一声"哪里来的异端"，一棍子打死。这样的例子举不胜举。在自然科学发展的历史中，有不少科学家认识了真理，并且坚持真理，结果被过去愚昧的统治者杀死，烧死，他们的学说、著作也被禁止、烧毁。但是，人可以被处死，书可以被烧毁，而真理却是杀不死、烧不毁的，它愈来愈发出灿烂的光辉。

　　不过，话也说回来，人们对新事物的认识也还不是一帆风顺的。正因为不认识，所以很容易犯错误。人们总是从不断犯错误中增长知识的。"吃一堑，长一智"便是这个道理。认识有个深化的过程，需要时间，更需要不断的实验，在这个问题上害急性病，要求在很短时间，不经过试验，不犯一些错误，就能全部掌握新事物的规律，这种人只能是主观主义者。

社会主义建设事业对于我们来说，是个全新的事业。要认识、掌握建设的规律、法则，是需要一个认识深化的过程的。在建设工作中，犯一些错误，有一些缺点，是难免的。问题是对待错误、缺点的态度。只要能够不断地发现错误、缺点，而又能够不断改正这些错误、缺点，从错误、缺点中学会新的知识、本领，使认识不断深化，从而逐步掌握规律，取得胜利。

研究学问也是如此。没有一个学者是全才全能的，像旧小说所写的"诸子百家，无所不晓，九流三教，无所不通"，这样的人物只能是虚构的。在科学日益发达的今天，学术分工愈益细密了，从此，不但通晓各种科学的人并不存在，就是对自己专门研究的学科来说，也还是有大片的空白园地，还有广大的未知领域存在。不认识这一点，学术的进步、提高就会受到损害。

因此，学术研究工作者也必须抱谦虚、谨慎、严肃、认真的态度。首先要承认自己知识不够，才能去探索、研究这未知的领域，并且要下定决心，不怕失败，要从不断失败中丰富知识，把未知的领域逐步缩小，从而提高学术研究的水平。在这个问题上，采取自满的态度也是不行的。

总之，在任何工作中，都要记住"虚心使人进步，骄傲使人落后"。

曾国藩家书（摘录）

◎〔清〕曾国藩

致诸弟·劝弟切勿恃才傲物

四位老弟足下：

吾人为学，最要虚心。尝见朋友中有美材者，往往恃才傲物，动谓人不如己，见乡墨则骂乡墨不通，见会墨则骂会墨不通，既骂房官，又骂主考，未入学者，则骂学院。平心而论，己之所为诗文，实亦无胜人之处；不特无胜人之处，而且有不堪对人之处。只为不肯反求诸己，便都见得人家不是，既骂考官，又骂同考而先得者。傲气既长，终不进功，所以潦倒一生，而无寸进也。

余平生科名极为顺遂，惟小考七次始售。然每次不进，未尝敢出一怨言，但深愧自己试场之诗文太丑而已。至今思之，如芒在背。当时之不敢怨言，诸弟问父亲、叔父及朱尧阶便知。盖场屋之中，只有文丑而侥幸者，断无文佳而埋没者，此一定之理也。

三房十四叔非不勤读，只为傲气太胜，自满自足，遂不能有所成。京城之中，亦多有自满之人，识者见之，发一冷笑而已。又有当名士者，鄙科名为粪土，或好作诗古文，或好讲考据，或好谈理学，嚣嚣然自以为压倒一切矣。自识者观之，彼其所造曾无几何，亦足发一冷笑而已。故吾人用功，力除傲气，力戒自满，毋为人所冷笑，乃有进步也。诸弟平日皆恂恂退让，第累年小试不售，恐因愤激之久，致生骄惰之气，故特作书戒之。务望细思吾言而深省焉，幸甚幸甚！国藩手草。

道光二十四年十月廿一日

致九弟·言凶德有二端

沅甫九弟左右：

初三日刘福一等归，接来信，借悉一切。城贼围困已久，计不久亦可攻克，惟严断文报是第一要义，弟当以身先之。家中四宅平安，余身体不适，初二日住白玉堂，夜不成寐。

温弟何日至吉安？古来言凶德致败者约有二端：曰长傲，曰多言。丹朱之不肖，曰傲曰嚚讼，即多言也。历现名公巨卿，多以此二端败家丧生。余生乎颇病执拗，德之傲也；不甚多言，而笔下亦略近乎嚚讼。静中默省愆尤，我之处处获戾，其源不外此二者。温弟性格略与我相似，而发言尤为尖刻。凡激之凌物，不必定以言语加人，有以神气凌之者矣，有以面色凌之者矣。温弟之神气稍有英发之姿，面色间有蛮横之象，最易凌人。

凡心中不可有所恃，心有所恃则达于面貌。以门地言，我之物望大减，方且恐为子弟之累；以才识言，近今军中炼出人才颇多，弟等亦无过人之处，皆不可恃。只宜抑然自下，一昧言忠信行笃敬，庶几可以遮护旧失，整顿新气，否则人皆厌薄之矣。

沅弟持躬涉世，差为妥协。温弟则谈笑讥讽，要强充老手，犹不免有旧习，不可不猛省，不可不痛改。闻在县有随意嘲讽之事，有怪人差帖之意，急宜惩之。余在军多年，岂无一节可取？只因做之一字，百无一成，故谆谆教诸弟以为戒也。

咸丰八年三月初六日

伟大的人格 —— 悼念玛丽·居里

◎ ［美国］爱因斯坦

在像居里夫人这样一位崇高的人物结束她的一生的时候，我们不要仅仅满足于回忆她的工作成果对人类已经作出的贡献。第一流人物对于时代和历史进程的意义，在其道德品质方面，也许比单纯的才智成就方面还要大，即使是后者，它们取决于品格的程度，也许超过通常所认为的那样。

我幸运地同居里夫人有20年崇高而真挚的友谊。我对她的人格的伟大愈来愈感到钦佩。她的坚强，她的意志的纯洁，她的律己之严，她的客观，她公正不阿的判断——所有这一切都难得地集中在一个人身上。她在任何时候都意识到自己是社会的公仆，她的极端谦虚，永远不给自满留下任何余地。由于社会的严酷和不公平，她的心情总是抑郁的。这就使得她具有那严肃的外貌，很容易使那些不接近她的人发生误解——这是一种无法用任何艺术气质来解脱的少见的严肃性。一旦她认识到某一条道路是正确的，她就毫不妥协地并且极端顽强地坚持走下去。她一生中最伟大的科学功绩——证明放射性元素的存在并把它们分离出来——所以能取得，不仅是靠着大胆的直觉，而且也靠着难以想象的极端困难情况下工作的热忱和顽强，这样的困难，在实验科学的历史中是罕见的。

居里夫人的品德力量和热忱，哪怕只有一小部分存在于欧洲的知识分子中间，欧洲就会面临一个比较光明的未来。

我们可以貌相不惊，才智平平，无功可炫，无能可逞，但在人格上却可以卓然而立，楷模万众。这完全是一种独立于"貌"和"能"之外关于思想和世界观的修炼。

峣峣者易缺，皎皎者易污。

——〔南朝〕范　晔

种树者必培其根，种德者必养其心。

——〔明〕王守仁

最盲目的服从乃是奴隶们所仅存的唯一美德。

——〔法国〕卢　梭

一、说人格

在中国儒家传统文化里，"富贵不能淫，贫贱不能移，威武不能屈"的人格与治国平天下的大业，皆可彪炳青史、为世人所敬。历史上不食周粟的伯夷、叔齐，秉笔直书的司马迁，不为五斗米折腰的陶渊明，以及步入新中国建设时期的马寅初、彭德怀等，皆以不趋炎附势的独立人格而不朽。

人的品德分成许多高低不等的格，这便是人格。

人格之定，就如某项产品的国家标准，有一定的要求。从某种意义上说人也是一种产品，马克思说："人是各种社会关系的总和。"

它是一种社会产品，是经社会共教共育，磨砺冲刷，阴差阳错，锻打铸造而成的。如礁石在海，被浪花咬凿、冲刷浸蚀，塑造成各型各类、各等各级，也就有了不同的质、形、格。人生于世就要看我们自己所选所为了。如接受了某一种观念，就被搁置到了某一层的某一个格子里。

人在社会上立身有三项资本，或曰三种魅力。一是外貌，包括体格、姿色，这主要来源于先天，这确是一大本钱。古今因一貌倾城，仪表万众，因此而广有追随，成其事者大有人在。二是知识技能和思想，这是靠后天的修炼，或一战回天，惊天动地，开国定邦，太平盛世；或窥破天机，发明发现，创造财富，造福人类者，也大有人在。三是人格，这完全是一种独立于"貌"和"能"之外关于思想和世界观的修炼。我们可以貌相不惊，才智平平，无功可炫，无能可呈，但在人格上却可以卓然而立，楷模万众。精神之力，盖超乎外貌之美和才智之强，别是一种震撼，一种导引与向往。雷锋，论貌，个子不高；论能，只是一个普通的汽车兵。但他的无私精神，助人品德，现已成了中华民族乃至全人类的精神财富。其人格魅力早已升格于万众之上。

　　人格，既然名格，就是方方正正，于某事某情某理，行有所遵，言有所本，恪守一定尺度分寸，金钱名利诱之而不变，严刑生杀逼之而不屈，总是平平静静，按一既定的规矩做事，按既定的方向走路。人格是精神，精神可以变物质，甚至可以发挥出超物质的能量。人格是信念，信念如山在野，高山仰止；如坝挡水，波澜不惊。信念既成，就不是一个人的事，甚至不是一代人的事，会形成一个群体，一个民族，乃至全社会公认的规范，是一种无形的力量。所以当我们述说人事，歌颂英雄，甚至亲身感受那些开国元勋，将军元帅，教授学者或者能人强人们的惊人业绩时，其实这种感受中常常有一部分是他们的人格魅力。而且随着时间的推移，这种人格魅力将大大超越其人其事本身的意义。毛泽东转战陕北，挂一根柳木棍子，在胡宗南大军的鼻子底下来去的那种从容；周恩来，长年日理万机，内挤外压，那种无私无怨的大度；彭德怀在庐山一人独谏万言，拍案力争的骨气；陈独秀虽与党有分歧，但在国民党大牢中，面对高官相诱而嗤之以鼻的轻蔑，押解途中带着铁镣而呼呼大睡的气度……这些都远远超出他们所为之事的意义而特别爆发出一种精神的冲击波和辐射力。我们还可以由此而上溯到辛亥义士林觉民在狱中与其妻写绝笔书的慷慨；戊戌义士谭嗣同坐等清廷来拘捕，愿为变法做流血第一人的气概；林则徐虎门销烟行民族大义于己无欲则刚的气节；史可法守扬州宁为玉碎不为瓦全的牺牲；文天祥宁死不叛，丹心万代的正气；岳飞虽为奸臣所逼但精忠报国的悲壮；范仲淹身为朝臣先忧后乐的诚心；苏武十九年持节牧羊所表现出的忠贞；司马迁身负大辱为民族修史记事的坚韧；项羽慨然认输又愧对父老而毅然自刎决绝；荆轲明知赴死而千金一诺的诚信等等。这些都是做人之格，他们都是我们民族史上的灿烂明星。就是国外也有如布鲁诺那样宁肯捍卫科学而甘愿被教会处以火刑的英雄。他们的主要业绩仅仅是因为做成了某一件事吗？不是。相反，随着时间的推移，这些具体业绩时过境迁，反倒离我们越来越远，而他们所昭示的人格力量，人格的光芒却因时日的检验而愈显强大而永远照耀在我们身旁。

二、干部最要讲人格独立

何为人格独立？诗云"宠而不惊，弃而不伤。丈夫立世，独对八荒。天生我才，才当发光。不附不屈，慨当以慷"，即不依附、不隶属，依靠自己的力量去做事处世。人格独立包含着三层意思：有独立的思考能力、独立的精神价值和独立的行为准则。理智的思考能让人摆脱偏见与教条，洞察事物的本来面目，达到独立自主的精神境界。

对于手握权力的干部来说，首先是做一个合格的人，一个人格独立、明辨是非的人。倘若没有健全的心理素质，没有清醒独立的精神，权力就会滥用，就会滋生腐败。人格，规定了一个人的发展方向。人格的高下，决定了权力的指向。正如爱因斯坦所说："优秀的性格和钢铁般的意志比智慧和博学更重要……智力上的成就在很大程度上依赖于人格的伟大。"

1. 身处矛盾中，独立不容易

日本近代启蒙思想家福泽谕吉曾说："人若失了独立人格的精神，那他一定依赖别人；依赖别人的人一定怕人；怕人的人一定阿谀谄媚人。若常常怕人和谄媚人，逐渐成了习惯以后，他的脸皮就同铁一样厚。对于可耻的事也不知羞耻，应当与人讲理的时候也不敢讲理，见人只知道屈服。"干部为何要强调人格独立？首先是因为他身在官场，人际关系复杂，诱惑多，矛盾也多。马克思说，人是各种社会关系的总和。干部的社会关系至少包含着三大序列：官民关系、上下级关系、亲属关系。作为社会的公务人员，他代表、并为之服务、负责的是广大公众；作为行政机构的工作人员，他要服从领导，管理下属；作为家庭成员，则要为人子女，为人父母，尽孝养育。这三层关系由远及近涉及了整个社会系统。但无论是官民关系、上下级关系还是亲属关系，对应的不外是公与私、权与责的矛盾……如何不被表象所蒙蔽，不为私利所困惑，不为谗言所左右？关键是要不依附，不攀援，头脑清醒，善于思考，明辨是非，时时保持着人格独立。

从古至今，因为人格不独立，处理不好政务和各种关系而落为庸官、奸臣、贪官身败名裂的例子俯拾皆是。比如，刘禅一直是仰赖父亲刘备和丞相诸葛亮，没有自己独立的人格，一旦失国就乐不思蜀。和珅只知媚上欺下，堕落成清朝的第一贪官。从古至今，因为人格独立妥善处理各种矛盾而成为清官、贤臣、良吏的也大有人在。比如魏徵敢在太宗面前忠谏直言，寇准敢在皇帝面前说真话。彭德怀、张闻天一生光明磊落，当庐山会议上已经开始一边倒地批右倾时，他们还是要站出来直陈时弊，因此获罪。他们饱受屈辱，但成全了人格，虽败犹荣。

2. 人格连着政治

干部身处权力中心，是社会链条上的强势群体。干部在行使权力、处理政务时，偏差与否，公平与否，正确与否，直接影响着执政效果。人皆有私，只是私戏不能在公家舞台上演。就如任何人都可以在自家的浴室一丝不挂地沐浴。但如果有人这样走到大街上、舞台上，那将是怎样地难堪、发神经，怎样地不可理喻。

我们有一部分干部就在干这种有违常理的事。有一位领导对下属单位说："为什么不先解决我老婆的职称？"下属面有难色，说评委不投票。他说："那我不管，你去办！"某干部带团出国，各团员及送行人员早在机场恭候，他却姗姗来迟，且妻、儿、孙等前呼后拥。这位领导一不问团员是否到齐，二不问手续办得怎样，三不向送行者嘱咐公事，而是与老婆卿卿我我，说不完的家事，又抱着孙子的脸蛋亲不够。时间一到，披衣出关。众人脸上僵僵地挂着笑，心里凉凉地叹着气，好容易才看完这出"十八相送"。他们就这样穿着一件"公字牌"的皇帝新衣，大裹其私，大摇大摆地登台走步，发指令、做演说，全然不知群众怎么看、怎么说。这是最失"人"格、失"领导"之格和"公务员"之格的。

北宋名臣富弼出使辽国，一走就是数月。有人捎来家书，富弼曰："徒乱人心。"他不拆书信，直接放在灯上烧掉。一个封建官吏都懂得身在公位，执行公务，百分之百地勤政，不敢有一丝懈怠。而我们现在一些干公事的人却在公台上大唱私戏，私不当羞，私不觉耻。这样人格一丢，就一丑遮百俊，一丑压百能，就被人看扁了，就永无一点可用、可敬、可言之处了。可惜，许多身居高位者在这一点上，常没有一点自知之明。

报载北京市盖好第一批专供低收入家庭使用的廉价住房，业主代表感激万分，在接钥匙时向领导下跪。报纸以赞赏的口吻报道此事，大标题是《北京首个限价房项目瑞旗家园交用，市委书记、市长发钥匙，入住廉租房 业主跪地谢》，并配有下跪的大幅图片。这条消息刊发在 7 月 1 日，党的 88 周年生日当天，显然是一项计划好的"送温暖"活动。消息见报即议论纷纷。这件事，事关人格，关乎政治。我们的干部用一种什么样的人格理念去为官为政。

自从 1944 年毛泽东同志发表《为人民服务》以来，全心全意地为人民服务，已经是中国共产党人上下一致的信念。老一辈革命家和无数普通的前辈党员、干部都为我们做出了榜样。干部为人民办事是应该的，很自然、平常，没有什么可自诩、自豪、自矜、自炫的。功高如邓小平，他仍说："我是中国人民的儿子。"共产党立党为公，绝无一点私利，也绝不要什么回报，包括什么报恩、答谢。但是在今天却出了这样的怪事，我们只不过用纳税人的钱为老百姓盖了几间平价房，分到房子的业主代表却要跪着接钥匙，这成何体统？这一把跪着接过的新房钥匙，恰是我们解开执政之德的一把思想钥匙。

下跪人与受跪人之间是什么关系？是下对上、晚辈对长辈、奴才对主人、受施者对恩人。所以有子女跪父母、学生跪老师、仆人跪主人，而从没有反过来跪的。即使这样也是封建遗风，民主社会任怎样地感激、崇敬，有话尽管说，也是不必下跪的。21 世纪的今天，忽然冒出一幕小民下跪的镜头，并登之于报，能不让人大呼怪哉？这镜头里透出的显然是民在下，官在上；民为子女，官为父母；民为受恩者，官为施恩者。这一跪就是人格问题、道德问题、政治问题。跪者不自爱，受者不警觉，时代大倒退。自辛亥革命推翻封建体制已一百多年，封建残余还如此顽固，正应了孙中山那句话："革命尚未成功，同志仍须努力。"问题是我们从建党前"五四"时期的思想准备阶段算起，就高举民主、平等的大旗，以后为此又不知付出了多少牺牲。现在掌权既久，怎么倒淡忘了初衷？我们不是常说自己是公仆、是人民的儿子吗？假如父母向作为儿女的我们下跪，那是什么滋味？

突发之事最见真感情、真水平。发钥匙仪式上的这件事，是考验我们执政理念的试金石。虽然报上说领导赶快去扶下跪的群众，但其内心可能仍有一种以恩人自居，受人一跪的窃喜。要不，为什么不当场严厉批评，坚决制止，不许登报呢？当年彭德怀保卫延安，转战陕北，屡建奇功，一次开庆功大会，彭德怀一进会场，看到主席台上挂着他的头像，便勃然大怒，说："还不快把那张像给我撕下来！"这是真谦虚，动真情。如果这件事能像当年彭总那样处理，坚决制止，并仔细讲清道理，岂不传为美谈？如果报纸报道出来，那是多么生动的一堂立党为公、执政为民的现场教育课？

干部的人格不是孤立的个人品质，人格连着政治，连着社会风气。尤其在信息社会，电视、手机、网络无所不在，更将干部的言行举动置于公众视角之下，其人格高下所产生的结果会成几何倍数放大、传播。

三、干部的人格标准

干部，作为社会生活中拥有权力的群体，其人格标准要强调以下几点：

1. 不谀上，不逢迎

当前，一些干部对上唯唯诺诺，寻找依附；对下封官许愿，结党营私；对同级则貌合神离，台上握手、台下踢脚。这样的人没有独立的人格，有的只是私心和私利。

　　有独立人格的人往往有成熟的思想，有正确的方向，"富贵不能淫，贫贱不能移，威武不能屈"，是有真骨气的人，也就是鲁迅先生笔下"中国的脊梁"。他们对外部的各种诱惑能保持"君子独处守正，不桡众枉"的心态，时刻保持自己独立而清醒的人格精神。处于权力旋涡、政事矛盾中的干部要人格独立，首先是不谀上，不逢迎，不随声附和。

　　一些基层干部说，官场很复杂，自己也想做点事，但身处官场，不"同流"，就会成为异类；想讲修养和人格，别人就会用"有色眼镜"看我们，自己在官场中已被"裹挟同行"，对一些事情不得不睁只眼闭只眼。事实上，官场复杂不复杂，取决于为官者自己。陶渊明说"心远地自偏"，我们简单，官场就简单；我们复杂，官场就复杂。只要品行端正，不该去的地方别去，不该拿的东西别拿，不该碰的人别碰，严防死守这三条，就能固若金汤，平安无事，赢得百姓的敬重。

　　所谓"尊上不媚上，使下不欺下"。但现实中多表现为对上谄媚、逢迎，对下欺凌、压制，而遑论对上的批评帮助和对下的尊重尊敬。何以出现这样的现象？究其根本，在于私心私利的驱使，而不是出以公心，为百姓着想。

　　陈云不计个人得失，敢说真话。当他政治生涯遭遇挫折时，为了党的利益，仍不顾个人安危与得失，坚持真理。如20世纪50年代中期他因批评"反冒进"而受到批判，处境艰难。但是当看到"大跃进"钢的指标很高时，他数次向中央提出建议，同时让有的同志向中央反映，但那个同志没有反映，他又多次再提建议，最后毛泽东知道这个情况以后，委托他去做调查研究，经过一番深入调研，中央把钢的指标压下来了。这既体现了陈云坚持党性原则不妥协，也体现了他的独立人格、他的骨气。毛泽东评价说："他（陈云）这个人坚持真理也勇敢。"

　　"断齑画粥"寒窗苦读的范仲淹也是一位保持人格独立、不肯攀附的人。他这种不为名利所动、宠辱不惊的风骨，早在年轻时就已显露。北宋大中祥符七年（1014年），迷信道教的宋真宗率领百官到亳州（今安徽亳州市）去朝拜太清宫。浩浩荡荡的皇家车队路过南京（今河南商丘），人们倾城出动，争先恐后一睹天子风采，唯独有一个学生置若罔闻、闭门不出，仍然埋头读书。同学特地跑过来叫他："快去看，机会难得，不要错过！"但这个学生只随口说了句"将来再见也不晚"，便头也不抬地继续读书了。果然，第二年他就考中进士，见到了皇帝。他就是日后名垂青史的改革家、思想家、文学家范仲淹。

天圣六年（1028年），经老师晏殊推荐，范仲淹荣升秘阁校理——负责皇家图书典籍的校勘和整理。秘阁设在京师宫城的崇文殿中。秘阁校理之职，相当于皇上的文学侍从。不但可以经常见到皇帝，还能耳闻不少朝廷机密。对一般官僚来说，这是难得的腾达捷径。但范仲淹却没有借此去攀附，他发现仁宗皇帝已二十岁，但朝中军政大事却全由六十多岁的刘太后一手处置。而且冬至那天，太后还要让仁宗同百官一起在前殿给她叩头庆寿。范仲淹认为，家事与国事不能混淆，损害君主尊严的事，应予制止，他奏上章疏，批评这一计划。

范仲淹的奏疏，让晏殊大为恐慌。他匆忙把范仲淹叫去，责备他为何如此轻狂，难道不怕连累举主吗？范仲淹素来敬重晏殊，这次却寸步不让："我正为受了您的荐举，才常怕不能尽职，让您替我难堪，不料今天因正直的议论而获罪于您。"一席话，说得晏殊无言以对。回到家中，范仲淹又写信给晏殊，详细申辩，并索性再上一章，干脆请刘太后撤帘罢政，将大权交还仁宗。结果惹怒太后被贬到山西。范仲淹一生四起四落，但他以独立的人格行事，赢得了一个政治家的好名声。

在人性中，独立和奴性，是基本的两大分野。一般来讲，人格上有独立精神的人，在政治上就不大容易被收买。我们不要小看人格的独立。就整个社会来讲，这种道德的进步经历了一个漫长的过程。奴隶制度造成人的奴性，封建制度下虽有"士可杀不可辱"的说法，但还是强调等级、服从。进入资产阶级民主社会，才响亮地提出平等、自由。人性的独立才作为一种普遍的社会标准和道德意识。这一点西方比我们好一些，民主革命彻底，封建残留较少。中国封建社会长，又没有经过彻底的资本主义民主革命，人格中的奴性残留较多。现在一些人也在变着法媚上。对照现实，我们更感到范仲淹在一千年前坚持独立精神的可贵。正是这一点，促成了他在政治上能经得起风浪。做人就应该"宠而不惊，弃而不伤，丈夫立世，独对八荒"。鲁迅就曾痛斥中国人的奴性。一个人先得骨头硬，才能成事，如果他总是看别人的脸色，他除了当奴才还能干什么？纵观范仲淹一生为官，无论在朝、在野、打仗、理政，从不人云亦云，就是对上级、对皇帝，他也实事求是，敢于坚持。这里固然有负责精神，但不改信仰、按规律办事，却是他的为人标准。

范仲淹说"不以物喜，不以己悲"，用现在的话说就是不随波逐流，无私奉献。陈云讲："不唯上，不唯书，只唯实。"人能超然物外，克服私心，就是一个大写的人，就是君子，不是小人。可惜，几千年来人性虽已大有进步，社会仍然没有能摆脱这种公与私的羁绊。这个问题恐怕要到共产主义社会才能解决。试看我们周围，有多少光明磊落，又有多少虚伪龌龊。凡成大事者，首先在人格上要能独立思考，理性处事，敢于牺牲。而那些人格上不独立的人，政治上必然得软骨病，一入官场，就阿谀奉承，明哲保身，甚而阳奉阴违，贪赃枉法，卖身投靠，紧要关头投敌叛变。有的干部，专门研究上司所好，媚态献尽，唯命是从。上发一言，必弯腰尽十倍之诚，而不惜耗部下百倍之力，费公家千倍之财，以博领导一喜。这种对上为奴、对下为虎的劣根人格实在可悲。

翻开贪官们的悔过书，有一个说辞使用频率极高——阿谀奉承。换言之，阿谀奉承与贪官贪腐可谓如影随形。四川的落马贪官彭州市委原书记陈家荣在反思自己的犯罪原因时痛心疾首道："我放松了对自己的要求，围在我身边的都是些怀着不同目的对我阿谀奉承的人"，"久而久之，那种唯我独尊、自以为是的美好感觉就像鸦片一样，让我上瘾，让我满足"。正是那

"精神鸦片"般的阿谀逢迎，使不少官员在飘飘然中丧失了敬畏之心，一步步滑向泥潭。

人非圣贤，好听的奉承话谁不爱听？爱慕虚荣其实是人的正常心理，普通人在适度的范围内"自我陶醉"一番，本无可厚非。但对于手握权力的领导干部来说，那些溢美之辞、阿谀之言，来者不善。世上没有免费的午餐，那些对掌权者表现出来的异常热情，不惜降低自己的尊严去阿谀奉承、溜须拍马的人，为的不就是让受"谀"者放松警惕、放宽条件，规则之外赏自己"一杯羹"吗？在他们看来，阿谀奉承俨然是一种投资，这种没有人格的恭维目的只有一个，就是从对方获取高额回报。有人总结领导干部有"四多"：真理多、优点多、朋友多、亲戚多，这"四多"其实都冲着一个而来，就是干部手中的权力。

自古至今，为官者犯错无非好贪、好色和好谀。清廉者可以拒绝珍宝的腐蚀，明智者可以远离美色的诱惑，唯独这阿谀奉承最难抵挡。从这个角度来说，阿谀奉承是人们最易接受的一种"贿赂"。史料记载，曾国藩与几位幕僚闲谈，评论当今英雄。他说："彭玉麟、李鸿章都是大才，为我所不及。我可自许者，只是生平不好谀耳。"一个幕僚说："各有所长，彭公威猛，人不敢欺；李公精明，人不能欺。"曾国藩问："你们以为我怎么样？"众人低头沉思，忽然走出一个管抄写的后生插话道："曾帅仁德，人不忍欺。"众人听了，拍手叫好。曾国藩谦虚地说："不敢当，不敢当。"后生告退，曾国藩问："此是何人？"幕僚告诉他："此人是扬州人，办事还谨慎。"曾国藩说："此人有大才，不可埋没。"此后不久，曾国藩升任两江总督，派这位后生到扬州当了盐运使。曾国藩是有名的洁身自好之人，却依然被这种说到心里的逢迎之辞所"俘虏"。还是《邹忌讽齐王纳谏》说得透："吾妻之美我者，私我也；妾之美我者，畏我也；客之美我者，欲有求于我也。"

2.不屈从，不随众

谀上是指主动地去阿谀讨好上级，屈从是指并不主动去讨好，但是当某种压力来临时却不敢斗争不敢抗拒，违心地随大流。

自古以来，为了满足金钱或权力的欲望而背弃人格者数不胜数，但为保持人格独立而抵挡诱惑，在高压下不屈从甚至以死抗命的官吏也不乏其人。中国古代的史官有一个好传统，就是秉笔直书，如实记录历史。春秋时期，齐国的大臣崔杼与齐庄公为争夺美女发生矛盾。崔杼借机杀了齐庄公，立了齐景公，自己做了国相。对此，齐国太史记道："崔杼弑其君。"崔杼不愿意在历史上留下弑君的恶名，下令把这个太史杀了。哪知继任的太史还是这样写，又被杀了。第三个太史仍然这样写，也被杀了。第四个太史面不改色，照样直书其事。无奈的崔杼明白正直的史官是杀不绝的，只好作罢。此时，齐国另一位史官南史氏听说接连有三位太史因实录国事被杀，唯恐没有人再敢直书其事，于是便带上写有"崔杼弑其君"的竹简向宫廷走去，途中他得知第四位太史照实记录没有被杀，就转身回去了。齐太史不畏强暴，秉笔直书，几千年来被誉为中国古代史官的典范。

司马迁是伟大的思想家和历史学家，家族几代都为官，深受儒家思想熏陶。怀揣报国之志的司马迁，希望在治国平天下的政治活动中实现自己的人生价值。于是绝宾客之知，亡室家之业，竭力效忠皇上。但现实残酷，他在汉武帝面前替寡不敌众投降匈奴的李陵辩护，触怒龙颜，被下牢处以宫刑。司马迁生活在"君明臣贤"的西汉鼎盛时期，本来很受汉武帝信任，却不料遭此惨祸。肉体上的摧残和精神上的羞辱使司马迁蒙受了奇耻大辱。他说："太上不辱先，其次不辱身……最下腐刑，极矣。"腐刑使司马迁悲痛欲绝，一度几近癫狂。但也因此而看穿了世事，他依然坚持著史，本着直书其事、不掩其瑕的原则，人格也得以从"以求亲媚于主上"的附庸状态中独立出来，他将先秦至汉初的文献资料进行整理，以史家的求实眼光，以纪传的新颖方式，"究天人之际，通古今之变，成一家之言"。人格独立的司马迁，以理性、深邃、冷峻的目光，不虚美，不隐恶，鉴往知来，反思历史，最终写成了《史记》。鲁迅先生在《汉文学史纲要》中曾这样评价："恨为弄臣，寄心楮墨，感身世之戮辱，传畸人于千秋，虽背《春秋》之义，固不失为史家之绝唱，无韵之《离骚》矣。"可以说没有司马迁独立的人格，就没有《史记》。

有战神之称的大将粟裕，也是一个不轻易屈从别人的人。解放战争时期决战淮海，他不同意毛泽东的军事部署，曾三次直谏，终于改变了战略计划。

当时毛泽东设计了一个打破中原僵局的构想：中原三军继续分兵，抽出一部分主力渡长江南下，迫使蒋介石在中原的部分主力回援。他的意图很明显：蒋介石把主力摆在中原，那就搞个大动作派兵过江直捣他的江南"老窝"，让蒋介石因后院起火而不得不回防自保。这是又一个不要后方的"千里跃进大别山"。毛泽东要分散克敌，粟裕却想集中杀敌。毛泽东的构想得到了中央的支持，中央军委命粟裕渡江南进。粟裕几番深思熟虑，认为我军渡江后，在无后方、无根据地支持情况下作战不会收到预期效果。1948 年 1 月 22 日粟裕给中央军委发来"子养电"，斗胆直陈，希望不过江，集中兵力在中原歼敌。5 天后的 1 月 27 日，粟裕又来电再陈集中兵力打大歼灭战。4 月 18 日，粟裕以个人名义第三次来电，再次直陈第一兵团暂不过江，力争在中原黄淮地区打几个大规模的歼灭战。

1948 年 4 月 30 日中央书记处扩大会议上，五大书记听取了粟裕的军事方案。粟裕对自己的构想已深信不疑，认为如从中原抽走 10 万主力，削弱了突击力量就会失去更多的时间，甚至可能推迟夺取全国的胜利。经过讨论，结果中央采纳了粟裕的建议，这才有了后来名垂青史的淮海大决战，它将中国革命的胜利大约提前了三年。

随众就是随风倒，人云亦云。一个领导干部要有自己的操守，不随大流。唐代名相陆贽与地方藩镇官员交往，向来是一尘不染，如水之清。地方官员埋怨他行为怪诞，不近人情。消息传到德宗那里，德宗对陆贽说："过于清慎廉洁，拒绝诸道馈赠，恐怕于事不通。即使不收受贵重物品，接受点小礼物也是可以的。"对当时腐败丛生的官场来说，德宗此话确实是实话实说。不料却引出了陆贽一篇两千多字的奏章，说天子不该劝宰臣纳贿。陆贽说："监临受贿，盈尽有刑，至于士吏之微，尚当严禁，矧居风化之首，反可通行。贿道一开，辗转滋甚，鞭靴不已，必及金璧……已与交私，何能中绝其意，是以涓流不绝，溪壑成灾矣！"公卿大臣之间的交往，难道一定要靠财物的赠送，才能说有交情？如果这样的话，那么就会产生可怕的后果，长此以往，国将不国。他一针见血地指出"伤风害礼，莫甚于私；暴物残人，莫大于赂"，驳得德宗无话可说。

《礼记》曰："天子微，诸侯僭；大夫强，诸侯胁。于此相贵以等，相觊以货，相赂以利，而天下之礼乱矣。"在今天，请客送礼，看起来是小事，实际上是和党风、政风紧密相关的。如果不防微杜渐，听之任之，发展下去就不是小事，会带来不良的社会影响，最终损害的是党的事业和人民的利益。党的十八大以来，中央出台了八项规定，锲而不舍反对"四风"，党风政风为之一新。且在"三严三实"专题教育这一背景下，领导干部更要坚持原则，不能做墙头草随风倒，应是非分明，立场坚定，头脑清醒，自戒自律，有着独立的思考和判断。

3. 不失人格成大事

人格独立与善处关系并不矛盾。我们反对谀上、欺下、跟风、和稀泥，但并不反对用好的策略去做上级和周围人的工作。只有这样，才能保证人格独立，思想独立。

"和而不同"是孔子提出的处世哲学。他在《论语·子路》中说："君子和而不同，小人同而不和。"君子与人和睦相处，但不盲从苟同。他在《论语·为政》中说："君子周而不比，小人比而不周。"君子与人亲近和睦，但不朋比为奸。《中庸》里面也有"君子和而不流"的话，认为君子应该随和，与人和睦相处，但不同流合污。这和孔子的意见差不多。"和而不同""和而不流""周而不比"，也是灵活性与原则性相结合的处世艺术。在官场上，也需要这种灵活的处世哲学。

自沉汨罗、以死明志的屈原，是追求人格独立的极致个案。还有更多的贤臣良相，如春秋时的管仲、三国时的诸葛亮，他们一生都在坚守着自己的价值追求，追求着"内圣外王"之道，"上不负天子，下不负所学，不恤其他"，不必死节却一样保持人格独立、干成大事。唐朝名相魏徵，不畏权贵，以直谏扬名天下，是名副其实的"谏官"。他的人生简历并不简单——隋末，投瓦岗，兵败归唐，佐太子，玄武兵变，易主辅秦王。唐太宗时，进为宰相，成为大唐王朝决策主要人物之一。活跃在政坛上的魏徵，在文坛上也颇有建树，他还是一位诗人。初唐时期，朝野上下延续着六朝时期绮靡浮艳的诗风，魏徵的《述怀》将北方的浑朴气势注入南朝的绮丽之中，气势宏阔，立意高远，迥异时俗：

> 中原初逐鹿，投笔事戎轩。纵然计不就，慷慨志犹存。
> 杖策谒天子，驱马出关门。请缨系南粤，凭轼下东藩。
> 郁纡陟高岫，出没望平原。古木鸣寒鸟，空山啼夜猿。
> 既伤千里目，还惊九折魂。岂不惮艰险，深怀国士恩。
> 季布无二诺，侯嬴重一言。人生感意气，功名谁复论！

这首《抒怀·出关》的五律，一代名相的胸襟、抱负与胆识一览无余。魏徵，敢言他人所不敢言之言，并且不达目的不罢休，开创了历史上君"畏"臣之先例，树立了历代君臣关系的典范。他忠心辅国，犯颜直谏。曾向太宗面谏五十次，呈奏十一件，一生谏诤多至"数十万言"，其次数之多，言辞之激烈，态度之坚定，在中国历史上少有。最有名的是太宗对他的评价：以铜为镜，可以正衣冠；以古为镜，可以知兴替；以人为镜，可以明得失。魏徵被唐太宗尊为雕琢"美玉"的良工、矫正己过的"人镜"，故始有"帝王人镜"一说，而世人则把魏徵誉为"一代名相"和"千秋金鉴"。魏徵进谏，有以下几个特点：①数量多。魏徵向唐太宗进谏知无不言，言无不尽，"前后二百余事"，数十万言。②质量好。魏徵谏言无论疏文、谈话，观点鲜明，文辞犀利，具有很强的思想性和哲理性。一般都能使唐太宗折服或猛醒，从而达到进谏的目的。在所有谏言中，尤以贞观十一年上奏的《谏太宗十思疏》和贞观十三年上奏的《十渐不克终疏》两篇疏文最为著名，被历代史学家称为"万世师表"。魏徵谏言中许多脍炙人口的箴言警句，如："兼听则明、偏信则暗""居安思危、戒奢以俭""载舟覆舟、所宜深慎""民为邦本、本固国宁"等，这些警句已成为我国广大民众使用频率很高的经典词汇。③谏技高超。魏徵以敢于直谏而闻名于世，但讲究方式方法，善于说理，针砭时弊，而不是一味地顶撞和冒犯皇帝。

在长达17年的漫长岁月中，魏徵屡屡进谏，屡屡犯上，却屡谏屡胜——不仅能保全性命，安度余生，还让唐太宗李世民言听计从。这在"巍巍朝庙堂，都是阿谀场"的官场里头，算得上是一个异数，在中国历史上实属罕见。刚正不阿的"魏大人"靠的是什么制胜法宝呢？很简单，一颗忠心，以及高超的劝谏技巧和说服艺术。

稍有一些历史常识的人都知道，"文死谏，武死战"乃沿袭几千年的中国传统之一，一直根深蒂固地渗透在中国的政治文化中，体现的是以"忠""信"为准则的价值判断，以及杀身成仁的道德追求，反映了中国文臣武将对江山社稷所负的使命感。愤而投江的屈原，"伏清白以死直""九死而不悔"的刚毅精神，其高贵不屈的人格令人肃然敬佩。但是像魏徵这样以灵活、智慧的说服艺术和策略，来辅佐帝王，治理天下，是不是贡献更大呢?! 历史需要舍生取义、慷慨赴死的节烈志士，也更需要有韧性有斗志的治世之能臣。他们以不同的方式，坚守着自己的独立人格，心无旁骛，百折不挠，实现自己"治国平天下"的人生追求，可谓殊途同归。

"文革"中，受排挤的周恩来总是千方百计努力减少"文革"对社会正常秩序的冲击。靠着灵活的策略尽力保护老干部，把政局艰难地向前推进。"四老帅外交座谈会"便是一例。中共九大后，"打倒美帝、打倒苏修、打倒一切反对派"的极"左"路线，使中国在国际上处于孤立之势。深谙国际形势的陈毅外长和周总理，深知改变这种状况，只能"以夷制夷"。珍宝岛事件之后，周恩来认为自我孤立的外交政策不能再坚持了，但他也明白此事不能越俎代庖，须经毛泽东的批准。周恩来想出了一个主意——启用当时已靠边站的叶剑英、陈毅、聂荣臻、徐向前四位老帅，商讨国家大事，得到了毛泽东的同意。这就是"四老帅外交座谈会"。他们讨论的主题是"苏修美帝，谁是我们最危险的敌人？战争是否真的就要到来了"。四老帅奉命座谈，先后共六次十九个小时，达成一致意见，由陈毅定稿，写出了《对战争形势的初步估计》。由此制定了一条外交总路线，老帅们一致主张与美建交。正因此条路线的建立，才有了此后的尼克松访华，才有了上海公报，中国的外交掀开了崭新的一页。周恩来的这一步棋，不仅推动了中国外交，还保护了老帅，安定了人心。

生活不是真空，世上人、事、物，不可能都合乎理想和要求。对于不健康的现象事物，对于不正确的思想、行为和作风，不能盲目附和，应保持自己的操守和品格，这是原则性。另一方面，我们又要适应环境，善于和各式各样的人物协调和睦地相处，这是灵活性。只有原则性，没有灵活性，就会脱离现实，脱离群众，使自己陷于孤立。只有灵活性，没有原则性，就会同流合污，降低自己的思想人格，不能达到祛邪扶正、改造环境、改造社会的目的。

经典
阅读

正气歌

◎〔南宋〕文天祥

序：余囚北庭[1]，坐一土室。室广八尺，深可四寻[2]，单扉[3]低小，白间[4]短窄，污下而幽暗。当此夏日，诸气萃然：雨潦四集，浮动床几，时则为水气。涂泥半朝[5]，蒸沤历澜，时则为土气。乍晴暴热，风道四塞，时则为日气。檐阴薪爨[6]，助长炎虐，时则为火气。仓腐寄顿，陈陈逼人[7]，时则为米气。骈肩杂遝[8]，腥臊汗垢，时则为人气。或圊溷[9]、或毁尸、或腐鼠，恶气杂出，时则为秽气。叠是数气，当之者鲜不为厉[10]，而予以孱弱俯仰其间[11]，于兹二年矣，幸而无恙，是殆有养致然尔。然亦安知所养何哉？孟子曰："我善养吾浩然之气。"彼气有七，吾气有一，以一敌七，吾何患焉！况浩然者，乃天地之正气也。作《正气歌》一首。

天地有正气，杂然赋流形。下则为河岳，上则为日星。

于人曰浩然，沛乎塞苍冥。皇路当清夷，含和吐明庭。

时穷节乃见，一一垂丹青。在齐太史简，在晋董狐笔。

1　北庭：指元朝首都燕京（今北京）。

2　寻：古时八尺为一寻。

3　单扉：单扇门。

4　白间：窗户。

5　涂泥半朝：朝作潮，意思是狱房墙上涂的泥有一半是潮湿的。

6　薪爨：烧柴做饭。

7　陈陈逼人：陈旧的粮食年年相加，霉烂的气味使人难以忍受。

8　骈肩杂遝：肩挨肩。拥挤杂乱的样子。

9　圊溷：厕所。

10　鲜不为厉：很少有不生病的。厉：病。

11　俯仰其间：生活在那里。

在秦张良椎，在汉苏武节。为严将军头，为嵇侍中血。

为张睢阳齿，为颜常山舌。或为辽东帽，清操厉冰雪。

或为出师表，鬼神泣壮烈。或为渡江楫，慷慨吞胡羯。

或为击贼笏，逆竖头破裂。是气所磅礴，凛烈万古存。

当其贯日月，生死安足论。地维赖以立，天柱赖以尊。

三纲实系命，道义为之根。嗟予遘阳九，隶也实不力。

楚囚缨其冠，传车送穷北。鼎镬甘如饴，求之不可得。

阴房阗鬼火，春院闭天黑。牛骥同一皂，鸡栖凤凰食。

一朝蒙雾露，分作沟中瘠。如此再寒暑，百沴自辟易。

嗟哉沮洳场，为我安乐国。岂有他缪巧，阴阳不能贼。

顾此耿耿在，仰视浮云白。悠悠我心悲，苍天曷有极。

哲人日已远，典刑在夙昔。风檐展书读，古道照颜色。

谏太宗十思疏

◎〔唐〕魏　徵

臣闻求木之长者，必固其根本；欲流之远者，必浚[1]其泉源；思国之安者，必积其德义。源不深而望流之远，根不固而求木之长，德不厚而思国之安，臣虽下愚，知其不可，而况于明哲乎？人君当神器[2]之重，居域中之大[3]，不念居安思危，戒奢以俭，德不处其厚，情不胜其欲，斯亦伐根以求木茂，塞源而欲流长也。

凡百元首[4]，承天景命[5]，莫不殷忧而道著，功成而德衰。有善始者实

1　浚：深挖。

2　神器：帝位。

3　居域中之大：《老子》第二十五章说，"道大，天大，地大，王亦大。域中有四大，而王居其一焉"。

4　元首：指帝王。

5　景命：古代认为君王是上天授予的，故亦称天子。

繁，能克[1]终者盖寡。岂取之易而守之难乎？昔取之而有余，今守之而不足，何也？夫在殷忧，必竭诚以待下；既得志，则纵情以傲物。竭诚则胡越为一体，傲物则骨肉为行路。虽董[2]之以严刑，振之以威怒，终苟免而不怀仁，貌恭而不心服。怨不在大，可畏惟人[3]；载舟覆舟[4]，所宜深慎；奔车朽索，其可忽乎！

君人者，诚能见可欲则思知足以自戒，将有作则思知止以安人，念高危则思谦冲[5]而自牧，惧满溢则思江海下百川，乐盘游则思三驱以为度，忧懈怠则思慎始而敬终，虑壅蔽则思虚心以纳下，想谗邪则思正身以黜恶，恩所加则思无因喜以谬赏，罚所及则思无因怒而滥刑。总此十思，宏兹九德，简能而任之，择善而从之，则智者尽其谋，勇者竭其力，仁者播其惠，信者效其忠。文武争驰，在君无事，可以尽豫游之乐，可以养松、乔之寿，鸣琴垂拱，不言而化。何必劳神苦思，代下司职，役聪明之耳目，亏无为之大道哉！

邹忌讽齐王纳谏

◎〔西汉〕刘　向

邹忌修八尺有余，而形貌昳丽。朝服衣冠，窥镜，谓其妻曰："我孰与城北徐公美？"其妻曰："君美甚，徐公何能及君也？"城北徐公，齐国之美丽者也。忌不自信，而复问其妾曰："吾孰与徐公美？"妾曰："徐公何能及君也？"旦日，客从外来，与坐谈，问之客曰："吾与徐公孰美？"客曰："徐公不若君之美也。"明日徐公来，孰视之，自以为不如；窥镜而自视，又弗如远甚。暮寝而思

1　克：能。

2　董：监督。

3　人：即"民"字，此避唐太宗李世民讳而改为"人"。

4　载舟覆舟：用舟和水泊关系比喻君王和民众的关系，告诫君主要注意民心向背。语出《荀子·王制》："君者，舟也，庶人者，水也。水则载舟，水则覆舟。"

5　谦冲：谦和，自控。谦冲：谦和，自控。

公来，孰视之，自以为不如；窥镜而自视，又弗如远甚。暮寝而思之，曰："吾妻之美我者，私我也；妾之美我者，畏我也；客之美我者，欲有求于我也。"

于是入朝见威王，曰："臣诚知不如徐公美。臣之妻私臣，臣之妾畏臣，臣之客欲有求于臣，皆以美于徐公。今齐地方千里，百二十城，宫妇左右莫不私王，朝廷之臣莫不畏王，四境之内莫不有求于王：由此观之，王之蔽甚矣。"

王曰："善。"乃下令："群臣吏民能面刺寡人之过者，受上赏；上书谏寡人者，受中赏；能谤讥于市朝，闻寡人之耳者，受下赏。"令初下，群臣进谏，门庭若市；数月之后，时时而间进；期年之后，虽欲言，无可进者。燕、赵、韩、魏闻之，皆朝于齐。此所谓战胜于朝廷。

人为什么要读书？一句话，为了生命的完整。

领袖应当首先是一个读书人，一个熟悉自己民族典籍的人，一个博学杂家。因为领导一个集团，一场斗争，一个时代，靠的是战略思维、历史案例、斗争魄力和人格魅力，这些只能到历史典籍中去找。

学而时习之，不亦说乎？

——〔春秋〕孔　子

生也有涯而知也无涯。

——〔战国〕庄　子

读史使人明智，读诗使人灵秀，数学使人周密，自然哲学使人精邃，伦理学使人庄重，逻辑学使人善辩。

——〔英国〕培　根

一、说学习

学习是一种人生态度。

《论语》说："学而时习之。"学和习是两个既有联系、又有不同的概念。学是获得知识、技巧和能力；习是复习、练习、巩固掌握知识、技巧和能力。《中庸》则把学习分成五个步骤：学、问、思、辨、行。

学习是一种责任。如果不学习，就永远停留于婴孩时代，懵懂无知，还不如一只会飞舞觅食的昆虫。学习是一种权利。是获得自我发展、实现人生价值的权利。从无知到有知，从野蛮到文明，从愚钝到觉悟，都需要通过学习与实践来实现。学习是人的一种需要。这种需要就像吃饭、穿衣、喝水一样，是生存必需，是为了增长知识，摆脱无知与贫困，融入社会，实现理想。

人为什么要读书学习？一句话，为了生命的完整。人生命的一半是物质，一半是精神。读书学习是对精神的那一半生命的能量补充。在地球上所有物种中，除物质之外还需要精神滋养的就是人类。只有人，有精神生活，有主观思维，会改造客观，追求幸福。

作为人，还有另一半更重要的，就是他有精神世界。喜、怒、哀、乐，七情六欲，理想追求等。人与人的关系，主要不是物质交往，而是精神交往。谈话、书信、亲情、爱情、政治、学术、艺术等，都是精神活动。精神满足更重要，精神世界更广阔。所以才有为爱情而歌唱，为自由而斗争，为理想而献身。通过读书、学习与思考，有感、有悟、有创造，才能改变人生，成就事业，自立于人海，流芳于青史。正所谓：知识就是财富，知识就是力量，知识改变命运。

　　读书是学习的重要途径。马克思爱读书。他本是参加社会生产和工人运动，但许多事情自己弄不明白，也就无法指导运动，就宣布要退出具体事务，回到书房。马克思写《资本论》，耗费了 40 年心血，为了写作，前后研究书籍达 1500 种。读书造就了马克思，使他成为一代伟人。毛泽东爱读书。毛泽东一生中可谓博览群书，延安时期是中国共产党十分艰苦的时期，战火纷飞，缺衣少食，但毛泽东仍然坚持读哲学、读军事，补上了这重要一课。他听艾思奇讲哲学，恭恭敬敬地做笔记。在延安的窑洞里，毛泽东在油灯下写出了《论持久战》《矛盾论》《实践论》等名篇。

　　学习不是简单地死读书，而是结合实际来思考、吸收、批判与扬弃。胡耀邦提出读书、调查与思考三结合。他说，书本是前人积累的经验，调查是掌握现实的情况，前人的经验，现实的情况，必须结合起来加以思考。他在《对中青年干部的殷切希望》的讲话中作了概括：理论与实际相结合，独立思考，实事求是，这就是学习。

二、干部最要讲学习

　　干部最要讲学习，为什么？因为从政为官就是一个学无止境的过程。学习是提高干部智慧、水平、能力的途径。

　　党的十六大把"形成全民学习、终身学习的学习型社会，促进人的全面发展"作为全面建设小康社会的一项奋斗目标。在信息社会、在知识经济时代，在充满机遇和挑战的历史潮流中，领导干部要想跟上发展的脚步，只有勤奋学习，不断更新知识，提高自身素质，才能成为高明、开明的领导者，成为开拓创新的先行者。

1. 克服本领恐慌，要学习

　　早在 1939 年，毛泽东在延安在职干部教育动员大会上说："现在我们的队伍里面发生了这样一个矛盾，就是我们的干部不学习便不能够领导工作……我们队伍里边有一种恐慌，不是经济恐慌，也不是政治恐慌，而是本领恐慌。""本领恐慌"是指面对新形势、新环境、新任务和新目标的挑战，担心自身素质不适应，缺乏知识和技能而产生惶恐不安的情绪。说白了，"本领恐慌"就是知识恐慌、能力恐慌，其直接原因就是缺乏学习。那么半个多世纪过去了，社会环境发生了巨大变化，这种本领恐慌还存在吗？

2013年3月，中共中央党校建校80周年庆祝大会暨2013年春季学期开学典礼上，习近平指出：本领恐慌在党内相当一个范围、相当一个时期都是存在的。实现党的十八大提出的各项目标任务，做好方方面面的工作，对我们的本领提出了新的要求。只有全党本领不断增强了，"两个一百年"的奋斗目标才能实现，中华民族伟大复兴的"中国梦"才能梦想成真。

古人云："非学无以广才，非学无以明志，非学无以立德。"不思，故有惑；不求，故无得；不问，故无知。在机遇和挑战面前，不学习、不思考、不求索，就会一事无成。时代在变，环境在变，特别是随着经济社会的快速发展和体制改革的不断深化，产生本领恐慌的可能性以及由此带来的紧迫感和危机感越来越大。领导干部要走出本领恐慌，唯一的出路就是学习、学习、再学习。

正如黄宗羲说："学则智，不学则愚；学则治，不学则乱。"自古圣贤，盛德大业，未有不由学而成者也。学则可以守身，可以治民，可以立教。纵观世界历史，凡有所作为的圣贤伟人、先知大家，无一不是博览群书、学富五车、博古通今、才识渊博者。尼克松在《领导者》一书中，研究分析了许多杰出的政治家成功的秘诀，其中最重要的一条就是他们都酷爱读书学习，善于观察，勤于思考。他们能纵横捭阖、叱咤风云，创建伟业，不仅源于敏锐的政治洞察力、非凡的远见和高超的领导艺术，更得益于他们深厚的知识基础。

毛泽东一生酷爱读书，他坚信，人们以各种方式所接触到的知识、理论、观点，有助于他们在实践行动上的选择，对改造现实社会十分重要。早年毛泽东在湖南一师读书时，有一个外号叫毛奇，意为天下奇：即读奇书、交奇友、创奇事，做一位顶天立地的奇男子。他曾开列77种经史子集给同学们，认为这是国学研究的必读书目。青少年时代毛泽东读书的目的，先是为了"修学储能"，然后寻找"大本大源"，最后是为了寻找解放贫苦大众的"真主义"。

为了能在革命实践中去疑解惑，做清醒的革命者，他阅读了大量马列著作。大革命和土地革命时期，毛泽东读书主要是围绕革命斗争的需要，去发掘能够挽救中国革命的理论书籍。大革命失败后毛泽东发动秋收起义，在偏远的农村开辟革命根据地，由于国民党的封锁，常常是无书可读，他感到苦闷极了。在革命低潮中他急需先进的科学理论指导。于是他给上海的党中央写信，无论如何要给他搞一些书，还开列了一批书单，说"我知识饥荒到十分"，"我们望得书报如饥如渴，务请勿以小事弃置"。在一封信中他还点名要斯大林的《列宁主义概论》和瞿秋白的《俄国革命运动史》。期间，他还先后编了两套书：《国民运动丛书》和《农民运动丛刊》。在马列著作中他汲取了智慧和力量，做出了"星星之火，可以燎原"的科学预言，鼓舞红军增强了胜利的信心。1932年，毛泽东带领红军打下福建漳州时缴获一批书，其中有列宁的《社会民主党在民主革命中的两种策略》和《共产主义运动中的"左派"幼稚病》。毛泽东看完第一本又推荐给彭德怀看，写信说此书要在大革命时候读着，就不会犯那些错误。读完第二本后毛泽东接着又推荐给彭德怀看，并写信说，"左"与右同样有危害性。直到1948年4月毛泽东第三遍看这本书，在封面上写下批语："请同志们看此书的第二章，使同志们懂得，必须消灭现在我们工作中的某些严重的无纪律状态或无政府状态。"

毛泽东读书真正做到了"活到老，读到老"。他在延安时曾经讲过："如果再过10年我就死了，那么我就一定要学习9年零359天。"毛泽东要的最后一本书是《容斋随笔》，时间是1976年8月26日。他最后一次读书的时间是1976年9月8日，也就是临终前那一天的4点37分，是在医生抢救的情况下读了几分钟。7个小时后，就去世了。

美国第26任总统西奥多·罗斯福不仅是政治家，还是颇有影响的史学家、文学家。罗斯福自小养成了大量阅读的习惯，记忆力惊人，并且非常健谈。在哈佛，他是个俱乐部活跃分子，热衷于各类体育活动。1880年，罗斯福从哈佛毕业，进入哥伦比亚大学法学院。1881年，他出版了第一部正式著作《1812年战争中的海战》，这本书是两代人的教科书，也是美国海军学院必修课材料。关于西部开发史的四卷大部头著作 The Winning of the West（《征服西部》）也是其代表作，对史学史有重要影响。他还为主流杂志撰稿，收入颇丰，作为知识分子而闻名。后来，罗斯福当选为美国历史学会主席。他还出版了《新国家主义》《非洲游踪》《文学及其论文》《穿过巴西荒原》《美国和世界大战》《国力和国际义务》等不同门类的著作，显现了非凡的学识和功力。长期坚持不懈地勤奋学习和积累，造就了远见卓识，使其在总统职位上能够游刃有余。他对美国的主要贡献是建立资源保护政策，保护了森林、矿产、石油等资源；建立公平交易法案，推动劳资和解。对外奉行门罗主义，实行扩张政策，建设强大军队，干涉美洲事务。他是第一位获得诺贝尔和平奖的美国人，也是第一位对环境保护有长远考虑的总统。在他的主导下，1908年，美国向中国退回半数庚子赔款。其中的一部分用于开办清华留美预备学校，即清华大学的前身。清华大学立校后，将一个体育馆命名为罗斯福纪念体育馆，但也是在他的推动下，《排华法案》成为长久法案。外界评论说，他一口温言，一手大棒。这个总统有许多脍炙人口的故事。著名的玩具泰迪熊就源自罗斯福，泰迪是西奥多的昵称，源于他的一次狩猎放生，漫画家将故事改编成了漫画，纽约一位小店店主便制作了一只玩具小熊，寄到白宫，恳请总统同意小熊取名泰迪，西奥多·罗斯福答应了。世界从此就有了泰迪熊。

钱学森喜欢读书。年轻时在美国学习，几个好朋友相约，大家都不看电视。他到晚年还自己剪贴报纸。文字有一种神奇的诱导人思考、丰富人精神的功能。笔者注意观察，很多干部家里没有书架，好像既然有了饭碗就不用再读书，这是一种精神缺失。一次跟某地机关干部交流读书体会，我说阅读是为了精神生命的成长和延长，要把这种精神生命延伸到下一代去。就算你自己实在不爱看书，为了后代，也希望我们能在家里装出一个爱读书的样子。散场时，有人边走边说："今天回家后，不读书也要装装样子了。"一说到为了后代，这个道理一下就明白了。

"知识即幸福，思想最自由。"一个人知识越丰富，思想越广阔，精神的自由度就越大。文学知识丰富，有享受文学艺术之美的自由；科学知识丰富，就有享受科学之奇妙的自由。正如吃饭是为了获得身体的健康自由，读书是为了获得精神的思想自由。笔者曾写过一首小诗："能工作时就工作，不能工作时就写作。二者皆不能，读书、积累、思索。"思考是谁也不能剥夺的自由。思考的原料就是头脑里装的书。说到底，读书就是在滋养和提升我们的精神生活和思想境界。有了丰富的知识储备和扎实的文化积累，也就不会有什么本领恐慌了。

2. 提高执政能力，要学习

领导干部读书学习的根本目的，是提高执政能力，提高为人民服务的本领。学习是领导者提升智慧、水平、能力的源泉。

我们党始终把学习摆在首位。早在延安时期，毛泽东就特别提倡在党内要形成良好的读书学习风气。1939 年 1 月 28 日毛泽东在延安发表演讲时说："有了学问，好比站在山上，可看到很远很多的东西；没有学问，如在暗沟里走路，摸索不着，那会苦煞人。"他还说："没有文化的军队是愚蠢的军队，而愚蠢的军队是不能战胜敌人的。"在延安，他为《文化课本》写的序言中号召："一个革命干部，必须能看能写，又有丰富的社会常识与自然常识，以为从事工作的基础与学习理论的基础，工作才有做好的希望，理论也才有学好的希望。""历史上的事情我们不可能都能经历，但是要学习，要懂。"在当时生活条件极端艰苦的条件下，毛泽东仍然强调要坚持两种运动：

一个是生产运动，一个是学习运动。他提出"来一个全党的学习竞赛"，形成了"认字就在背包上，写字就在大地上，课堂就在大路上，桌子就在膝盖上"的宝贵学习精神。为了培养高素质的领导干部，必须提倡学习，"授人以渔"。因此，毛泽东能根据现实需要、针对现实问题，总是及时开列出一些有强烈现实针对性的书目让干部们去读，以便统一思想，凝聚力量，甚至在一些会议上亲自印发他选编的著作篇章，有时候还会在会议上讲解一番。

读书学习可以丰富知识，可以增强干部的智能，使其摆脱愚昧，变得高明；可使干部借鉴成功的领导经验，吸取失败的教训，少走弯路，提高执政水平和工作效率；可以使干部开阔眼界，拓宽思路，提升战略思维，提高思想境界。通常而言，干部读的书越多，掌握的知识就越多，并善于应用，其思想就越解放，眼界就越深远，胸怀就越开阔，对事物的认识就越准确，对客观规律的认识就越深刻，从而增强工作的预见性与创新性，更富有影响力、凝聚力和感召力。

有人会说，作为领导干部，总是很忙，哪有时间读书？胡耀邦说过一句话：有所得，就必然有所失。他说："要多读书，就要少打扑克，少跳舞，少看电影。"这是他多年坚持读书的一条主要经验。这一得一失，是读书学习高度自觉的表现。夫人李昭曾讲："耀邦回到家中，就关起房门读书，很少同家人谈话。"

为什么要强调读书？胡耀邦的思想很明确，就是为了培养干部，做好工作。他曾批评一些领导干部不读书，不懂辩证法，思想僵化。他说："当了这么高的领导干部，什么书也不翻，白天划圈圈，晚上看电视，这也行啊？既能务实，又能务虚，既有一定的实际经验，又有一定的理论思想水平，才是好干部。"

习近平谈到，当前领导干部读书的状况不容乐观，归结起来主要是四个方面的问题：一是追求享乐、玩物丧志，不好读书；二是热衷应酬、忙于事务，不勤读书；三是浅尝辄止、不求甚解，不善读书；四是学而不思、知行不一，学用脱节。出现这些问题，原因是多方面的。一些同志对读书抱有不正确的观念。有的认为自己现有的知识差不多了，不用读书也能应付工作；有的认为干比学重要，读不读书无所谓；有的认为领导工作太忙，没有时间顾得上读书；有的认为社会上潜规则太多，需要的是关系而不是知识，书读多了反而适应不了社会，照书上的道理做会吃亏。正是这些"差不多""无所谓""顾不上""会吃亏"的思想观念，影响了他们的读书学习和进步。读书学习是领导干部胜任领导工作的必然要求。工欲善其事，必先利其器。事有所成，必是学有所成；学有所成，必是读有所得。各级领导干部承担着执政兴国、执政为民的重要职责，肩负着为官一任、造福一方的重要使命，认清发展大势、把握规律、统领全局、创造业绩，都离不开读书学习。

3. 提升思想境界，要学习

读书学习是领导干部加强党性修养、坚定理想信念、提升精神境界的一个重要途径。我们国家历来讲究读书修身、从政立德。传统文化中，读书、修身、立德，不仅是立身之本，更是从政之基。

"吾生也有涯，而知也无涯。"对学习的追求是无止境的，既需苦学，还应"善读"。一方面，读书要用"巧力"，读得巧，读得实，读得深，懂得取舍，注重思考，不做书呆子，不让有害信息淹没我们的头脑；另一方面，也不能贪多嚼不烂，不求甚解，囫囵吞枣，抓不住实质，把握不住精髓。胡耀邦读书很杂，他善于从各种书中汲取营养，丰富自己。他看了《爱因斯坦传》之后，认为爱因斯坦之所以成为爱因斯坦，关键在于一种独特的精神力量和思想方法，主要是独立思考。他认为，要从伟大的科学家那里汲取一点营养，汲取一点思想要素，促进青年人成长，用干巴巴的方法不行。他读了《美国史》后，很赞赏罗斯福由教授、政客和军人组成智囊团的做法。

读书学习也是形成人格力量的重要途径。历史上许多圣贤、伟人把读书学习与加强世界观改造紧密联系起来，形成了崇高的思想品德、高尚的道德情操和特有的人格魅力。我们很难想象，如果不读书、不学习，毛泽东还能成为一代伟人吗？青年毛泽东曾说："才不胜今人，不足为才；学不胜古人，不足为学。"毛泽东没有上过名牌大学，他的才能主要源于刻苦读书学习。在学校时，他与同学约定"三不谈"：一不谈金钱物质，二不谈男女私情，三不谈家庭琐事。从早到晚读书不止，思考不止。在寻求革命真理过程中，他接触了马克思主义，《共产党宣言》《阶级斗争》和《社会主义史》这三本书对他影响最深。对中国现实的考察与思考，对马克思主义基本原理和俄国十月革命经验的认识与理解……在诸多因素的作用下，毛泽东的思想和世界观发生了急剧的变化。他懂得了在中国要取得革命的胜利，尤其要有一种为大家共同信守的"主义"。至此，毛泽东确定了马克思主义的信仰，在思想认识上完成了由激进民主主义者转变为马克思主义者的质的飞跃。毛泽东的人格魅力，完全彻底为人民服务的思想，刻苦学习、开拓创新的革命精神，克服一切艰难险阻的坚忍毅力，战胜任何强大敌人的无畏胆略，都是来自于对马克思主义的坚定信仰。

　　毛泽东常说："饭可以一日不吃，觉可以一日不睡，书不可以一日不读。"他把读书作为精神存在和思想提升必要方式，要以有涯之生尽量包容、填充那未知的空间。对毛泽东而言，政治实践与读书生涯始终紧密相连，真正做到了生命不息，读书不止。陈晋在《毛泽东的读书生涯和政治实践》中记录了很多生动的细节——在湖南省立第一师范学校读书时，毛泽东常到长沙最嘈杂热闹的南门口去看书，专心致志，旁若无人，以锻炼自己的毅力。在革命战争的艰苦岁月里，他在马背上，在磨盘上，在陕北阴暗的窑洞中，甚至在国民党飞机空袭中仍坚持读书。他打破了生活常规，经常通宵达旦地读书学习、工作。1957年在党的八届中央委员会扩大会上，他说："我们要振作精神，下苦功学习。我们现在许多同志不下苦功，有些同志把工作以外的剩余精力主要放在打纸牌、打麻将、跳舞这些方面，我看不好。应当把工作以外的剩余精力主要放在学习上，养成学习的习惯。"有一次他外出开会，飞机已在机场停住，下面的领导迎接他下飞机，可是等了很久还没见下来。原来毛泽东读书入迷，根本没发觉飞机已着陆……在废寝忘食、如饥似渴的阅读中，毛泽东不仅汲取其中的智慧，还善于转化为自己独有的、行之有效的各种"法宝"，他读书、编书、荐书和讲书，形成了鲜明而独特的文化个性，散发出令人折服的文化气息和智慧力量，锤炼出难以企及的伟人风范——他是革命家、思想家、政治家、军事家、文章家、书法家，还是充满了革命浪漫主义色彩的一代诗人。

从某种角度而言，领袖应当首先是一个读书人，一个熟悉自己民族典籍的人，一个博学杂家。因为领导一个集团、一场斗争、一个时代，靠的是战略思维、历史案例、斗争魄力和人格魅力，这些只能到历史典籍中去找。人一当官就易假，就爱端个架子，这是官场的通病。毛泽东却不一样，他仍然嬉笑怒骂，当然他的身份有权让他这样做，但有一些人就是洒脱不起来，权力不等于才华，洒脱是需要有文化底蕴的。毛泽东在《伦理学》批注中就说："人类之有进步、有革命、有改过之精神，则全为依靠新知之指导而活动者也。"

从毛泽东身上，我们能够感受到，对领导干部来说，读书学习是一种历史责任。在新的时代条件下，领导干部应是一个爱读书、善读书的读书人。

三、如何学习，学什么

那么领导干部要学什么？如何学习？

1. 锲而不舍，持之以恒

中国历史上不乏勤学苦读的故事。如断齑划粥、悬梁刺股、凿壁借光等，讲的都是寒门子弟勤学成才的励志案例。南宋诗人陆游从小就刻苦勤奋、敏而好学。他的房子里，桌子上摆的是书，柜中装的是书，床上堆的也是书，被称作书巢。他勤于创作，一生留下了九千多首诗，成为著名的文学家。南北朝文艺理论名著《文心雕龙》的作者刘勰家境贫寒，是个孤儿。没钱买油点灯读书，便到佛殿借读。夜深了，佛殿里忽然传来朗朗的读书声。

小和尚们吓坏了，以为里面有鬼，立刻报告给老和尚。于是，老和尚带领小和尚捉鬼，没想到"鬼"原来是一个叫刘勰的穷孩子，他在借佛灯读书。刘勰经过多年刻苦学习，成为一代文学理论家。

学习贵在坚持。中国古代读书人读书学习讲究"三上"。欧阳修说："余生平所作文章，多在三上：乃马上，枕上，厕上也。"是说读书学习除了正常的专门读书时间外，要利用好"边角余料"的时间。郭沫若曾写过一副读书联："读不在三更五鼓，功只怕一曝十寒。"意思是说，读书要靠平时下功夫，不能一心血来潮就加班加点搞突击。人生短暂，掐头去尾，所剩无多，所要学习的，则浩如烟海。要想获得成功，必须锲而不舍，持之以恒，决不能时而勤奋时而懈怠，三天打鱼两天晒网。

华罗庚把读书过程归结为"由厚到薄""由薄到厚"两个阶段。当对书的内容真正有了透彻的了解，抓住了全书的要点，掌握了全书的精神实质后，读书就由厚变薄了，愈是懂得透彻，就愈有薄的感觉。如果在读书过程中，你对各章节又作深入的探讨，在每页上加添注解，补充参考资料，那么，书又会愈读愈厚。因此，读书就是由厚到薄，又由薄到厚的双向过程。

读书学习是苦差事，但坚持下来，就能尝到甜头。不能心浮气躁、浅尝辄止，而应当先易后难、由浅入深，循序渐进、水滴石穿。干部要善读书，一个重要方面就在于利用好时间，养成坚持不懈的习惯，要做到挤、钻、韧。争取每天挤出时间读书，特别要善于把各种零碎时间利用起来读书；要善钻研，勤思考，书读百遍，其义自见，功夫下到一定程度，就能达到出神入化的境界；还要有韧性，无论处于哪个阶段都应孜孜不倦地读书。"少而好学，如日出之阳；壮而好学，如日中之光；老而好学，如秉烛之明。"习近平提出："在不同的人生阶段一定要有针对性地打好基础：年轻的时候，记忆力好、接受力强，应该抓紧读一些对自己终身成长具有关键性作用和决定性影响的好书；中年的时候，精力旺盛、视野开阔，应该努力拓展读书的广度和深度，打牢一生的学问基础；年老的时候，时间充裕、阅历丰富，要有锲而不舍的精神、常读常新的态度、百读不厌的劲头，在读书世界里感悟人生、乐以忘忧。"

那么，干部应该读什么书呢？习近平提出要读好三种书籍，即理论书籍、知识书籍、文化书籍。第一，当代中国马克思主义理论著作。陈云认为，学习理论，最要紧的是把思想方法搞对头。首先要学好哲学，学习正确观察问题的思想方法。如果对辩证唯物主义一窍不通，就总是要犯错误。陈云在多种场合谈到在延安的时候，毛泽东曾亲自给他讲过三次要学哲学。只有掌握了马克思主义哲学，思想上、工作上才能真正提高。从实际出发，实事求是，这就是陈云所说的"对头"的思想方法。他在1987年7月17日同中央负责同志谈话时说："我个人的体会是学习哲学，可以使人开窍。学好哲学，终身受用。"第二，做好领导工作必需的各种知识书籍，包括经济、法律、科技、文化、管理、国际、信息网络和民族、宗教等方面的知识，领导干部无论处在哪个层次和岗位，都应把提高科学素养作为读书学习的重要目标，还应学一些中国历史和世界历史知识，不断深化对共产党执政规律、社会主义建设规律、人类社会发展规律的认识。第三，古今中外优秀传统文化书籍，研读历史经典，看成败、鉴是非、知兴替，起到"温故而知新""彰往而察来"的作用，研读文学经典，陶冶情操、增加才情，做到"腹有诗书气自华"；通过研读哲学经典，改进思维、把握规律，增强哲学思考和思辨能力；通过研读伦理经典，知廉耻、明是非、懂荣辱、辨善恶，培养健全的道德品格。领导干部要坚持干什么学什么、缺什么补什么的原则，有针对性地学习掌握做好领导工作、履行岗位职责必备的各种知识与技能，使自己成为行家里手、内行领导。

毛泽东读书广博而又专深。早在青年时代他就在《致湘生信》中说："为学之道，先博而后约，先中而后西，先普通而后专门。"他涉猎范围甚广，涵盖社会科学与自然科学。尤其是他饱读二十四史、蔡东藩的《中国历代通俗演义》，一部《资治通鉴》他竟读了17遍，获益匪浅。除此之外，他还经常涉猎古人写的随笔、小说、笑话，有关楹联，还研究过宗教经典。据不完全统计，从1949年进京到1966年9月，毛泽东从图书馆借阅各种书籍2000余种、5000多册。他到全国各地调研，随身携带最多的就是书。晚年他生活在菊香书屋，以书为伴，手不释卷。床上专门辟出一半堆放各种书籍，可以随手翻阅。他患有眼疾，阅读困难，仍没有放松学习。特别是1975年82岁高龄的他因患白内障，无法阅读，就请了北京大学中文系的讲师卢荻给他读，那段时间他读了很多古代的文史经典，尤其喜欢读庾信的《枯树赋》，据记载，他至少细读了五遍，每次都读得老泪纵横，他为了《枯树赋》的一个字的注释还专门引用该赋原文写了批注："树犹如此，人何以堪！"

胡耀邦的学习和读书精神深受毛泽东的影响。在团中央工作期间，胡耀邦曾经给团中央的干部提出要求："要读马恩列斯的全集，要读四书五经，要读完古今中外的文学名著，要读完二十四史。"他认为："这些书一共有5000万字，即使一个人一天能读1万字，要读完这些书至少也要14年。""20多岁的干部按照这个方向去努力，到了40岁左右就可以成为一个学者了。"

学习是一种人生态度也是一种责任。领导干部要从社会责任和示范需要来看待读书问题，既做读书的自觉实践者，又做学习型政党、学习型社会建设的倡导者、组织者、推动者，以身作则引导党内和社会上形成崇尚知识、热爱读书的良好风气，促进全党、全民族素质的提高。

2. 学思结合，但求新解

什么是阅读？阅读就是思考。阅者，看也。但是比看要深一些，它不是随意地、可有可无地观看。而是有目的地、带着问题观看，是一个思维过程，边看边想。比如，我们说：阅兵、阅卷、阅人、阅尽人间春色，就不说"看兵、看卷、看人、看尽人间春色"。而对不须太动脑子的，浅一点的东西，消遣、娱乐的，则说看，不说阅。如看电影、看风景、看热闹、看要猴，不说"阅电影、阅风景、阅热闹、阅耍猴"。所以当我们说阅读的时候，心境是平静的、严肃的，也是美好的、向往的。

　　大约在 30 多年前，1984 年，笔者的人生遇到一个小挫折。也许是境由心生，注意到当时的一个社会现象。当年被打成右派的知识分子虽都落实政策回城安排工作，但结果却大不相同。很多人身体垮了，学业荒了，不能再重振旗鼓，只有坐家养老，等待肉体生命的终了。有一部分"右派"却神奇般地事业复起，演戏、写书、搞研究等，成果累累，身体也好了。其中有一个原因就是在最困难的时候他们没有停止读书，反而趁机补充了知识，充实了生活。也就是这两年，我完成了 40 多万字的《数理化通俗演义》和重读了一些理论经典。我的一位官场朋友，受挫折后就去读书，他说读书可以疗伤，后来很有学术成就。"文革"中很多学者都是靠读书挺了过来，并留下了著作。毛泽东在去世前的 7 个小时还在阅读。只要有阅读，人就不会倒、不会老。

　　读书学习的过程，实际上是一个不断思考认知的过程。思考是阅读的深化，是认知的必然，是把书读活的关键。领导干部阅历丰富，独立思考能力比较强，要带着问题读书，养成边读书边思考的习惯，在广泛阅读的基础上，联系实际，开动脑筋，对现实中的疑惑进行深入思考，力求把零散的、孤立的、粗浅的感性认识变为系统的、相互联系的、精深的理性认识。陈云的名言——不唯上、不唯书、只唯实，交换、比较、反复，就是他学习领会和掌握运用马克思主义哲学和毛泽东哲学著作的核心、精髓——实事求是的心得体会。他认为，"这十五个字，前九个字是唯物论，后六个字是辩证法，总起来就是唯物辩证法"。笔者在 1983 年前后在多次阅读杨朔散文过程中，产生了一些疑问，这涉及形式美的问题，便去读美学方面的书，最主要的有黑格尔的《美学》并做了详细笔记，那是一本很难啃的书。笔者从中只学到一点精髓，就是把握好三个关系：第一，人与审美对象的关系；第二，把握事物内容与形式的关系；第三，把握审美的作用，即艺术对人的作用。这是一个很基本的审美原理，用它可以解答艺术、创作、欣赏、文艺批评中等一些常见的疑问，自己也从根源上认识一些问题，写了一些文章，如《怎样区分低俗、通俗和高雅》《什么是先进文化》等。这些理论的探讨无一不产生于阅读与思考中，正是学与思的紧密结合，激发了思想的火花，不断提高了理论素养，深化了我们对规律的认识。

毛泽东读书时，常常圈圈点点，写批注、批语。这些批注、批语往往联系中外历史上的观点学说，加上自己的独立思考，进行分析、综合，然后评论、引申，借以阐述自己的见解。如《伦理学原理》10万字的书面上，留下了他1.2万多字的批语和提纲。其中不乏对伦理观、人生观、历史观和宇宙观的精辟见解。胡耀邦读书学习的体会和经验则是要广泛涉猎，重点研究。他说："一个政治家不广泛涉猎，你不学军事、外交、政治，怎么能在中国的政治舞台上领导呢？为什么讲套话？因为研究不够，涉猎也不够。"刘少奇也说过要带着问题搞研究。这些经验对领导干部很有参考价值。

但也有一些干部不思进取，得过且过。1973年王洪文到中央工作后，毛泽东对他的表现不满意，就让他读《后汉书》里的《刘盆子传》。王洪文看不懂古文，就让上海的朱永嘉给他讲。《刘盆子传》说的是西汉末年，赤眉农民起义军要选一个人当皇帝，就从参加这支起义军的几十个刘氏后裔中，找出三个血统最近的来抽签，结果被一个叫刘盆子的放牛娃抽到了。刘盆子当上皇帝后不务正业，经常和一帮放牛娃嬉耍，终于成为扶不起来的"天子"，失败下台。毛泽东让王洪文读《刘盆子传》，其实是提醒他，凭资历、能力，你不够格，你要有自知之明，千万不要学刘盆子，要注意学习，有所长进。对于毛泽东的隐忧和担心，王洪文并没有收敛，他身居高位，玩物丧志，没有读懂《刘盆子传》，更没有领会毛泽东的深意，最终变成了现代刘盆子。

3. 眼睛向下，求教于百姓和实践

眼睛只盯着书本，是死读书。郭沫若在《游太湖蠡园为游人题词》说：

人是活的，书是死的。活人读死书，可以把书读活。死书读活人，可以把人读死。向书本学还不够，还要向百姓学，在实践中学。在学习的起点上，要甘当"小学生"，谦虚自知，才能"积跬步以至千里"。

我们常说，实践出真知。实践是检验真理的唯一标准。我们从书本上学到的知识有些未必是真理，如何辨别？方法就是拿到实践中去检验。有的干部爱读书，但是不求甚解，自以为是，脱离实际，照搬照抄，结果造成了不必要的损失。这就背离了学习的初衷和意愿。许多有成就之人都虚心好学，不耻下问。唐代大诗人白居易，每写好了一首诗，总是先念给乡邻村妇听，根据他们的意见，然后再反复修改，直到他们称好才算定稿。所谓"三个臭皮匠，顶个诸葛亮"，个人的能力毕竟有限，巨大的智慧和力量来自广大群众，群众的实践才是最丰富最生动的实践。

1938年初，毛泽东到延安抗大看望几位文化教员。他和大家一样穿着一身灰布制服，很随和地与教员聊起来。他说："你们不要以为是老师，多识几个字就了不起。你们和他们比是这个 ——"他伸出一个小拇指来，"你们的学生是这个 ——"他又伸出一个大拇指来，"他们是工人、农民，经历丰富，会打仗会带兵，他们都是中国工农红军的骨干。"毛泽东这番话是提醒大家，做老师的人首先应当虚心做学生，要虚心向工农兵学习，向广大群众学习，明辨是非，思考优劣。陈云一直以"老老实实做小学生"的态度坚持学习，虚心求教。尽管后来他的文化程度早已是教授级的了，可他在每逢填写各种登记表，文化程度一栏里总是写上"小学"二字，以"小学生"来自勉。

读书学习客观上是去粗取精、去伪存真的过程，必须联系实际、知行合一，通过理论指导，利用知识积累，来洞察客观事物变化发展的规律。古人讲"纸上得来终觉浅，绝知此事要躬行""耳闻之不如目见之，目见之不如足践之"等，即是此理。尤其是领导干部作决策、下指示，往往需要大量客观、真实、有效的信息。这就更需要向实践求知，善读社会这部书，进一步加强调查研究，问计于基层，问计于群众，在耳闻、目见、足践之中见微知著、管窥全豹，获得真知灼见，形成正确思路，作出科学判断。学之思之、闻之见之，领导干部对一方的情况就有了话语权。

学习不能空洞，不要务虚而要务实，要与实践结合起来，与实际工作结合起来。在实践中不断地发现问题并解决问题，在实践中检验所学知识，查找不足，从而提高自己的认识水平和工作能力。陈云说："尤其重要的是，每个共产党员要随时随地在实际工作中学习，向群众学习。一切实际工作中的和群众斗争中的经验教训，是我们最好的学习的课本。"真正的理论，只有在实际工作中才能逐渐深刻地领会，因为理论是实际的反映，归根到底是来自实际，而不是来自书本。这正像我们读书一样，某一本书自己已经读过好几遍，但是，隔了几年，因为工作需要，再去读它几次，就好像是没有读过的新书，就觉得过去实在没有读懂。这个道理不是别的，就是实践与认识之间的关系问题。认识必须由实践中得来，而且只有经过实践，认识才能发展。

毛泽东说："没有调查就没有发言权。"调查就像"十月怀胎"，解决问题就像"一朝分娩"。调查就是解决问题。

4. 学以致用，有所创新

干部者，骨干也。既然是作为事业的骨干，就要有承前启后之用，首先要能将以前的事业、知识、思想继承过来。但这还不够，还要有创新，要有属于自己的、为此事业的新贡献。倘若没有创造，唯唯诺诺，不进则退。这样的干部能担当起国家兴亡之大业吗？

鲁迅的拿来主义和毛泽东反对本本主义，都是说要敢于批判，在思考中发现新问题，在继承中扬弃，努力形成新认识。当然，思考的基础是阅读。终日而思，不如须臾之所学。只有通过阅读获得新知识、了解新思想、树立新观念，才能提高思维的准确性、深刻性、敏捷性和创造性。

荀子云："知之而不行，虽敦必困。"意思是懂得许多道理却不付诸实践，尽管知识很扎实，也必将遇到困厄。从孔子的"学而优则仕"，到张之洞的"中学为体，西学为用"，学以致用的思想可谓源远流长。从深层次上理解，就是将所学到的东西变成自己的东西，使之转换为内在的"本能"，形成"条件反射"，使人们增强务实精神，不做不切实际的幻想。

毛泽东远见卓识、智慧过人。他的一大历史性创造就是建设学习型政党，而他自己就是学习的典范。他一生笃志嗜学，垂老不倦。他学以致用，联系实际，深刻领会，举一反三，往往收到事半功倍的效果。一些看来很平常的成语或格言，经他用马克思主义的观点加以解释、改造和发挥，从中发掘出深刻的哲理，就顿时增添了新的意义。"实事求是"这句普通的成语，毛泽东在《改造我们的学习》中作了新的阐释："实事"就是客观存在的一切事物，"是"就是客观事物的内部联系，即规律性，"求"就是我们去研究。他用这句成语教育干部，应当从客观存在的实际情况出发，从中引出其固有的规律性，作为行动的向导。被赋予新意的实事求是，成为党的思想路线的实质与核心。

如何做到学以致用？第一，勇于实践，结合实际，把知识转化为能力。就是敢于面对实践中的热点、难点问题，敢于探索新的实践领域，切实了解实际情况，将理论知识与实践相结合，具体问题具体分析，减少盲目性，进行理性的、有科学根据的，而不是想当然的实践。第二，要运用理论和知识改造客观世界。领导干部要认真履行工作职责，善于把握工作规律，不断提高工作水平，努力增强工作实效。尤其要深刻认识当今世界的发展趋势和变化特征，准确把握中国特色社会主义的发展规律，认真研究改革开放和社会主义现代化建设进程中出现的新情况新问题，进一步提高领导和决策水平，进一步制定和落实保持经济社会健康发展的政策措施，进一步解决人民最关心、最直接、最现实的利益问题。

学以致用，然后才能有所创新。毛泽东曾批评一些留学生："只知生吞活剥地谈外国。他们起了留声机的作用，忘记了自己认识新鲜事物和创造新鲜事物的责任。"对领导干部来说，创新是一种责任。要有以天下为己任的报国之心、济世之心，有了这种精神和责任心，就会奋力进取，在求知欲的驱使下，不断提高自己，不断超越自己，敢于舍旧我而求新我，而不是习惯于旧观点旧事物，宁肯适足削履，抱残守旧。只有这样，处处求新，才能有所创新。

坚持学与用、知与行、坚持和发展的辩证统一，是广大领导干部学习的目标与方向。党的十八大以来的四年多时间里，中央政治局坚持集体学习并形成制度，已学习超过 40 次，为建设学习型政党、建设学习型社会起到了重要的推动和示范作用。

习近平总书记说："中国共产党人依靠学习走到今天，也必然要依靠学习走向未来。各级领导干部要勤于学、敏于思，坚持博学之、审问之、慎思之、明辨之、笃行之，以学益智，以学修身，以学增才。牢固树立终身学习的理念，把读书学习作为一种政治责任、一种工作要求、一种精神境界、一种自觉追求。"

经典
阅读

改造我们的学习

（一九四一年五月十九日）

◎毛泽东

我主张将我们全党的学习方法和学习制度改造一下。其理由如次：

一

中国共产党的二十年，就是马克思列宁主义的普遍真理和中国革命的具体实践日益结合的二十年。如果我们回想一下，我党在幼年时期，我们对于马克思列宁主义的认识和对于中国革命的认识是何等肤浅，何等贫乏，则现在我们对于这些的认识是深刻得多，丰富得多了。灾难深重的中华民族，一百年来，其优秀人物奋斗牺牲，前仆后继，摸索救国救民的真理，是可歌可泣的。但是直到第一次世界大战和俄国十月革命之后，才找到马克思列宁主义这个最好的真理，作为解放我们民族的最好的武器，而中国共产党则是拿起这个武器的倡导者、宣传者和组织者。马克思列宁主义的普遍真理一经和中国革命的具体实践相结合，就使中国革命的面目为之一新。抗日战争以来，我党根据马克思列宁主义的普遍真理研究抗日战争的具体实践，研究今天的中国和世界，是进一步了，研究中国历史也有某些开始。所有这些，都是很好的现象。

二

但是我们还是有缺点的，而且还有很大的缺点。据我看来，如果不纠正这类缺点，就无法使我们的工作更进一步，就无法使我们在将马克思列宁主义的普遍真理和中国革命的具体实践互相结合的伟大事业中更进一步。

首先来说研究现状。像我党这样一个大政党，虽则对于国内和国际的现状的研究有了某些成绩，但是对于国内和国际的各方面，对于国内和国际的政治、军事、经济、文化的任何一方面，我们所收集的材料还是零碎的，我们的研究工作还是没有系统的。二十年来，一般地说，我们并没有对于上述各方面作过系统的周密的收集材料加以研究的工作，缺乏调查研究客观实际状况的浓厚空气。"闭塞眼睛捉麻雀"，"瞎子摸鱼"，粗枝大叶，夸夸其谈，满足于一知半解，这种极坏的作风，这种完全违反马克思列宁主义基本精神的作风，还在我党许多同志中继续存在着。马克思、恩格斯、列宁、斯大林教导我们认真地研究情况，从客观的真实的情况出发，而不是从主观的愿望出发；我们的许多同志却直接违反这一真理。

其次来说研究历史。虽则有少数党员和少数党的同情者曾经进行了这一工作，但是不曾有组织地进行过。不论是近百年的和古代的中国史，在许多党员的心目中还是漆黑一团。许多马克思列宁主义的学者也是言必称希腊，对于自己的祖宗，则对不住，忘记了。认真地研究现状的空气是不浓厚的，认真地研究历史的空气也是不浓厚的。

其次说到学习国际的革命经验，学习马克思列宁主义的普遍真理。许多同志的学习马克思列宁主义似乎并不是为了革命实践的需要，而是为了单纯的学习。所以虽然读了，但是消化不了。只会片面地引用马克思、恩格斯、列宁、斯大林的个别词句，而不会运用他们的立场、观点和方法，来具体地研究中国的现状和中国的历史，具体地分析中国革命问题和解决中国革命问题。这种对待马克思列宁主义的态度是非常有害的，特别是对于中级以上的干部，害处更大。

上面我说了三方面的情形：不注重研究现状，不注重研究历史，不注重马克思列宁主义的应用。这些都是极坏的作风。这种作风传播出去，害了我们的许多同志。确实的，现在我们队伍中确有许多同志被这种作风带坏了。对于国内外、省内外、县内外、区内外的具体情况，不愿作系统的周密的调查和研究，仅仅根据一知半解，根据"想当然"，就在那里发号施令，这种主观主义的作风，不是还在许多同志中间存在着吗?

对于自己的历史一点不懂,或懂得甚少,不以为耻,反以为荣。特别重要的中国共产党的历史和鸦片战争以来的中国近百年史,真正懂得的很少。近百年的经济史,近百年的政治史,近百年的军事史,近百年的文化史,简直还没有人认真动手去研究。有些人对于自己的东西既无知识,于是剩下了希腊和外国故事,也是可怜得很,从外国故纸堆中零星地捡来的。

几十年来,很多留学生都犯过这种毛病。他们从欧美日本回来,只知生吞活剥地谈外国。他们起了留声机的作用,忘记了自己认识新鲜事物和创造新鲜事物的责任。这种毛病,也传染给了共产党。

我们学的是马克思主义,但是我们中的许多人,他们学马克思主义的方法是直接违反马克思主义的。这就是说,他们违背了马克思、恩格斯、列宁、斯大林所谆谆告诫人们的一条基本原则:理论和实际统一。他们既然违背了这条原则,于是就自己造出了一条相反的原则:理论和实际分离。在学校的教育中,在在职干部的教育中,教哲学的不引导学生研究中国革命的逻辑,教经济学的不引导学生研究中国经济的特点,教政治学的不引导学生研究中国革命的策略,教军事学的不引导学生研究适合中国特点的战略和战术,诸如此类。其结果,谬种流传,误人不浅。在延安学了,到富县就不能应用。经济学教授不能解释边币和法币,当然学生也不能解释。这样一来,就在许多学生中造成了一种反常的心理,对中国问题反而无兴趣,对党的指示反而不重视,他们一心向往的,就是从先生那里学来的据说是万古不变的教条。

当然,上面所说的是我们党里的极坏的典型,不是说普遍如此。但是确实存在着这种典型,为害相当地大,不可等闲视之的。

三

为了反复地说明这个意思,我想将两种互相对立的态度对照地讲一下。

　　第一种：主观主义的态度。

　　在这种态度下，就是对周围环境不作系统的周密的研究，单凭主观热情去工作，对于中国今天的面目若明若暗。在这种态度下，就是割断历史，只懂得希腊，不懂得中国，对于中国昨天和前天的面目漆黑一团。在这种态度下，就是抽象地无目的地去研究马克思列宁主义的理论。不是为了要解决中国革命的理论问题、策略问题而到马克思、恩格斯、列宁、斯大林那里找立场，找观点，找方法，而是为了单纯地学理论而去学理论。不是有的放矢，而是无的放矢。马克思、恩格斯、列宁、斯大林教导我们说：应当从客观存在着的实际事物出发，从其中引出规律，作为我们行动的向导。为此目的，就要像马克思所说的详细地占有材料，加以科学的分析和综合的研究。我们的许多人却是相反，不去这样做。其中许多人是做研究工作的，但是他们对于研究今天的中国和昨天的中国一概无兴趣，只把兴趣放在脱离实际的空洞的"理论"研究上。许多人是做实际工作的，他们也不注意客观情况的研究，往往单凭热情，把感想当政策。这两种人都凭主观，忽视客观实际事物的存在。或作讲演，则甲乙丙丁、一二三四的一大串；或作文章，则夸夸其谈的一大篇。无实事求是之意，有哗众取宠之心。华而不实，脆而不坚。自以为是，老子天下第一，"钦差大臣"满天飞。这就是我们队伍中若干同志的作风。这种作风，拿了律己，则害了自己；拿了教人，则害了别人；拿了指导革命，则害了革命。总之，这种反科学的反马克思列宁主义的主观主义的方法，是共产党的大敌，是工人阶级的大敌，是人民的大敌，是民族的大敌，是党性不纯的一种表现。大敌当前，我们有打倒它的必要。只有打倒了主观主义，马克思列宁主义的真理才会抬头，党性才会巩固，革命才会胜利。我们应当说，没有科学的态度，即没有马克思列宁主义的理论和实践统一的态度，就叫做没有党性，或叫做党性不完全。

　　有一副对子，是替这种人画像的。那对子说：

> 墙上芦苇，头重脚轻根底浅；
>
> 山间竹笋，嘴尖皮厚腹中空。

对于没有科学态度的人，对于只知背诵马克思、恩格斯、列宁、斯大林著作中的若干词句的人，对于徒有虚名并无实学的人，你们看，像不像？如果有人真正想诊治自己的毛病的话，我劝他把这副对子记下来；或者再勇敢一点，把它贴在自己房子里的墙壁上。马克思列宁主义是科学，科学是老老实实的学问，任何一点调皮都是不行的。我们还是老实一点吧！

第二种：马克思列宁主义的态度。

在这种态度下，就是应用马克思列宁主义的理论和方法，对周围环境作系统的周密的调查和研究。不是单凭热情去工作，而是如同斯大林所说的那样：把革命气概和实际精神结合起来。在这种态度下，就是不要割断历史。不单是懂得希腊就行了，还要懂得中国；不但要懂得外国革命史，还要懂得中国革命史；不但要懂得中国的今天，还要懂得中国的昨天和前天。在这种态度下，就是要有目的地去研究马克思列宁主义的理论，要使马克思列宁主义的理论和中国革命的实际运动结合起来，是为着解决中国革命的理论问题和策略问题而去从它找立场，找观点，找方法的。这种态度，就是有的放矢的态度。"的"就是中国革命，"矢"就是马克思列宁主义。我们中国共产党人所以要找这根"矢"，就是为了要射中国革命和东方革命这个"的"的。这种态度，就是实事求是的态度。"实事"就是客观存在着的一切事物，"是"就是客观事物的内部联系，即规律性，"求"就是我们去研究。我们要从国内外、省内外、县内外、区内外的实际情况出发，从其中引出其固有的而不是臆造的规律性，即找出周围事变的内部联系，作为我们行动的向导。而要这样做，就须不凭主观想象，不凭一时的热情，不凭死的书本，而凭客观存在的事实，详细地占有材料，在马克思列宁主义一般原理的指导下，从这些材料中引出正确的结论。这种结论，不是甲乙丙丁的现象罗列，也不是夸夸其谈的滥调文章，而是科学的结论。这种态度，有实事求是之意，无哗众取宠之心。这种态度，就是党性的表现，就是理论和实际统一的马克思列宁主义的作风。这是一个共产党员起码应该具备的态度。如果有了这种态度，那就既不是"头重脚轻根底浅"，也不是"嘴尖皮厚腹中空"了。

四

依据上述意见，我有下列提议：

（一）向全党提出系统地周密地研究周围环境的任务。依据马克思列宁主义的理论和方法，对敌友我三方的经济、财政、政治、军事、文化、党务各方面的动态进行详细的调查和研究的工作，然后引出应有的和必要的结论。为此目的，就要引导同志们的眼光向着这种实际事物的调查和研究。就要使同志们懂得，共产党领导机关的基本任务，就在于了解情况和掌握政策两件大事，前一件事就是所谓认识世界，后一件事就是所谓改造世界。就要使同志们懂得，没有调查就没有发言权，夸夸其谈地乱说一顿和一二三四的现象罗列，都是无用的。例如关于宣传工作，如果不了解敌友我三方的宣传状况，我们就无法正确地决定我们的宣传政策。任何一个部门的工作，都必须先有情况的了解，然后才会有好的处理。在全党推行调查研究的计划，是转变党的作风的基础一环。

（二）对于近百年的中国史，应聚集人材，分工合作地去做，克服无组织的状态。应先作经济史、政治史、军事史、文化史几个部门的分析的研究，然后才有可能作综合的研究。

（三）对于在职干部的教育和干部学校的教育，应确立以研究中国革命实际问题为中心，以马克思列宁主义基本原则为指导的方针，废除静止地孤立地研究马克思列宁主义的方法。研究马克思列宁主义，又应以《苏联共产党（布）历史简要读本》为中心的材料。《苏联共产党（布）历史简要读本》是一百年来全世界共产主义运动的最高的综合和总结，是理论和实际结合的典型，在全世界还只有这一个完全的典型。

我们看列宁、斯大林他们是如何把马克思主义的普遍真理和苏联革命的具体实践互相结合又从而发展马克思主义的，就可以知道我们在中国是应该如何地工作了。

我们走过了许多弯路。但是错误常常是正确的先导。在如此生动丰富的中国革命环境和世界革命环境中，我们在学习问题上的这一改造，我相信一定会有好的结果。

进学解

◦〔唐〕韩　愈

国子先生晨入太学，招诸生立馆下，诲之曰："业精于勤，荒于嬉；行成于思，毁于随。方今圣贤相逢，治具毕张，拔去凶邪，登崇俊良。占小善者率以录，名一艺者无不庸。爬罗剔抉，刮垢磨光。盖有幸而获选，孰云多而不扬。诸生业患不能精，无患有司之不明；行患不能成，无患有司之不公。"

言未既，有笑于列者曰："先生欺余哉！弟子事先生，于兹有年矣。先生口不绝吟于六艺之文，手不停披于百家之编；纪事者必提其要，纂言者必钩其玄；贪多务得，细大不捐；焚膏油以继晷，恒兀兀以穷年。先生之业，可谓勤矣。觝排异端，攘斥佛老；补苴罅漏，张皇幽眇；寻坠绪之茫茫，独旁搜而远绍；障百川而东之，回狂澜于既倒。先生之于儒，可谓劳矣。沉浸酿郁，含英咀华。作为文章，其书满家。上规姚姒，浑浑无涯，周《诰》殷《盘》，佶屈聱牙，《春秋》谨严，《左氏》浮夸，《易》奇而法，《诗》正而葩；下逮《庄》《骚》，太史所录，子云、相如，同工异曲。先生之于文，可谓闳其中而肆其外矣。少始知学，勇于敢为；长通于方，左右具宜。先生之于为人，可谓成矣。然而公不见信于人，私不见助于友，跋前踬后，动辄得咎。暂为御史，遂窜南夷。三年博士，冗不见治。命与仇谋，取败几时。冬暖而儿号寒，年丰而妻啼饥。头童齿豁，竟死何裨？不知虑此，反教人为？"

劝学篇

◎〔战国〕荀 况

君子曰：学不可以已。

青，取之于蓝而青于蓝；冰，水为之而寒于水。木直中绳，**輮**以为轮，其曲中规。虽有槁暴，不复挺者，**輮**使之然也。故木受绳则直，金就砺则利，君子博学而日参省乎己，则知明而行无过矣。

故不登高山，不知天之高也；不临深溪，不知地之厚也；不闻先王之遗言，不知学问之大也。干、越、夷、貉之子，生而同声，长而异俗，教使之然也。《诗》曰："嗟尔君子，无恒安息。靖共尔位，好是正直。神之听之，介尔景福。"神莫大于化道，福莫长于无祸。

吾尝终日而思矣，不如须臾之所学也；吾尝跂而望矣，不如登高之博见也。登高而招，臂非加长也，而见者远；顺风而呼，声非加疾也，而闻者彰。假舆马者，非利足也，而致千里；假舟楫者，非能水也，而绝江河。君子生非异也，善假于物也。

南方有鸟焉，名曰蒙鸠，以羽为巢，而编之以发，系之苇苕，风至苕折，卵破子死。巢非不完也，所系者然也。西方有木焉，名曰射干，茎长四寸，生于高山之上，而临百仞之渊，木茎非能长也，所立者然也。蓬生麻中，不扶而直；白沙在涅，与之俱黑。兰槐之根是为芷，其渐之滫，君子不近，庶人不服。其质非不美也，所渐者然也。故君子居必择乡，游必就士，所以防邪辟而近中正也。

物类之起，必有所始。荣辱之来，必象其德。肉腐出虫，鱼枯生蠹。怠慢忘身，祸灾乃作。强自取柱，柔自取束。邪秽在身，怨之所构。施薪若一，火就燥也，平地若一，水就湿也。草木畴生，禽兽群焉，物各从其类也。是故质的张，而弓矢至焉；林木茂，而斧斤至焉；树成荫，而众鸟息焉。醯酸，而蚋聚焉。故言有招祸也，行有招辱也，君子慎其所立乎！

积土成山，风雨兴焉；积水成渊，蛟龙生焉；积善成德，而神明自得，圣心备焉。故不积跬步，无以至千里；不积小流，无以成江海。骐骥一跃，不能十步；驽马十驾，功在不舍。锲而舍之，朽木不折；锲而不舍，金石可镂。蚓无爪牙之利，筋骨之强，上食埃土，下饮黄泉，用心一也。蟹六跪而二螯，非蛇鳝之穴无可寄托者，用心躁也。

是故无冥冥之志者，无昭昭之明；无惛惛之事者，无赫赫之功。行衢道者不至，事两君者不容。目不能两视而明，耳不能两听而聪。螣蛇无足而飞，鼫鼠五技而穷。《诗》曰："尸鸠在桑，其子七兮。淑人君子，其仪一兮。其仪一兮，心如结兮！"故君子结于一也。

昔者瓠巴鼓瑟，而流鱼出听；伯牙鼓琴，而六马仰秣。故声无小而不闻，行无隐而不形。玉在山而草润，渊生珠而崖不枯。为善不积邪？安有不闻者乎？

学恶乎始？恶乎终？曰：其数则始乎诵经，终乎读礼；其义则始乎为士，终乎为圣人，真积力久则入，学至乎没而后止也。故学数有终，若其义则不可须臾舍也。为之，人也；舍之，禽兽也。故《书》者，政事之纪也；《诗》者，中声之所止也；《礼》者，法之大分，类之纲纪也。故学至乎《礼》而止矣。夫是之谓道德之极。《礼》之敬文也，《乐》之中和也，《诗》《书》之博也，《春秋》之微也，在天地之间者毕矣。君子之学也，入乎耳，着乎心，布乎四体，形乎动静。端而言，蝡而动，一可以为法则。小人之学也，入乎耳，出乎口；口耳之间，则四寸耳，曷足以美七尺之躯哉！古之学者为己，今之学者为人。君子之学也，以美其身；小人之学也，以为禽犊。故不问而告谓之傲，问一而告二谓之囋。傲、非也，囋、非也；君子如向矣。

学莫便乎近其人。《礼》《乐》法而不说，《诗》《书》故而不切，《春秋》约而不速。方其人之习君子之说，则尊以遍矣，周于世矣。故曰：学莫便乎近其人。

学之经莫速乎好其人，隆礼次之。上不能好其人，下不能隆礼，安特将学杂识志，顺《诗》《书》而已耳。则末世穷年，不免为陋儒而已。将原先王，本仁义，则礼正其经纬蹊径也。若挈裘领，诎五指而顿之，顺者不可胜数也。不道礼宪，以《诗》《书》为之，譬之犹以指测河也，以戈舂黍也，以锥餐壶也，不可以得之矣。故隆礼，虽未明，法士也；不隆礼，虽察辩，散儒也。

问楛者，勿告也；告楛者，勿问也；说楛者，勿听也。有争气者，勿与辩也。故必由其道至，然后接之；非其道则避之。故礼恭，而后可与言道之方；辞顺，而后可与言道之理；色从而后可与言道之致。故未可与言而言，谓之傲；可与言而不言，谓之隐；不观气色而言，谓瞽。故君子不傲、不隐、不瞽，谨顺其身。《诗》曰："匪交匪舒，天子所予。"此之谓也。

百发失一，不足谓善射；千里跬步不至，不足谓善御；伦类不通，仁义不一，不足谓善学。学也者，固学一之也。一出焉，一入焉，涂巷之人也；其善者少，不善者多，桀纣盗跖也；全之尽之，然后学者也。

君子知夫不全不粹之不足以为美也，故诵数以贯之，思索以通之，为其人以处之，除其害者以持养之。使目非是无欲见也，使耳非是无欲闻也，使口非是无欲言也，使心非是无欲虑也。及至其致好之也，目好之五色，耳好之五声，口好之五味，心利之有天下。是故权利不能倾也，群众不能移也，天下不能荡也。生乎由是，死乎由是，夫是之谓德操。德操然后能定，能定然后能应。能定能应，夫是之谓成人。天见其明，地见其光，君子贵其全也。

用权篇

　　我国宪法规定国家主权在民。官员的权力是人民赋予其代表人民管理国家事务的载体。正如古语言"水能载舟，亦能覆舟"，因此官员必须摆正位置、找准定位、用好权力。心中时刻想着百姓，办实事、除弊政、不欺下、不谀上、明公私、跨关口、修正气、守底线，知行合一、实干兴邦，始终坚持用权为民，按规则、按制度行使权力，把权力关进制度的笼子里，任何时候都不搞特权、不以权谋私。真正做到情为民所系、利为民所谋、权为民所用。

第五讲

一心为民

权力是一把双刃剑。可大公无私，一心为民；也可以权谋私，满足私欲。它检验着品格的优劣与境界的高下。

一个政治家总是以他为公的程度、以他对社会付出的多少来换取人民的支持度，换取社会的公认度。公与私，失之毫厘，差之千里，这是最影响人格与人品的大题目。历史上向来就以怎样对待公与私而分成贪官与清官。一个普通人的私心顶多是引起人际关系的紧张和自己的孤立；而一个有权的人有了私心，就会利用权力把公利和他人之利变为一己之私利。

民者，万世之本也。

——〔西汉〕贾　谊

国以民为本，社稷亦为民而立。

——〔南宋〕朱　熹

人民的安危应当是至高无上的法律。

——〔古罗马〕西塞罗

一、说为民

当官不为民做主，不如回家卖红薯。可见为民做主是多么重要。

一心为民，首先是不把自己当官，有的是责任和担当。

网上视频播出，普京参加完自己柔道启蒙教练的葬礼后，拒绝记者、警卫的跟随，一个人行走在圣彼得堡空旷的大街上。他紧贴着临街的窗户，走在窄窄的有点老旧的人行道上，一会儿又跨过一条马路，跃上对面的人行道，偶有行人看他一眼，也各行其道。以我们的习惯思维，这首先有安全问题，其次还有老百姓的围观。我老觉得那临街的窗户里会随时伸出一把手枪，或者路边会有人下跪上访，给一个难堪。但是没有，普京只是自顾自地走着，行人也没有人大惊小怪。官不觉官，民自为民，这是一种多么平静的政治生态。微风吹起普京西服的下摆，他扬起光头，甩着一副摔跤手的臂膀，目光向前。不知道他在想什么，是想安静一会儿，还是想看看这片他治理下的土地？他难道就不怕安全不保，不怕有人来纠缠？但从画面看，他一身胆气，淡定自然。这不只是因为他有一身好武艺，还因他有一种政治上的自信。这场面又令我们联想起几个镜头。毛泽东当年也常这样一个人走在延安的大街上，不时和迎面而来的农民打招呼。这有斯诺的《西行漫记》为证，也曾有一张他双手叉腰与人说话的照片。周恩来喜好话剧，20世纪50年代他常去看"人艺"的戏，夜戏散后就和回家的演员一起，同行在北京后半夜空旷的大街上，热烈地讨论着剧情和演技。德国女总理默克尔下班后就到超市买菜，还排队交钱。法国前总统希拉克是个大个子，也爱一人漫步巴黎街头。一天他发现一个小孩紧随其后，便回身问："是要签名吗？"孩子说："不，不需要签名。天热，我走在你的影子里凉快些。"童言无忌，他大惭，人民不看重他的虚名，而是要他给民以实惠。当晚，他写了一篇《我愿给你们带来阴凉》的讲稿，作为他的施政纲领。

古人言，"居官无官官之事"，就是说不要走路坐卧总把自己当个官。无论是毛泽东在延安的街头，还是周恩来说戏，希拉克与儿童对话，或是普京逛街，默克尔买菜，他们都是一个真我，不以官为官；同时，他们又随时不忘自己的责任，该变脸时就变脸，为国家利益勇于担当，这时又没有自我，只有官身、官责。

在我国，对"民"及官民关系的认识古已有之。早在《尚书》中，就有了"民为邦本，本固邦宁"的思想。《管子》中记载，战国时，齐桓公曾问管子何谓其本，管子回答说："齐国百姓，公之本也。""夫霸王之所使也，以民为本。"在《吕氏春秋》中，有"宗庙之本在于民"的说法。在孟子的思想中，也有"民为贵，社稷次之，君为轻"的宏论，并产生了广泛深远的影响。一代明君唐太宗也曾提出："国以人为本"……以上这些论述，基本达成一个共识——以民为本。

新中国的第一部宪法明确规定"一切权力属于人民"，"主权在民"原则在我国社会主义法律中得到切实体现。毛泽东多次明确指出："我们的权力是谁给的？是工人阶级给的，是贫下中农给的，是占人口百分之九十以上的广大劳动群众给的。"因此，毛泽东强调，党员干部必须坚持为人民服务的宗旨，对人民负责并自觉接受人民监督，决不能把权力变成牟取个人或少数人私利的工具。在新的历史条件下，我们党还提出了"以人为本"的理念，强调立党为公执政为民，要坚持做到权为民所用、情为民所系、利为民所谋。在党的十八大后的首次公开讲话中，习近平总书记指出："人民对美好生活的向往，就是我们的奋斗目标。"

二、权力是人民给的

权力是什么？权力从何而来？自古以来，为什么那么多人迷恋于对权力的追逐？他们或运用手中的权力，造福一方，名垂青史；或滥用权力，牟取个人私利，最终身败名裂。面对权力这把"双刃剑"，我们该如何把握，如何认识，如何使用？

1. 权力从何而来

权力是什么？简单地说，权力就是达到某种目的的能力。一般情况下，权力多指个人之间、群体之间或国家之间的关系特征。在人类社会的发展过程中，人们为了更好地生存与发展，就需要有效地建立各种社会关系，并在此基础上充分地利用各种资源。为此，就需要对自己的资源和他人的资源实现有效的影响、制约和支配，这就是权力的根本目的。马克斯·韦伯曾说："权力意味着在一定社会关系里哪怕是遇到反对也能贯彻自己意志的任何机会。"权力的本质，实际上是一种人对人的支配力，是权力主体强制影响和制约自己或其他主体的能力。

权力从何而来？或者说权力究竟属于谁呢？西方启蒙思想家认为，"主权在民"，即权力本是所有公民的共同权力。坚持人民主权，强调一切权力属于人民，这是现代政治文明的根本原则，也是社会主义的本质要求。在现实社会中，权力不可能由全体公民来共同行使，只能由其代表或委托人来行使。民众将这些权力委托给政府，再由政府配置给各级官员，即所谓"官权民授"。更具体地说，我们国家的公共权力是通过人民代表大会制度，并以宪法和法律规定的形式，赋予国家机关工作人员去行使的。每个干部手中的权力，是为了社会发展和公共事务管理，而被赋予的一种支配方式，干部只是代为行使，它从根本上属于人民，为人民所有。而且，每个干部的权力，包括其职责范围内的指挥或支配力量，有一定的边界和限定，不能随意越界。

除了权力来自于人民，领导干部与人民之间还存在其他多种限定和制约关系，这也是干部要一心为民的重要原因。有的领导干部自认是"官"，处处高"民"一等，认为"官"大于"民"，将"官"与"民"完全对立起来。

殊不知，官与民的本质关系是"无民则无官"。原因有三：其一，官是从民众中走出来的，本来就是"民"的一部分。因为有大量民众的存在，才需要有人综合大家的意见，作为民众的代表，处理各种涉及民众群体的问题。于是，从"民众"中分化产生了承担这些事务的人。其二，官员所支配的各种资源都来自于民。离开了民，则官员无权可用，无资源可支配，无事务可处理，无对象可管理。其三，官员的存在，要以民众的支持拥护为前提。如果民众不拥护、不认可，拒绝接受其领导和管理，甚至与之对抗，则无法真正实现对民众的"支配"，也就无法行使其所掌握的权力。古今中外的历史上，手握重权、失去民心、最终败落的例子，不胜枚举。

"官"是从民众中走出来的，本来就是"民"的一部分。那么老百姓又是如何看待"官"的呢？我国传统上，素有"父母官"之说。其中可能包含有封建的家国思想、等级观念、"奴性"因素，但也在一定程度上体现出百姓在心底对于官的一种关系认同。与之相对应的另一句话是"爱民如子"，这是对官的一种要求和价值导向。汉代刘向在《新序·杂事一》中说："良君将赏善而除民患，爱民如子，盖之如天，容之若地。"将官员置于"父母"的位置上，父母哪有不为子女着想的？父母对子女的关心爱护又哪里会有什么保留？这些朴素的思想、语言，反映出官与民之间密切相连、休戚与共的关系。做到这些，百姓会衷心拥护，否则，就会将其毫不留情地抛弃——"当官不为民做主，不如回家卖红薯"。

对于中国共产党的干部官员而言，官与民之间还有更为特殊深刻的含义。我国社会主义民主政治的本质和核心是人民当家作主，是最大多数人享有的最广泛的民主。可以说，人民是我们国家的主人，领导干部为国家工作，也就是为人民工作，领导干部一切工作的目的也都是为了人民。中国共产党在《党章》中规定，中国共产党是中国各族人民利益的忠实代表。党和人民的利益始终是一致的。所以，中国共产党的各级干部和人民之间的关系，比历史上任何时期都更贴近、更密切、更一致。

中国共产党的群众路线，也决定了各级干部要处理好与人民之间的关系。密切联系群众是中国共产党的三大作风之一（其他两项是批评与自我批评、理论联系实际），是中国共产党战胜各种困难，不断推进事业发展的一个有力保证。党的领导干部，应始终坚持这一作风，深入到人民中去，一切为了人民，全心全意为人民服务。

2. 水可载舟亦可覆舟

权力是政治上的强制力，职责范围内的支配力和控制力。权力具有两面性，既有必要性的一面，也有危害性的一面。看不到权力的必要性，就容易走向无政府主义；看不到权力的危害性，就容易走向权力崇拜和专制主义。权力又是一把双刃剑，用好了可以造福百姓，用不好就会危害百姓。古往今来，有多少人都没能战胜权力所带来的种种诱惑，在权力面前迷失堕落，用权不当反受其害，沦为权力的奴隶，也为百姓所唾弃。

得民心者得天下。孟子提出"仁政"思想，主张"政在得民"。唐太宗认为"为君之道，必须先存百姓，若损百姓以奉其身，犹割股以啖腹，腹饱而身毙"。他听取了魏徵"水能载舟，亦能覆舟"的忠告，体恤民众，在位23年，以农为本，减轻徭赋，休养生息，厉行节约，完善科举制度等，实现了著名的"贞观之治"。贞观四年（630年），百姓丰衣足食，夜不闭户，路不拾遗，全国被判处死刑的罪犯只有39人。唐贞观六年（632年），死刑犯增至290人。岁末，唐太宗准许他们回家办理后事，明年秋天再回来就死（古时秋天行刑）。次年九月，290个囚犯全部回还，无一逃亡。

为什么会滥用权力，腐败丛生？问题的关键是没有认清一个道理：权力属于人民，干部手中的权力其实是委托权。在这种委托关系中，受委托者必须做到，一是代表人民的利益和意志，二是忠实地为人民办事。意识到这些，就会对人民怀有敬畏之心，敬始慎终，兢兢业业，以不负人民的重托与期望。

政府是靠人民的力量建立起来的，人民是一个国家的基础。1934年1月，毛泽东在江西瑞金召开的第二次全国工农兵代表大会上说："真正的铜墙铁壁是什么？是群众，是千百万真心实意地拥护革命的群众。这是真正的铜墙铁壁，什么力量也打不破的，完全打不破的。"我们党之所以能够成为领导中国革命、建设、改革事业的核心力量，根本原因就在于始终保持并不断发展与人民群众的血肉联系。党的执政之基在群众，党的千秋伟业更靠群众。领导干部干事创业，必须牢固树立正确的群众观，正确对待群众，视群众为父母亲人，坚持做到"以百姓之心为心"，想群众之所想，急群众之所急，实现好、维护好、发展好最广大人民群众最关心、最直接、最现实的利益问题。坚持群众的主体地位，始终站在群众的立场想问题、看问题、解决问题，不摆架子，俯下身子，做人民的小学生，当人民的好公仆。正如"三严三实"专题教育活动，是党的群众路线教育实践活动的延展深化，是加强党的思想政治建设和作风建设的重要举措。各级干部要进一步转变工作作风、密切联系群众，正确对待群众、全心全意为群众服务。

其实说到根本，是树立正确的权力观。马克思主义权力观概括起来是两句话：权为民所赋，权为民所用。领导干部不论在什么岗位，都有为人民服务的义务，都要把人民群众利益放在行使权力的最高位置，把人民群众满意作为行使权力的根本标准，做到公道用人、公正处事。

3. 摆正位置，用好权力

腐败的本质是以权谋私，领导干部防止滥用权力，首先要深刻认识到权力是人民所赋，权力必须为民所用。要对权力、对人民、对法纪始终怀有敬畏之心。

坚持人民的利益高于一切

马克思说："人们为之奋斗的一切都同他们的利益有关"，"思想一旦离开利益就一定使自己出丑"。干部要做到一心为民，就应从人民的角度去思考问题，真真正正为老百姓的利益着想。

在中国古代，传统上对官员好坏的评价中，"忠臣""能吏""循吏"是一种主导的正面评价思想。一般理解，忠臣之忠是忠于君，因为君即是国。但其实"君"和"国"毕竟不同，真正的忠臣，是为民不为君，以人民的利益为重，而不是以君王个人的利益为重。现代社会，要在日常工作中坚持做好人民的利益高于一切，不仅是一个价值观的问题，还存在方式方法的问题。要求领导干部不仅要能树立正确的思想，还要提高自己的行政能力。

坚持人民的利益高于一切，是中国共产党一贯坚持和倡导的。中国共产党的根基在人民，血脉在人民，力量在人民。中国共产党所做的一切事情，都是为了实现好、维护好、发展好最广大人民的根本利益。"人民利益高于一切"始终是党和政府制定政策、开展各项工作的出发点和落脚点。1945年6月11日，毛泽东在七大闭幕词《愚公移山》中讲到："我们一定要坚持下去，一定要不断地工作，我们也会感动上帝的。这个上帝不是别人，就是全中国的人民大众。"把人民群众奉为"上帝"，其实就是要坚信人民群众的伟大力量，深刻认识人民群众在历史长河中的决定作用，就是要对人民群众怀有"敬畏之心"，一切为了人民。一些干部放不下"官架子"，高高在上，把人民的诉求当"耳边风"，置若罔闻，与群众渐行渐远。没有了对人民的敬畏，注定了有脱离群众的危险。

2009年，《人民论坛》杂志在人民论坛网、人民网推出了"公众对县委书记形象有何期待"的问卷调查。62%的受访者认为新时期最需要"心系百姓的县委书记"。在回答"您对县委书记的最大期待是什么"这个问题时，82%的受访者选择"执政为民、清正廉洁"，38%的受访者选择"求真务实、艰苦奋斗"，29%的受访者选择"尽职尽责、忠诚于党"，22%的受访者选择"开拓进取、克难攻坚"。可以看出，心系群众、清正廉洁是公众对县委书记的最大期待。

在这方面，历史给我们留下了太多反面的案例和教训。秦在统一六国之后，不是想着如何让人民休养生息，而是无所顾忌地重役横征，暴政酷吏，民不聊生，结果使秦不过二世。隋炀帝好大喜功，不顾天下百姓疾苦，很快便断送了大隋朝的国祚。北洋军阀混战时期，大小军阀，对辖区百姓乱征税、强摊派，虽然都在竭力抢占地盘，但没有一个能长久占得住的。解放前，国统区物价飞涨、税赋沉重，有的地方征税竟然已经征到了几十年以后，完全不顾百姓的死活，甚至出现了卖儿卖女的惨剧，这样的政府怎能长久！不以人民利益为重，终会使怨情积郁，民怨沸腾，一旦民愤爆发，就会覆舟摧楫，显示出人民摧枯拉朽的伟大力量。

坚持为人民服务的思想，做人民的公仆

干部要用好权力，还需摆正自己的位置，认清自己的角色，处理好与人民之间的关系。中国共产党坚持全心全意为人民服务的宗旨，明确将干部定位于人民的勤务员和人民的公仆。

在《一九四五年的任务》中，毛泽东曾明确说："我们一切工作干部，不论职位高低，都是人民的勤务员。"此外，他还多次强调，要防止党和国家机关的工作人员，由勤务员变为"社会主人"，由领导者变为"统治者"，骑在人民头上当官做老爷，剥削压迫老百姓。刘少奇也曾说："我们所有的领导人都是为人民服务的，是人民的公仆，是人民的勤务员，没有权利当老爷。"周恩来常说自己是人民的儿子，倡导"要诚诚恳恳、老老实实为人民服务"，"人民的世纪到了，所以应该像条牛一样努力奋斗，团结一致，为人民服务而死"。建国后，作为总理，他一直真诚地把自己看成人民的"总服务员"，反复强调"我们的一切工作都是为了人民的"，"我们国家的干部是人民的公仆，应该和群众同甘苦，共命运"，"永远做人民忠实的勤务员"。

在实际工作中，干部在做好人民的勤务员和公仆的同时，还要注意扫除自己身上的"官气"，自觉地向人民学习。1958 年，毛泽东在八届二中全会上讲过这样一段话："官气是一种低级趣味。靠做大官吃饭，靠资格吃饭，妨碍了创造性的发挥。因此，要破除官气，要扫掉官气，要在干部当中扫掉

这种官气。"张闻天曾说:"任何共产党员,即使他过去既接触实际,又联系群众,只要他一旦脱离实际,脱离群众,他就会硬化起来,走进老布尔什维克的博物馆,做历史的陈列品。"

向人民群众学习,甘当群众的小学生,也是中国共产党人的优良传统。从第一代领导人开始,他们就经常深入实际,深入群众,调查了解中国的国情,研究广大群众的要求。他们把群众当作自己的先生,虚心向群众学习,汲取群众的经验。正如邓小平常说的一句话:"我个人做了一点事,但不能说都是我发明的。其实很多事是别人发明的,群众发明的,我只不过把它们概括起来,提出了方针政策。"陈云说:"一个人最愉快的事,就是参加革命,为人民的利益而斗争","任何人离开了人民,离开了党,一件事也做不出来;有了成绩,头一个是人民的力量,第二是党的领导,第三才轮到个人。"

除了敬畏人民、敬畏权力,领导干部还要敬畏法纪。在法纪范围内履行职责,严守党纪国法,严守为官底线,不踩法纪红线,筑牢拒腐防变的思想防线,自觉做到秉公用权、依法用权、廉洁用权,努力为人民掌好权、用好权。

三、怎样对待人民

只在观念上摆正自己的位置,认清干部和人民之间的关系还不够。还要在实践中将其贯彻于日常的所有工作之中,从点滴做起,通过自己的努力工作,做到一心为民。2011 年,胡锦涛在"七一"讲话中指出:"精神懈怠的危险,能力不足的危险,脱离群众的危险,消极腐败的危险,更加尖锐地摆在全党面前。"那么,领导干部如何做到一心为民,而不是脱离群众呢?关键在于以下三个方面:

1. 时刻想着百姓

行动是受思想和情感所支配的，要做到一心为民，首先要在心底装着老百姓，时刻想着老百姓。

在这方面，周恩来是一位楷模。他在日常工作中，时时刻刻想着人民，他对人民的爱，是自觉的，完全融化在他的一言一行、一举一动之中。他见到群众参加国庆游行淋了雨，马上给北京市委领导打电话，要他们给大家熬姜汤喝，预防着凉感冒；到工厂参观时，他见工人热得流汗，便立即替他们摇扇驱热；三年困难时期，听到各地的灾情汇报时，他流下了泪水；去田间地头了解情况，他把旁边唯一的一把椅子让给刚刚忙碌完的农业专家；视察地震现场时，他紧紧握住因失去儿子而痛不欲生的老妈妈的手说：您就把我看成您的儿子吧……周恩来是一位大国总理，所要管的事纷繁复杂、所要面对的人何止成千上万，但他总能想得周到、做得周全，重要的一点就在于他是真正在心里装着人民。

在通讯《焦裕禄——县委书记的好榜样》中，有这样一段文字：

> 严冬，一个风雪交加的夜晚，焦裕禄召集在家的县委委员开会。人们到齐后，他并没有宣布议事日程，只说了一句"走，跟我出去一趟"，就领着大家到火车站去了。当时，兰考车站上，北风怒号，大雪纷飞。车站的屋檐下，挂着尺把长的冰柱。许多逃荒的灾民扶老携幼拥挤在候车室里，他们正等待着国家运送灾民前往丰收地区的专车从这里开过……

即使在今天读来，这段话仍然使人有眼眶湿热的感觉，这种朴素纯粹的对老百姓的感情，具有最强大的打动人心的力量。时刻想着老百姓，还常常表现为一种思想、情感上的忧民精神，胸怀黎民，心忧天下。

清代郑板桥有一首诗《潍县署中画竹》："衙斋卧听萧萧竹，疑是民间疾苦声。些小吾曹州县吏，一枝一叶总关情。"郑板桥当时是一位小小的县令，但像他这样的小官吏，哪怕一点一滴的小事情，都要想到老百姓，甚至当他听见风吹竹子的声音，都要仔细地听听是不是老百姓因疾苦而发出的呼号声。

忧民精神背后反映的是一种深刻的政治态度、政治思想，是为政者与老百姓之间深切的感情，是对百姓疾苦深入负责的态度。1943 年 7 月 2 日，毛泽东在《中共中央为抗战六周年纪念宣言》中讲到："共产党员应该紧紧地和民众在一起，保卫人民，犹如保卫你们自己的眼睛一样，依靠人民，犹如依靠自己的父母兄弟姊妹一样。"要求党员干部把人民群众当"眼睛"，像珍爱眼睛一样珍爱人民群众，真正为民谋福祉。

在中国历史上，曾经有很多一心为民、为人称道的官员，从他们的故事中，我们可以耳濡目染、潜移默化，学习到这样一种美德，并提高为一种思想境界。

文天祥曾以诗句表达了自己一心为民的思想："但愿天下人，家家足稻粱。我命浑小事，我死庸何伤！"在他心里，百姓的疾苦远远超过了他的生死。林则徐在虎门销烟之后，随即被革职查办，发配伊犁。当他到新疆之后，却不顾年高体衰，一心只想为百姓、为国家做些事情。他到各地实地勘察，带领群众兴修水利，推广当地的"坎儿井"和纺车。人们为纪念他的业绩，称这井和车为"林公井""林公车"。

2. 办实事、除弊政

干部一心为民，无论有怎样的思考，坚持怎样的原则，具备什么样的精神，最终都要落实到一个实际的问题上，那就是为民办实事。

这种办实事与干部日常的施政措施相对应，又常常表现为及时革除弊政。这两方面相结合，一方面强调一般性的目的，一方面强调特殊的为政方法。连在一起，就是"办实事、除弊政"。干部要为民办实事，也是唯物主义的体现。"仓廪实而知礼节，衣食足而知荣辱。"对广大老百姓来说，小到一日三餐、衣食住行，大到工作、收入、婚丧嫁娶以及生老病死，这些事关实际生活的问题，都是老百姓最关心的问题，是日常生活中首先需要解决的基本问题。当然，老百姓的实事绝不仅限于这些物质、生活的层面，学习、思想、精神的需求也是他们的实事。对这些老百姓所关注的实事也要有一个区别，分清轻重缓急。

按照马斯洛的需要层次理论，通常人的需求由低到高有五种需要：生理需要、安全需要、情感和归属的需要、尊重的需要、自我实现的需要。这五种需要像阶梯一样，低一层次的需要获得满足后，就会向高一层次的需要发展。干部要一心为民，也要从百姓的这些实际的需求开始，努力满足百姓的正当需求。

纪晓岚的《阅微草堂笔记》中有这样一个故事：一官死后来到阎王殿，傲然标榜说："我所到之处，只喝别人一杯水而已，因此，在鬼神面前心中无愧！"阎王讥讽说："设置官员是为了治理百姓，任何官员都要去做兴利除弊的事情。仅仅认为不要钱就是好官，那设一木偶在公堂上，它连一杯水都不喝，不更胜过你吗？"这个故事对那些将当官如同撞钟、不办实事的官员而言，具有直接的讽刺性。只喝水，不办事，还不如一具木偶。

我们党一向注意兼顾人民群众的长远利益和眼前利益，并要求党员干部随时随地关心群众疾苦，帮助群众解决实际困难，给人民群众以看得见的物质利益。对此，陈云有过很多深刻的论述。在革命战争年代，他无论走到哪里，总是强调要改善民生，要通过解决群众迫切需要解决的问题入手去发动群众，把动员群众同维护群众的切身利益联系起来。新中国成立后，他在经济建设上也总是强调要牢记经济建设的最终目的是改善人民生活，制定经济计划要从人民群众有吃有穿出发，搞经济工作要坚持"一要吃饭、二要建设"的原则，要把解决市场问题、民生问题作为重要国策。对于这一思想，毛泽东很赞赏。1959 年夏天，毛泽东在一次中央会议上说："过去陈云同志提过：先市场，后基建，先安排好市场，再安排基建。有同志不赞成。现在看来，陈云同志的意见是对的。"

陈云不仅强调共产党随时随地都要关心群众的切身利益，而且力求在制定具体政策过程中加以体现。三年困难时期，在他的建议下，城市每人每月供应三斤大豆、半斤猪肉、半斤鱼，以保证蛋白质摄入量；每年进口 1000 吨尼龙，生产尼龙袜，以保证群众需求。

毛泽东曾经特别强调要为老百姓办具体的实事，他说："我们应该深刻地注意群众生活的问题，从土地、劳动问题，到柴米油盐问题。妇女群众要学习犁耙，找什么人去教她们呢？小孩子要求读书，小学办起了没有呢？对面的木桥太小会跌倒行人，要不要修理一下呢？多人生疮害病，想个什么办法呢？一切这些群众生活上的问题，都应该把它提到自己的议事日程上。应该讨论，应该决定，应该检查。要使广大群众认识我们是代表他们的利益的，是和他们呼吸相通的。"

毛泽东还很注意革除弊政。1941 年 6 月，陕甘宁边区政府在延安的杨家岭小礼堂召开边区各县县长联席会议，当天下午正在开会时，突然狂风大作、暴雨如倾，一个炸雷，击断了礼堂的一根木柱，坐在附近的延川县代县长不幸身亡。同一天，一位农民饲养的一头驴也被雷电击死。这两件事传开以后，人们议论纷纷。这位死了驴的农民逢人就说："老天爷不开眼，响雷把县长劈死了，为什么不劈死毛泽东？"

保卫部门闻讯，要把这件事当作反革命事件来追查，逮捕这个"竟敢如此咒骂毛主席"的农民，并要公开处理，杀一儆百。毛泽东知道这件事后，立即阻止了保卫部门的行动。他说："群众发牢骚，有意见，说明我们的政策和工作有毛病。不要一听到群众有议论，尤其是尖锐一点的议论，就去追查，就要立案，进行打击压制。这种做法实际上是软弱的表现，是神经衰弱的表现。我们共产党人无论如何不要造成同群众对立的局面。"从民怨骂声中，毛泽东深刻反思，他与中共中央、中央军委和陕甘宁边区政府的领导同志一道，深入调查发现"确实公粮太多"，"加重了人民的负担"。于是，迅速采取措施，减轻了群众的负担。

1972 年到 1973 年夏天，甘肃定西地区连续 22 个月没有下过透雨。数百万人缺粮，数十万人和家畜缺饮用水。时任甘肃省委书记的宋平在中央工作会议上如实做了汇报。参加会议的周恩来听了十分难过，他说："我们解放几十年了，甘肃老百姓还这么困难，我当总理的有责任，对不起老百姓。"说到这里，周恩来伤心落泪。会后，他立即抽调干部，奔赴甘肃帮助救灾。一年后，已查出癌症的周恩来对甘肃的灾情仍放心不下，他指示再一次到甘肃调查灾区群众生活安排落实情况。当工作组的报告放到了病床边时，刚做过手术的周恩来在报告上连续写下 9 个不够和 3 个感叹号：

> 口粮不够，救济款不够，种子留得不够，饲料饲草不够，衣服缺得最多，副业没有，农具不够，燃料不够，饮水不够，打井配套都不够，生产基金、农贷似乎没有按重点放，医疗队不够，医药卫生更差等，必须立即解决。否则外流更多，死人死畜，大大影响劳动力!!!

多年后，周恩来的这个批示被中央档案馆作为档案收藏。翻开这份档案，人们仍能感受到共和国总理将灾区群众的安危冷暖系于心中的一片情怀。

退休后的邓小平，最关心的还是人民的生活质量。1993 年 9 月 16 日，邓小平在和弟弟的一次长谈中，说了这样一句话："国家发展了，我当一个富裕国家的公民就行了。"而人民对邓小平的情感是怎样的呢？在邓小平故居的留言簿上，有这样一句质朴的话："小平同志让我们填饱了肚子，用上了票子，住上了房子。我们永远怀念你！"道出了普通百姓对他的深切缅怀。

干部要为民办实事，首先是要知道什么才是老百姓所关心的、需要的、真正的"实事"。要深入百姓当中，倾听百姓呼声，实际调研，掌握情况。只有深入第一线，才能更好地了解群众，为群众排忧解难。在这方面，周恩来堪为榜样。比如，他曾深入里弄，了解市民的居住环境；他亲自坐公共汽车，体验群众乘车的困难；他夜访公安派出所，了解治安情况；他冒着余震危险，钻进灾民住的窝棚察看灾情；他走进工棚，了解工人的生活。周恩来认为，要了解真实情况，就要与老百姓平等相待。他自己在调查中，总是轻车简行，不要迎送，深入到最基层。

干部为民办实事，还要有为人民负责的态度。既然是办实事，就一定要办实在、办好。要克服各种困难，亲力亲为，不怕辛苦，坚持到底。

1990 年 5 月，郑培民出任湘西土家族苗族自治州州委书记。上任伊始，郑培民就问："哪个村子最穷？"随后他就去了叭仁村，这个村在一个走起来累死人也吓死人的山头上。到村里后，郑培民首先了解到，这里滴水贵如油。于是，他积极联系有关部门，认真调查研究并做了一系列扎实的工作，终于使这个村子通了水和电。从此，乡亲们再也不用拎着重重的木桶，吃力地走上 16 里路，到山沟里提水了。正是以这种态度，两年多时间，郑培民的足迹走遍了湘西州 218 个乡镇……

为民办实事，还要实事求是，尊重科学规律。大跃进期间，各级干部想当然，凭主观愿望出发，瞎指挥，做出许多蠢事。比如，四川的一个地方要求定向密植种苞谷，将来长出的禾苗，要像士兵在操场"立正"那样，一律向左看（向太阳），叶子都不能乱长。1960 年，风调雨顺，本是个丰收年景。由于"瞎指挥"，造成了人为的自然灾害，粮食大幅度减产，几乎把国民经济推到崩溃的边缘。碰到一些反反复复、劳民伤财的胡子工程，胡耀邦总爱说一句话："张书记挖，李书记埋，王书记上台又重来！"朱镕基说："只要（领导干部）认真给人民群众办好一件事，解决好一个实际问题，他会永远记住你，说空话没有用。"

近年来，我国各级政府每年都会专门制定一些为民办实事的计划，选出几件事情，作出承诺，很受老百姓欢迎。但是，结合实践的经验，干部为民办实事，还要注意以下一些问题。一不要有"政绩"思想。既然是"办实事"，就实实在在地一心想着如何让老百姓享受实惠，不要掺杂其他思想、其他因素。二不要走过场，最终使结果变了样。三要严防"豆腐渣工程""人情工程"。宝鸡市委原书记庞家钰，将工程承包给了他的情妇，结果工程质量太差，所修的管道过一段时间就会爆裂一次。每爆裂一次，就会影响到老百姓的正常生活，老百姓就会骂一次。

在新的历史时期，要把群众的安危冷暖挂在心上，把民生问题放在各项工作的首位，多办顺应民意、化解民忧、为民谋利的实事，下大气力解决好群众反映强烈的突出问题，从点滴入手、从具体事情做起，力戒形式主义、官僚主义，力戒空谈，以对党和人民高度负责的精神，恪尽职守，履行好管理和监管职责。

3. 不欺下谀上

一个政权以人心向背定其成败，一个干部以为民办事多少分其好坏。但现实中，不少干部脑子里常想的不是为民办事，而是为领导办事，办给上面看，骨子里还是为自己办事，为个人前程，为个人利益。

中国古语有"不刻下以谀上"，意思是说，不刻薄下属来谀媚领导者。但在今天，谀上欺下却越来越甚、花样百出。多表现为对上谄媚、逢迎，对下欺凌、压制。解决这一问题，关键在于要不计私心私利，全心全意为百姓着想，无论批评还是尊敬，都出以公心，尊重客观实际。

苏轼有"苏贤良"的美称，在他的为官经历中，有一段为了百姓两次得罪宰相而受排挤的故事，真正体现了一种为民着想而不谀上的态度。最初，苏轼反对宰相王安石的激进改革，直言改革会危害老百姓的生活，并上书劝告皇帝要优先富民。因反对改革，他被排挤出朝廷。后来，王安石变法失败，司马光执政后，全盘否定改革。这时，苏轼不是以反对改革派的姿态出来捞取政治资本，获得更高的职位，而是在获得司马光的重新任用后，又站在百姓的角度，冷静客观地建议司马光吸收王安石新法的合理部分。为此，他与司马光又发生激烈争执，再一次被排挤出朝廷。

郑板桥在范县做县令时，时常自省家里有没有收受贿赂，桌子上有没有未办的公文。空闲时，他经常和文人们喝酒颂诗，以至于有人忘记他是一县的长官。后来调任到潍县做官，恰逢荒年，百姓生活极为困难，甚至到了"人相食"的地步。郑板桥看到这种情景后，立即命令开官仓放粮赈济灾民，当时有人阻止，说这样的事要先向上级请示，他说："都到什么时候了，要是向上申报，辗转往复，百姓怎么活命？上边要是降罪下来，我一个人承担。"于是开官仓赈济灾民，使上万人得以活命。到他任期结束的时候，潍县的老百姓依依不舍、沿路相送。

从前山西晋城产有一种稀有兰草，岁岁进贡。然此地丛山峻岭，崖高林密，年年因采贡品死人。有一任县令实在不忍百姓受苦，便冒欺君之罪，谎报因连年天旱此草已绝迹，请免岁贡。从此当地人逃此苦役，百姓为其立碑。封建时代人们盼望体恤民情的好官，所以就留下不少这类的刻石，留下了这类官员不谀上欺下的美名。

经典
阅读

为人民服务

◎毛泽东

　　我们的共产党和共产党所领导的八路军、新四军，是革命的队伍。我们这个队伍完全是为着解放人民的，是彻底地为人民的利益工作的。张思德同志就是我们这个队伍中的一个同志。

　　人总是要死的，但死的意义有不同。中国古时候有个文学家叫做司马迁的说过："人固有一死，或重于泰山，或轻于鸿毛。"为人民利益而死，就比泰山还重；替法西斯卖力，替剥削人民和压迫人民的人去死，就比鸿毛还轻。张思德同志是为人民利益而死的，他的死是比泰山还要重的。

　　因为我们是为人民服务的，所以，我们如果有缺点，就不怕别人批评指出。不管是什么人，谁向我们指出都行。只要你说得对，我们就改正。你说的办法对人民有好处，我们就照你的办。"精兵简政"这一条意见，就是党外人士李鼎铭先生提出来的；他提得好，对人民有好处，我们就采用了。只要我们为人民的利益坚持好的，为人民的利益改正错的，我们这个队伍就一定会兴旺起来。

　　我们都是来自五湖四海，为了一个共同的革命目标，走到一起来了。我们还要和全国大多数人民走这一条路。我们今天已经领导着有九千一百万人口的根据地，但是还不够，还要更大些，才能取得全民族的解放。我们的同志在困难的时候，要看到成绩，要看到光明，要提高我们的勇气。中国人民正在受难，我们有责任解救他们，我们要努力奋斗。要奋斗就会有牺牲，死人的事是经常发生的。但是我们想到人民的利益，想到大多数人民的痛苦，我们为人民而死，就是死得其所。不过，我们应当尽量地减少那些不必要的牺牲。我们的干部要关心每一个战士，一切革命队伍的人都要互相关心，互相爱护，互相帮助。

今后我们的队伍里，不管死了谁，不管是炊事员，是战士，只要他是做过一些有益的工作的，我们都要给他送葬，开追悼会。这要成为一个制度。这个方法也要介绍到老百姓那里去。村上的人死了，开个追悼会。用这样的方法，寄托我们的哀思，使整个人民团结起来。

像条牛一样努力奋斗——在上海鲁迅逝世十周年纪念会上的演说

◎周恩来

鲁迅先生死了十年了，整整的十年了。中国是从内战进入抗战，现在又回到了内战。内战乃鲁迅先生所诅咒的，抗战才是鲁迅先生所希望、所称颂的。他希望的事在人民大众努力下实现了，而他诅咒的内战可仍还存在，这应该是我们参加这会的每个人所难过的。人民希望民主、独立、团结、统一，而日本投降了一年多了，这一个愿望还没有达到。鲁迅先生逝世那年也在谈判，到今天足足谈了十年了，还不能为中国人民谈出一点和平，我个人也很难过。但人民团结起来，就一定能够解决中国的和平民主统一的问题。今天，我要在鲁迅先生之像面前立下誓言：只要和平有望，仍不放弃和平的谈判，即使被逼得进行全面自卫抵抗，也仍是为争取独立、和平、民主、统一。

鲁迅先生曾说："横眉冷对千夫指，俯首甘为孺子牛。"这是鲁迅先生的方向，也是鲁迅先生之立场。在人民面前，鲁迅先生痛恨的是反动派，对于反动派，所谓之千夫指，我们是只有横眉冷对的，不怕的。我们要以眼还眼，以牙还牙。假如是对人民，我们要如对孺子一样地为他们做牛的。要诚诚恳恳、老老实实为人民服务。我们要有所恨，有所怒，有所爱，有所为。过去历史上有多少暴君、皇帝、独裁者，都一个个地倒下去了。但是历史上的多少奴隶、被压迫者、农民还是牢牢地站住的，而且长大下去。人民的世纪到了，所以应该像条牛一样努力奋斗，团结一致，为人民服务而死。鲁迅和闻一多，都是我们的榜样。

毛泽东在《为陕北公学成立与开学纪念题词》中说:"要造就一大批人,这些人是革命的先锋队。这些人具有政治的远见。这些人充满着斗争精神和牺牲精神。这些人是胸怀坦白的、忠诚的、积极的与正直的。这些人不谋私利,唯一的是为着民族与社会的解放。"这段话,既是毛泽东人格魅力的真实表露,也是对党员干部道德素养的明确要求。

内称不辟亲,外举不辟怨。

——〔西汉〕戴　圣

公无私者,其取舍进退无择于亲疏远近。

——〔唐〕韩　愈

人类也需要梦想者,这种人醉心于一种事业的大公无私的发展,因而不能注意自身的物质利益。

——〔法国〕居里夫人

宋人余靖在其《武溪集·从政六箴》中曾说："抱公绝私，是为率职。"意为：一心为公，不徇私情，就是履行了自己的职责。从政为官者，其基本的职责就是"为公"。

公是相对于私而言的。任何干部，在他没有成为公职人员、没有做官之前，他是个体公民，可以以个体之"私"为基本的价值取向，可以有私心、私利、私情等。但是，一旦他成了干部，做职权中的事，他就实现了从私到公的跨越，不再是一个一般的"私"的个体，而应该超越私我，以"公"为本，出以公心、施行公举、谋求公利、倡行公义等。对干部而言，在公与私之间，有一条严格的界线，是应当明确分清的。

习近平强调："作为党的干部，就是要讲大公无私、公私分明、先公后私、公而忘私，只有一心为公、事事出于公心，才能坦荡做人、谨慎用权，才能光明正大、堂堂正正。"作风问题都与公私问题有联系，都与公款、公权有关系。公款姓公，一分一厘都不能乱花；公权为民，一丝一毫都不能私用。领导干部必须时刻清楚这一点，做到公私分明、克己奉公、严格自律。

一、干部姓公不姓私

从原始社会到今天，人类文明的不断进步，从某个角度讲，就是一个"公"与"私"相互博弈、竞争，共同发展，对立统一的过程。

1. 公心与私心

公心与私心，历来就是一个矛盾统一体，在当今时代，对两者的取舍愈加突显，在每个人灵魂深处始终做着长期的较量和挑战。

先说私字问题，向来是人的道德修养中最不可回避，最影响人格、人品的大题目。对私字的危害，很多人不清楚。古往今来因私而害功毁业，甚而坐狱杀头的大有人在。这私心粗分一下大约有两类。一类，他自己也看到了问题的所在，但私心作怪，缄而不语，缩而不前，退而保身保职，无所作为，这是小私。另一类，有了一定的权位之后就贪赃枉法，为所欲为，祸国害民，这是大私。无论大私小私，都是政治立场和世界观的问题，都是背离了为人民服务的宗旨，滑到为我为私的立场上去了。

私心是万恶之源，它可以让人变得明知错而为之，成语"指鹿为马"是说秦丞相赵高专权，为试属下之心，便牵来一鹿，硬说是马。多数大臣惧其势，都跟着说是马，唯有少数几人实事求是，说是鹿。为什么明明是鹿却指鹿为马呢？不是不知，是有私心，怕影响自己的前程，不敢说。现实中，面对矛盾，有些人私心作祟，不敢承认事实，不说真话，贻误了工作，失去了起码的是非标准。

私心是腐蚀剂，自私会腐蚀掉公正、善良、智慧的心灵，毁坏和谐、谦让、友善的人际关系。一个普通人的私心会引起人际关系紧张和自己的孤立，而一个领导干部的私心，会私权混杂，利用权力把公利和他人之利变成一己之利。小者影响领导形象和权威，影响局部工作，大者误国误民，直至叛党叛国。所以岳飞有一声响彻天地、贯穿古今的长叹：只要武将不怕死，文官不贪钱，国家就有希望。

再说公字问题。公是私的对立。《汉书·贾谊传》："为人臣者，主而忘身，国而忘家，公而忘私。"公字的益处，人们都很清楚，但是古往今来能做到的却是屈指可数。为什么呢？公字首先是利他，往小处说，是利益别人，往大处说则是利国利民……既然公字有这么大的利益，为何做到者甚少呢？这是因为，公字有一个前提，是毫不利己专门利人，也就是说牺牲了自己的利益、损害了自己的利益，去成全他人，成全社会和国家。公心细分一下，也有两类。一类是，不计较个人恩怨，为了集体的事业、为了大家的利益，可以摒弃自我的悲喜好恶，不畏权势，秉公办事，敢说真话，一切从有利于事业的角度考虑。二类，有了一定的权力，却从不以权谋私，甚至甘愿牺牲自己的利益，一心为国为民谋福利。也就是舍己为公，铁面无私。这两类，皆从他人、百姓、社会、国家的利益出发，很少顾及自身的利益，不为个人打算。正如《孟子》中所说"乐民之乐者，忧民之忧者"。公心至此，天地可鉴。

公心是无私。俗话说心底无私天地宽。无私才能正直公正，才能襟怀坦荡。春秋时，晋平公有一次问祁黄羊："南阳县缺个县长，你认为该派谁去当比较合适呢？"祁黄羊毫不迟疑地回答："叫解狐去，最合适了。他一定能够胜任的！"平公惊奇地又问他："解狐不是你的仇人吗？你为什么还要推荐他呢？"祁黄羊说："你只问我什么人能够胜任，谁最合适；你并没有问我解狐是不是我的仇人！"于是，平公就派解狐到南阳县上任了。解狐到任后办了不少好事，得到了称赞。无私的人，真诚、坦荡、乐于助人、不嫉妒，处处替他人着想，容易营造良好的人际关系和氛围。一个无私的干部可以凝聚人心，赢得百姓的信任，树立威望。

公心是奉献。大凡心公者，一定有大爱，爱他人，胜过爱自己，爱事业，胜过爱生命。为了大众的利益，为了国家，可以不讲条件、不图回报、不计得失，这就是奉献。一个领导干部倘若有公心，就会牵挂百姓的冷暖，关心百姓疾苦，为百姓着想，为百姓办实事；会公而忘私，不考虑个人得失，自觉维护国家的利益，利国利民。俗话讲，公则千古，私则一时。千古便是长远、不朽，一时，则是不长远、很短暂。换而言之，私则得势快，发迹快，消亡也快，就像夜空中的流星一样，眨眼间坠落，不知所终。公则不为名，不为利，默默无闻，无私奉献，就像天空中的恒星一样闪闪发光发亮，一时半会儿不会消亡，即使消亡了，也会给人们留下深深的怀念。像范仲淹、周恩来、焦裕禄这样"老吾老以及人之老，幼吾幼以及人之幼""先天下之忧而忧，后天下之乐而乐""鞠躬尽瘁，死而后已"的人，至今仍散发着不灭的精神之光。

2. 公事与私事

在其位就要谋其政。对于领导干部来说，职务范围内所负责的、要做的工作，就是公事。那么，工作以外的私人的事，便是私事。从另一个角度讲，社会公共事务就是公事。

对于公、私领域的划分与认识经历了漫长的发展历程。在封建社会时期，江山社稷是皇帝个人所有，"普天之下，莫非王土，率土之滨，莫非王臣"。而孙中山领导资产阶级革命，则说"天下为公"。中国共产党始终倡导和要求各级干部要一心为公、一心为民，戒除私心私利，从个体"私"的领域中跨越出来，进入社会"公"的领域，突破谋私的小我，实现为公的大我。

如果公心、私心是品质问题，那么公事、私事则是公心、私心最真实的体现。关于公事与私事，目前存在两种现象：

一种是公事不能公办。公事公办意思是秉公办理，不讲情面，这是我们党一直提倡的原则。但现实生活中，一句公事公办，听者耳中，包含了太多消极信号，意味着这事难办，这事不好办，这事不能办，或者是这事儿不好好给你办。一方面是公办不能给你办，不合乎办理要求，需要钻制度的空子，需要办理者突破常规，于是打招呼托熟人，建立私人关系，将事情办成。是合乎原则，走正常程序就能办得了，就是迟迟办不下来，办不顺利，于是还是需要公关，需要公事不公办才能办妥。当公事私办因普遍存在而获得合理性时，公事公办这四个字就会被视为有针对性的"态度"。在人们的潜意识里，一旦想要办点事，第一个想到的就是：有没有熟人，有没有关系？深究这种潜意识的形成，其实跟一些部门"门难进、脸难看、话难听"的办事态度有着极大的关系。本应顺利办成的事，却总是在不断地"踢皮球""兜圈子"，到最后心力交瘁，可事情还是毫无进展。

一方面是公事不作为，另一方面私事却大有作为。出现了第二种现象——

私事公办。顾名思义，"私事"者，自己的事或别的个人托办之事也，属于"拿不到桌面上"的事，甚至是违法违纪的事。"公办"者，即通过正当的渠道，使不该办的私事公开化、"合理"化，以掩人耳目，实为"掩耳盗铃"。有的领导干部利用手中职权为自己的家人、亲友办私事、捞好处，还恬不知耻地给人介绍"经验"，说这类事要"公办"。办起公事来，能拖就拖，多一事不如少一事；办起私事来积极性却高得很，很卖力气，而且很有效率。为什么呢？全是私心作祟，全是私利诱惑。私心私欲的驱使影响，带坏了社会风气，拉关系、套交情、请客送礼等行为，助长了腐败的滋生，给党和国家带来了巨大的危害。不但会导致公权力的非正常运作，滋生腐败，更会颠覆人们对社会公平正义的信任，使人们不相信政府，不相信法治。

宋代魏了翁在《奏外寇未静二相不咸旷天工而违明几》中说："自今公事公言，进而明目张胆以陈之论奏，退而同心协虑以见之施行，毋面从而背违也。"

朱熹曾说："不以一毫私利自蔽，不以一毫私欲自累。"公事须按公事的原则办，不讲私人情面。这是领导干部一心为公的最基本要求。陈云就是这样一位秉公办事、公私分明之人。

有一年冬天寒流提前到来，陈云冻感冒了，但坚决不让提前供暖气。周总理听到这个消息后就去看望陈云，去了以后一看，陈云正披着棉被办公。周总理说："陈云同志你感冒了还不让提前供暖气。"陈云说："11 月 15 日这个日子是我定的，我不能破这个例。"平常陈云家里一个星期只烧一次热水，在星期六的晚上，孩子们都回家了，大家洗一次澡，平常都是凉水，没有热水，1979 年离开北长街搬到中南海，一直是这个规矩，这是陈云的要求。

有一次，家里人拿回来一篮子苹果，可能没有交钱。陈云知道后问："哪来的苹果？"家里人说从服务处拿来的，他非常生气地说："这不是占公家的便宜吗？马上送回去！"陈云非常严厉，结果苹果被送回去了，家里人谁也没有吃到。

在困难时期，陈云主管经济，规定了一些高价商品，因为家里缺毛巾被，夫人去买了一床高价毛巾被，结果第二天报纸上就登了高价商品取消，所有的商品都回归到正常价格。夫人于若木就有点抱怨说："你怎么也不稍微提示一下，你看我花了这么多冤枉钱，就差一天。"陈云非常严肃地说："我是主管经济的，这种政策是国家的机密，我怎么能随便在家里头说呢。"

大女儿陈伟力曾在南昌陪他住了十个月。这十个月的工资，陈云一开始就告诉女儿："你的工资由我来出，你要把公家发的钱退还给公家。你没有在那里上班，就不可以拿工资。"退钱、退工资的收据，女儿一直留着，现在放在纪念馆。在江西"蹲点"的时候，林彪事件出来后，陈云去省里听传达文件，听完传达回家以后，孩子问他到底传达什么文件，陈云说："要等文件规定传达到你这一级的时候，我才能跟你讲。"他脑子里有一根线划分得很明晰，什么该做、什么该说，在他心里面像一杆秤一样的清晰。

二、公私两字定成败

干部为官要为公是由干部的职责本身所决定的，但要真正做到一心为公不是件容易的事情。遍览中外历史，细察四海现实，为公还是为私，向来是为官的焦点和热点。在公与私之间，也就存在着一个干部成败、褒贬、毁誉的分水岭。如《二程集》中云："一心可以丧邦，一心可以兴邦，只在公私之间尔。"

干部要做到一心为公，就必须过好两关：一曰亲情关，二曰亲信关。

1. 跨越亲情关

亲情，是以血缘、亲属关系为基础的一种特殊的情感。在亲情之间，有父母对子女的无私，绵绵不绝，不离不弃，爱其强而容其弱。还有兄弟姐妹之间的、亲戚之间的情愫。人是情感动物，亲情又是人类所有感情中最原初、最本真的一种。人的社会关系中有一大部分靠血缘来维系。所以在"公"字面前，要跨越亲情关很难。

在中国，封建政治有一个很突出的现象：外戚专权。外戚是皇帝的母族、妻族，也就是太后和皇后的家族。这是典型的以亲情来干扰政权，其结果大都是昙花一现、好景不长，甚至最终落得满门株连、人人受害。如汉朝的吕氏、窦氏等，唐武周时，满朝政要皆为武氏，杨国忠因为杨贵妃而成为宰相，后来魂断马嵬坡。政权运行终究还是要回到正常的权力分配规律中，而不是以亲情为核心。

隋唐以前，官员任用讲究出身、门第，实际上就是在权力分配中过分强调血缘、亲情关系，这种政治制度直接产生了社会腐化和对政治秩序具有极大干扰作用的家族门阀，严重影响到社会进步和政治清明。

即使废除了世袭制等以亲情为基础的政治权力运行制度，在现代政治体制中，亲情仍然会对官员的权力行使产生重要的干扰作用。孙中山先生倡导"天下为公"，并在三民主义的革命旗帜下，团结了一大批志同道合而不是有血缘亲属关系的革命同志。但是民国仅仅运行了38年，到1949年解放前，奉行以"三民主义"治天下的国民政府，竟又演化成了"四大家族"的天下。伟大如毛泽东者，虽然在绝大部分的时间里，都能很好地处理个人亲情与为国为公之间的关系，但在其人生的晚年，也对周围的人很难信任，转而倚重毛远新和江青等人。可见要真正超越亲情难度有多大。

亲情是每个人都不可能回避的，官员当然不能例外。为官要跨越亲情关，是指官员要正确认识官员的"为公"和亲情的"为私"之间的关系、性质，有一个正确的区别。历史上的诸多事例，第一代中国共产党人的实践也证明，这一关并非不可跨越。而且，跨越之后，就可以赢得人民的认可和支持，在人民中享有崇高的威望，成为人民爱戴的好官。

毛泽东为了中国革命，超越亲情，民主革命时期先后牺牲了5位亲人。

建国之后，他又将长子毛岸英送上朝鲜战场，结果不幸牺牲。当请示他要不要将毛岸英的骨灰送回国内时，他说："青山处处埋忠骨，何必马革裹尸还。"这是怎样的一种胸怀和境界啊！1967 年在中央会议上毛泽东讲解《战国策》中的《触龙说赵太后》一文，提醒领导干部在如何教育和锻炼下一代的问题上，要注意不能让子女"位尊而无功，俸厚而无劳"。

对于干部如何正确处理亲情，周恩来曾有一段话："对亲属，到底是你影响他还是他影响你？一个领导干部首先要回答和解决这个问题。我们应该做出一点表率来。不要造出一批少爷。"而他自己，在对亲属一些事情的处理上几乎到了苛刻的地步，彻底超越了亲情对自己的羁绊。

干部跨越亲情关要重点克服的一个难点，是对待子女的问题。对身为干部的父母而言，不能混淆公与私的界限，利用手中权力，假借公共资源，为子女谋利益。当前社会中，流行着诸如"官二代""拼爹""啃老""我爸是某某"等词语，子女不凭借自身的努力而依靠父母的帮助和荫护来生活，这种情况很大一部分出现在干部家庭中，从侧面反映出很多干部做事不能出以公心，而是想方设法徇情枉法，其结果只能是毁了孩子、害了自己。

陈云长女陈伟力回忆说，上小学前，父亲曾把她叫到办公室去，很严肃地对她讲："你到学校以后会有很多同学，同学各个家庭出身可能不一样，你不能对别人讲我父亲是什么什么样的，不能觉得自己比别人高一等。你没有任何可以值得骄傲的地方，你和别人是一样的。所以，你要好好学习，你只有和大家一样，你要靠自己的本事，将来去做自己的工作，你不能靠我。"女儿还没有上学，陈云就给她灌输这个概念，所以陈伟力在学校从来不讲自己的爸爸是谁。"文革"中陈云的二女儿曾在学校工作，后来考入北京师范大学，毕业时被分配到国家机关工作。陈云对这件事不大赞成，主张她应当"归队"。20 世纪 80 年代后，针对教师地位不高、不愿报考师范学校的情况，陈云建议中央提高教师待遇，并动员二女儿离开国家机关、重新干回老本行。不久，她回到母校北京师范大学附属实验中学当了一名普通中学教员，一干就是 20 年，直到退休。陈云严于律己，他对家人提出了"三不准"原则：不准坐他的汽车；不准到他的办公室看他的文件；国家给他的东西，不允许家人使用。

胡耀邦对家属对亲戚，也是一切从严要求。他担任领导干部多年，其兄长胡耀福仍然是农民，亲属们无一得到他的"关照"，甚至连小女儿满妹希望父亲能托托关系让她上大学时，都遭到他一口拒绝。胡耀邦任总书记期间，正是社会上"出国热""经商热"不断升温的时候。在胡耀邦的严格要求下，他的子女却自觉做到"四不"：一不干政，二不要官，三不经商，四不出国。

2. 跨越亲信关

相比亲情，干部和亲信之间没有血缘关系，却有很好的信任关系和利益关系。亲信的形成，是基于干部和其周围的人长期相处，或者某种特定的利益关系而建立起来的。干部的亲信关系，比亲情关系更为隐蔽、复杂，种类更多。

在中国几千年历史上，"亲信"团体一直就没有离开过政权中心。与前面所说的外戚专权相对应的，另一个常常专权的群体是"宦官"。宦官们因为从小陪皇帝一起长大，常年服侍在皇帝周围，其中一些也就逐渐与皇帝之间结成了特殊的感情依赖和信任关系。及至皇帝要倚重自己信得过的力量，这些宦官往往就得势揽权，左右皇帝。这方面最典型的莫如明熹宗朱由校和宦官魏忠贤的故事。朱由校自小在深宫之中无人疼爱，最亲近的人就是跟前照顾他的太监魏忠贤，于是和魏忠贤之间建立了特殊的信任关系，到了朱由校突然走运当了皇帝，魏忠贤也成了权倾朝野的"九千岁"。

亲信的另一个重要群体是部属。干部在行政事务中，和周围共事的部属之间，建立了超越一般同事关系的信任或者利益关系，从而结成小圈子或者特殊的政治团体。干部和部属之间，本来可以有正常的熟悉、信任、欣赏、器重等关系，但这种关系必须限定在正常的政治权力运作之下，而不是以这种私人的亲信关系超越政治关系。毛泽东在《整顿党的作风》中就曾明确提出，要坚决反对"搞小圈子、小派别，拉拢一部分人，排斥一部分人"。我国历史上多次上演的军阀混战，特别是北洋军阀时期，官员的任用实际上都是局限在了亲信的圈子里，所以也就"你方唱罢我登场""城头变幻大王旗"，没有一个长久的。这种官员与亲信之间关系的存在，在今天仍然时时表现出来，成为横在一心为公面前的一个重要关口。

当前社会环境下，干部要过好亲信关，需要重点处理的一个关系，就是秘书问题。所谓"秘书党"的存在，备受诟病，已经成为各级领导干部必须要认真面对的一个重要问题。在秘书群体中，确实有一大批有才能的干部，如能量才适用，对其进行正常的安排任用本无可厚非。问题在于，一些干部和秘书之间，往往形成一种特殊的信任关系甚至是政治"盟友""继承"关系，利用自己手中的权力，想方设法将秘书安排在重要、核心的岗位上。或者是在自己任期结束之前，突击将秘书安排好。其心理，或者是延续自己的权力，或者是对秘书服务自己多年的回馈，或者是特别的栽培提携，大都不是出以公心，不是正常的权力交接。

三、三把尺子量公私

干部要做到一心为公，除了要过好亲情、亲信两关，还要在实际工作中处理好三方面的关系：一是不徇私，二是不结党，三是敢牺牲。这三方面的关系，是决定一个干部为政好坏、成就大小的主要因素。手握这三把尺子，对一个干部予以考察，可以度出其人好坏。

1. 不徇私

公的另一面，就是私。公和私构成了矛盾的两极，要一心为公，就必然要克服私的腐蚀。

《论语·泰伯》说:"巍巍乎,舜禹之有天下也,而不与焉。"舜禹作为天子,拥有天下,却一点也不谋私利。干部作为社会当中的一个特殊群体,一方面是作为"私"的我,与社会普通公众并无二致,更重要的,其干部身份要求他能够从"公"的角度出发,不徇私情。

中国第二历史档案馆新近公布的南京临时政府档案中,有一件收于1912年2月13日晚9时的电文,内容为:"……陈督退志已决,众举孙寿屏先生继任……(望)中山先生俯念众情,即加委任,大局幸甚。"整件电文共三页纸,由广东地方人士与52个社团联合署名。文中的陈督是陈炯明,孙寿屏即孙眉,是孙中山的长兄。当时的情况是,孙中山为粤督一事久决不下,广东地方人士与社会团体致电南京临时大总统府,提议选举孙眉为广东都督。孙眉是同盟会南方支部的负责人,一直支持、协助孙中山的革命事业,为此甚至变卖家产、倾其所有,论其威望确实可以担任广东都督。但孙中山却坚决予以反对,他于1912年2月21日致电广东各团体,称"家兄质直过人,而素不娴于政治,一登舞台,人易欺其以方"。说孙眉忠厚老实,易于被政客欺骗和利用。作为一个成熟的政治家,孙中山还致电孙眉,劝其勿任都督。孙中山先生的不徇私情、不唯亲是举,也是出以公心,是他"天下为公"思想的体现。

一心为公,不徇私情,也是中国共产党第一代领导人共同的品德。毛泽东作为领袖,建国后首先以身垂范,起到了很好的带头作用。他家乡的父老乡亲进京,一切开支应酬全部从他的生活费用中支取,从不使用公款也不安排亲属。建国前,他的亲属家人为革命作出了巨大的贡献,建国后,他并不以之徇情,没有为家人办过任何私事。

周恩来的弟弟周恩寿,是参加过大革命的"老革命",解放后在一个工业部门工作,后因病不能正常上班,被安排到内务部任参事。周恩来反对这样安排,多次找到当时的内务部部长曾山提出意见,并在一次会上说:"周某人的弟弟在内务部做参事,不管是什么原因去的,总没有好影响。他在工业部时能够工作，我不干涉，现在当参事等于拿干薪，那就要考虑了。"他执意要求内务部按有关规定给弟弟办理病退手续。周恩寿病退后，从 1950 年到 1968 年，一直在周恩来那里领取生活费，直到他的六个孩子全部工作。

邓颖超也是党内老资格的高级干部，对于她的工作，周恩来曾明确说过一句话："只要我还在世，邓颖超就不能进政治局。"这种不徇私情，甚至已经到了绝情的程度。他对邓颖超也严格保守党的秘密，两人坚持互不打听，一直到生命的终结始终守口如瓶。实行机关干部下基层制度时，周恩来让自己的侄子由北京到河南当了农民，并在农村成了家。他鼓励侄女两次进草原，并与蒙古小伙子结婚，扎根在边疆。对于在他身边长期工作的秘书、警卫等服务人员，周恩来也从不给他们任何特殊照顾。在长期的工作中，周家还逐渐形成了明确的"十条家规"，并严格执行。兹录如下：

一、晚辈不准丢下工作专程来看望他，只能在出差顺路时看看；

二、来者一律住国务院招待所；

三、一律到食堂排队买饭菜，有工作的自己买饭菜票，没工作的由总理代付伙食费；

四、看戏以家属身份买票入场，不得用招待券；

五、不许请客送礼；

六、不许动用公家的汽车；

七、凡个人生活上能做的事，不要别人代办；

八、生活要艰苦朴素；

九、在任何场合都不要说出与总理的关系，不要炫耀自己；

十、不谋私利，不搞特殊化。

这十条家规是周恩来处理家国关系的真实反映，也是他作为一位大国总理不徇私情的缩影。家规中涉及的事情大都是日常的小事小情，但小事连着大原则，小情背后是大责。对今天的干部来说，可以做个对比，哪一条切实做到了呢?

胡耀邦从小加入红军，从红小鬼时起就受党的领导人的示范教导，养成了克己奉公、以身作则的工作作风。1968 年，胡耀邦的小女儿满妹被分配到北京市造纸总厂一分厂的维修车间当车工。一年之后，看到大家陆续都去参军了，而父亲对她不闻不问。于是她自作主张，找到了父亲在晋察冀野战军三纵队时的搭档，时任北京军区司令员的郑维山。她托警卫员带话："我是胡耀邦的女儿，想请郑司令员帮我去当兵。"作为胡耀邦的女儿，她深感入伍当时对她来说有多难，在回忆录中，她曾写道："我根本不在乎兵种如何、部队驻在何地，乐不可支地来到当时全军最大的柏各庄农场。"几年兵当下来，满妹发现身边的战友，一个接一个地被推荐上了大学。苦闷至极的她，给父亲写了信，希望父亲能托托关系，让她也有个上大学的机会。

胡耀邦很快回信了："你原先分配在工厂，后来当兵我是不知道的，内心也是不赞成的，因为是走的后门。现在又提出想上大学，我认为你应该靠自己的能力，既要注重学习书本知识，又要到社会实践中去学习。我们家的人不应该走后门，而要通过自己的努力去实现自己的愿望和理想。"那时，满妹完全不能理解父亲的思想，懊恼、委屈一齐涌来，她把信撕得粉碎。此后，她再也没有指望能"沾父亲的半点光"。

对于干部来讲，如何处理好工作和周围的各种社会关系之间的矛盾是一个无法回避、必须面对的现实问题。所谓"一人得道鸡犬升天""封妻荫子""公报私仇""任人唯亲""上阵父子兵，打虎亲兄弟""大义灭亲"等话，其实反映的都是这方面的问题。而处理好这样的问题，只要坚持一个原则就可以，那就是出以公心，不徇私情。

2. 不结党

结党营私一直是中国官吏制度中所不能容忍的事情，但凡有官员结党坐大者，必然会扰乱正常的政治秩序和社会生活。这里所说的结党，和现代政治中的政党政治不同，是指个人之间利用私人感情而建立起来的一种小集团。

孔子曾说:"君子矜而不争,群而不党。"(《论语·卫灵公》)。孔子还说:"君子周而不比,小人比而不周。"(《论语·为政》)意思是说,君子与人团结,而不是互相勾结,结党营私;小人是相互勾结,结党营私而不讲团结。但历史上更有名的,却是欧阳修的《朋党论》一文:

> 小人所好者,利禄也;所贪者,货财也。当其同利之时,暂相党引以为朋者,伪也。及其见利而争先,或利尽而交疏,则反相贼害,虽其兄弟亲戚,不能相保。故臣谓小人无朋,其暂为朋者,伪也。君子则不然。所守者道义,所行者忠信,所惜者名节。以之修身,则同道而相益;以之事国,则同心而共济。终始如一,此君子之朋也。

他认为小人不会有真正的、永远的朋友,而君子之朋,守道义、讲忠信、惜名节。从这个角度说,欧阳修所认为的可以事国的君子之朋,正是那些坦坦荡荡、不图利禄和货财、没有私心的君子们。这里有一个辩证的关系在里面,不为私利、不为结党,可能反而会有一些朋友,可以一起事国,若以私利为目的,即使暂时结党,最终也不能相保。

历史上官员结党的事例很多,最终大都身败名裂。究其原因,之所以结党,就是为了达到某种个人或小集团的私利。如果真能出以公心、不图私利,则无结党之必要,亦不会受朋党之累。这正如恩格斯《在马克思墓前的讲话》中所说的:"他可能有过许多敌人,但未必有一个私敌。"

在中国共产党的历史上,也曾经出现过结党乱政的教训。如1929年王明回国后,利用其在莫斯科东方大学所形成的"二十八个半布尔什维克"的小集团,在党内排斥异己,推行其错误的思想路线,带来了极大的危害。"文革"中,林彪集团和"四人帮"的存在,实际上也是一种结党,最终也都逃不出历史的规律,很快便折戟沉沙,土崩瓦解,身陷囹圄。

　　周恩来是中国共产党第一代领导人中的重要成员，他参与了陈独秀、瞿秋白、王明、博古、张闻天、毛泽东等历代领导集体的工作，这期间，党内也曾出现不少派别，但他始终以党的利益为重，保持光明磊落的人格，不结党、不营私。笔者在《大无大有周恩来》一文中专有这样一节讲他的"党而不私"：

　　列宁讲：人是分为阶级的，阶级是由政党来领导的，政党是由领袖来主持的。大概有人类就有党，除政党外还有朋党、乡党等小党。毛泽东同志就提到过党外有党，党内有派。同好者为党，同利者为党，在私有制的基础上，结党为了营私，党成了求权、求荣、求利的工具。项羽、刘邦为楚汉两党，汉党胜，建刘汉王朝，三国演义就是曹、孙、刘三党演义。朱元璋结党扯旗，他的对立面除元政权这个执政党外，还有张士诚、陈友谅各在野党，结果朱党胜而建朱明王朝。只有共产党成立以后才宣布，它是专门为解放全人类而做牺牲的党，除了人民利益，国家民族利益，党无私利，党员个人无私求。无数如白求恩、张思德、雷锋、焦裕禄这样的基层党员，都做到了入党无私，在党无私。但是当身处要位甚至领袖之位，权握一国之财，而要私无一点，利无一分，却是最难最难的。权用于私，权大一分就私大一丈，失之毫厘差以千里，做无私的战士易，做无私的官难，做无私的大官更难。像总理这样军政大权在握的人，权力的砝码已经可以使他左偏则个人为党所用，右偏则党为个人所私，或可为党员，或可为党阀了。王明、张国焘不都成了党阀吗？而总理的可贵正在党而不私。

　　……如果说总理要凭借在党内的力量谋大私，闹独立，闹分裂，篡权的话，他比任何人都有更多的机会，更好的条件。但是他恰恰以自己坚定的党性和人格的凝聚力，消除了党内的多次摩擦和四次大的分裂危机。五十年来他是党内须臾不可缺少的凝固剂。

周恩来为领导干部如何在现代政治体制下做到"党而不私"树立了一个典范。

3. 立场坚定，勇于舍弃与牺牲

领导干部，要成就一番事业，有大作为，就要有超于常人的大付出，就要勇于牺牲。历史上，凡最终成就大事业者，一帆风顺者极少，更多的人，是经过了千回百转，曲折起落，舍常人所不能舍，弃常人所难以弃。张骞出西域，以大汉重臣之身，忍受恶劣的环境，在动荡的变局中始终不改志节，历经千难万险，而开启新篇章，名垂青史。司马迁受常人所不能受之腐刑，忍辱于心头，兴志于笔下，才得"千古之绝唱"。诸葛亮崇尚"鞠躬尽瘁，死而后已"，并以身实践，为蜀汉尽心尽力。文天祥"人生自古谁无死，留取丹心照汗青"。林则徐"苟利国家生死以，岂因祸福避趋之"……无一不体现了义无反顾、杀身成仁的牺牲精神。

近代史上，林觉民的一篇《与妻书》，成为一段"勇于牺牲"的千古绝唱，后人每每读来无不荡气回肠。信中说：

> 仁者"老吾老以及人之老，幼吾幼以及人之幼"。吾充吾爱汝之心，助天下人爱其所爱，所以敢先汝而死，不顾汝也。汝体吾此心，于悲啼之余，亦以天下人为念，当亦乐牺牲吾身与汝身之福利，为天下人谋永福也。

正因为他能"以天下人为念"，愿"为天下人谋永福"，所以才能够"牺牲吾身与汝身之福利"。中国共产党人是"全心全意为人民服务"的，不是要"出仕专为身谋，居官有同贸易"。要做到这些，就要有奉献精神、牺牲精神。毛泽东曾豪迈地说："为有牺牲多壮志，敢叫日月换新天。"不能想象，共产党的干部，在为人民服务时，还要计算一下成本，如果成本太高、付出太多，就不肯为人民服务。

也许有人认为这样的无私奉献、自我牺牲是不可能的。但是，许多共产党员和干部做到了。毛泽东为了中国革命，牺牲了6位亲人的生命：妻子杨开慧、长子毛岸英、大弟毛泽民、小弟毛泽覃、堂妹毛泽建、侄子毛楚雄。周恩来为了八亿中国人民，完全地奉献了自己，在他身后，没有儿女、没有财产、没有骨灰、没有向党和政府有任何要求和索取，真正做到了"大无大有"。

焦裕禄只是一名县级官员，但他为人民鞠躬尽瘁，直至献出了自己的生命。1962年，焦裕禄到兰考任县委书记时，正是当地风沙、盐碱、内涝十分猖獗的时候。为根治"三害"，彻底改变兰考的面貌，让当地人民过上好日子，他深入农村，走家串户，调查研究，寻找治理风沙的方法。他身患肝癌，但不顾病痛的折磨，顶风沙，搞试验，带领兰考人民战天斗地，终于制服了盐碱，使贫瘠的兰考大地焕发出勃勃生机，而他自己却积劳成疾，长眠在兰考大地上。

这种无私奉献、勇于牺牲的精神在中国共产党的干部中得以延续传承。被誉为"干部的楷模""九十年代的焦裕禄"的孔繁森，两次进藏支援边疆地区建设，牺牲在第二次支边任上。1992年，拉萨市发生地震，孔繁森抚养了3名因地震而失去父母的孤儿，再加上他经常用自己的工资来资助生活贫苦的藏族群众；所以，经常不到半个月，他的工资就所剩无几了。在这种情况下，他又悄悄地跑去献血。在一年时间里，他先后献血900毫升，并把所得的营养费900多元全部用于3个孤儿的生活补贴上。孔繁森遇难后，人们在清理他的遗物时发现，除了一个袖珍收音机外，再就是几件简单的换洗衣服和8块6毛钱，这就是他的全部家当。

原保山地委书记杨善洲，当官却不像官，几十年保持朴素本色。这位被群众唤作"老倌"的杨善洲常说："放不下架子，是干部太把自己当回事；吃着公家饭，就要为群众服务。"杨善洲还写下"座右铭"："放下官架子，甘当普通人，不做救世主，甘为铺路石。"退休后，他放弃到省城安享晚年的机会，回到家乡施甸县大亮山种树。为了节约树苗钱，他经常拎个口袋到街上捡果核。一些老同事看到笑话他"不光彩"，他说："我就这么弯弯腰，林场就能育苗了，有什么不光彩？"20多年里，杨善洲没穿过一次西装皮鞋，抽烟自己拿纸卷，吃饭就爱洋芋和竹笋。他认为公款吃喝、公车私用都是滥用职权，最容易伤到老百姓的心，所以从不"占公家便宜"。

杨善洲女儿杨慧兰回忆，有一次母亲突发疾病，父亲安排公车将母亲送到医院，后来向单位补交了车费，这是家人唯一一次使用公车。为官30余年，家人从未得到过任何"照顾"，大女儿至今务农。他一心为民，一心为公，不给家人谋私利，也不给家乡特殊的照顾。退休之后，他住在临时搭的窝棚，带领大家造林数万亩，风雨无阻，一住就是9年。他以全部心血，将边陲保山打造成了全国闻名的"滇西粮仓"，把荒山秃岭变成了浩瀚林海。

这样甘于奉献、勇于牺牲、一心为公的好干部，我们还可以列出一个长长的名单：小岗村的好书记沈浩、鞠躬尽瘁的好干部牛玉儒、好公安局长任长霞……他们不仅成就了自己的事业，还升华了自己的人生价值，成为百姓心中令人尊敬与怀念的好官。

邓稼先

◎杨振宁

从"任人宰割"到"站起来了"

一百年以前，甲午战争和八国联军时代，恐怕是中华民族五千年历史上最黑暗最悲惨的时代，只举 1898 年为例：

德国强占山东胶州湾，"租借"99 年。

俄国强占辽宁旅顺大连，"租借"25 年。

法国强占广东广州湾，"租借"99 年。

英国强占山东威海卫与香港新界，前者"租借"25 年，后者"租借"99 年。

那是中华民族任人宰割的时代，是有亡国灭种的危险的时代。

今天，一个世纪以后，中国人民站起来了。

这是千千万万人努力的结果，是许许多多可歌可泣的英雄人物创造出来的伟大胜利。在 20 世纪人类历史上，这可能是最重要的、影响最深远的巨大转变。

对这一转变作出了巨大贡献的，有一位长期以来鲜为人知的科学家：邓稼先。

两弹元勋

邓稼先于 1924 年出生在安徽省怀宁县。在北平上完小学和中学以后，于 1945 年自昆明西南联大毕业。1948 年到 1950 年赴美国普渡大学读理论物理，获得博士学位后立即乘船回国，1950 年 10 月到中国科学院工作。1958 年 8 月奉命带领几十个大学毕业生开始研究原子弹制造的理论。

这以后的 28 年间，邓稼先始终站在中国原子武器设计制造和研究的第一线，领导许多学者和技术人员，成功地设计了中国的原子弹和氢弹，把中华民族国防自卫武器引导到了世界先进水平：

1964 年 10 月 16 日中国爆炸了第一颗原子弹。

1967 年 6 月 17 日中国爆炸了第一颗氢弹。

这些日子是中华民族五千年历史上的重要日子，是中华民族完全摆脱任人宰割危机的新生日子！

1967 年以后邓稼先继续他的工作，至死不懈，对国防武器作出了许多新的巨大贡献。

1985 年 8 月邓稼先做了切除直肠癌的手术。次年 3 月又做了第二次手术。在这期间他和于敏联合署名写了一份关于中华人民共和国核武器发展的建议书。1986 年 5 月邓稼先做了第三次手术，7 月 29 日因全身大出血而逝世。

"鞠躬尽瘁，死而后已"正好准确地描述了他的一生。

邓稼先是中华民族核武器事业的奠基人和开拓者。张爱萍将军称他为"'两弹'元勋"，他是当之无愧的。

邓稼先与奥本海默

抗战开始以前的一年，1936 年到 1937 年，稼先和我在北平崇德中学同学一年；后来抗战时期在西南联大我们又是同学；以后他在美国留学的两年期间我们曾住同屋。50 年的友谊，亲如兄弟。

1949—1966 年我在普林斯顿高等学术研究所工作，前后 17 年的时间里，所长都是物理学家奥本海默。当时他是美国家喻户晓的人物，因为他曾成功地领导战时美国的原子弹制造工作。高等学术研究所是一个很小的研究所，物理教授最多的时候只有 5 个人，奥本海默是其中之一，所以我和他很熟识。

奥本海默和邓稼先分别是美国和中国原子弹设计的领导人，各是两国的功臣，可是他们的性格和为人却截然不同——甚至可以说他们走向了两个相反的极端。

奥本海默是一个拔尖的人物，锋芒毕露。他二十几岁的时候在德国哥廷根镇做玻恩的研究生。玻恩在他晚年所写的自传中说研究生奥本海默常常在别人做学术报告时（包括玻恩做学术报告时）打断报告，走上讲台拿起粉笔说："这可以用底下的办法做得更好……"我认识奥本海默时他已40多岁了，已经是妇孺皆知的人物了，打断别人的报告，使演讲者难堪的事仍然时有发生。不过比起以前要少一些。佩服他、仰慕他的人很多，不喜欢他的人也不少。

邓稼先则是一个最不要引人注目的人物。和他谈话几分钟，就看出他是忠厚平实的人。他真诚坦白，从不骄人。他没有小心眼儿，一生喜欢"纯"字所代表的品格。在我所认识的知识分子当中，包括中国人和外国人，他是最有中国农民的朴实气质的人。

我想邓稼先的气质和品格是他所以能成功地领导许许多多各阶层工作者，为中华民族做了历史性贡献的原因：人们知道他没有私心，人们绝对相信他。

"文革"初期，他所在的研究院（九院）和当时全国其他单位一样，成立了两派群众组织，对吵对打。而邓稼先竟有能力说服两派继续工作，于1967年6月成功地制成了氢弹。

1971年，在他和他的同事们被"四人帮"批判围攻的时候，如果别人去和工宣队、军宣队讲理，恐怕要出惨案。而邓稼先去了，竟能说服工宣队、军宣队的队员。这是真正的奇迹。

邓稼先是中国几千年传统文化所孕育出来的有最高奉献精神的儿子。

邓稼先是中国共产党的理想党员。

我以为邓稼先如果是美国人，不可能成功地领导美国原子弹工程；奥本海默如果是中国人，也不可能成功地领导中国原子弹工程。当初选聘他们的人，钱三强和葛罗夫斯，可谓真正有知人之明，而且对中国社会、美国社会各有深入的认识。

民族感情？友情？

1971 年，我第一次访问中华人民共和国。在北京，见到阔别了 22 年的稼先。在那以前，也就是 1964 年中国原子弹试爆以后，美国报章上就已经再三提到稼先是这项事业的重要领导人。与此同时还有一些谣言说，1948 年 3 月去了中国的寒春曾参与中国原子弹工程。（寒春曾于 40 年代初在洛斯阿拉姆斯武器试验室做费米的助手，参加了美国原子弹的制造，那时她是年轻的研究生。）

1971 年 8 月，我在北京看到稼先时，避免问他的工作地点，他自己只说"在外地工作"。但我曾问他，寒春是不是参加了中国原子弹工作，像美国谣言所说的那样。他说他觉得没有，但是确切的情况他会再去证实一下，然后告诉我。

1971 年 8 月 16 日，在我离开上海经巴黎回美国的前夕，上海市领导人在上海大厦请我吃饭。席中有人送了一封信给我，是稼先写的，说他已证实了，中国原子武器工程中，除了最早于 1959 年底以前曾得到苏联的极少"援助"以外，没有任何外国人参加。

这封短短的信给了我极大的感情震荡。一时热泪满眶，不得不起身去洗手间整容。事后我追想为什么会有那样大的感情震荡，是为了民族而自豪？还是为了稼先而感到骄傲？我始终想不清楚。

"我不能走"

青海、新疆，神秘的古罗布泊，马革裹尸的战场，不知道稼先有没有想起过我们在昆明时一起背诵的《吊古战场文》："浩浩乎！平沙无垠，不见人。河水萦带，群山纠纷。黯兮惨悴，风悲日曛。蓬断草枯，凛若霜晨。鸟飞不下，兽铤亡群。亭长告余曰：'此古战场也！常覆三军。往往鬼哭，天阴则闻！'"

也不知道稼先在蓬断草枯的沙漠中埋葬同事、埋葬下属的时候是什么心情？

"粗估"参数的时候，要有物理直觉；昼夜不断地筹划计算时，要有数学见地；决定方案时，要有勇进的胆识和稳健的判断。可是理论是否准确永远是一个问题。不知稼先在关键性的方案上签字的时候，手有没有颤抖？

戈壁滩上常常风沙呼啸，气温往往在零下三十多摄氏度。核武器试验时大大小小突发的问题必层出不穷。稼先虽有"福将"之称，意外总是不能完全避免的。1982年，他做了核武器研究院院长以后，一次井下突然有一个信号测不到了，大家十分焦虑，人们劝他回去，他只说了一句话："我不能走。"

假如有一天哪位导演要摄制《邓稼先传》，我要向他建议采用五四时代的一首歌作为背景音乐，那是我儿时从父亲口中学到的：

中国男儿，中国男儿

要将双手撑天空

长江大河，亚洲之东，峨峨昆仑

古今多少奇丈夫

碎首黄尘，燕然勒功，至今热血犹殷红

我父亲诞生于1896年，那是中华民族任人宰割的时代。他一生都喜欢这首歌曲。

永恒的骄傲

稼先逝世以后，在我写给他夫人许鹿希的电报与书信中有下面几段话：

——稼先为人忠诚纯正，是我最敬爱的挚友。他的无私的精神与巨大的贡献是你的也是我的永恒的骄傲。

——稼先去世的消息使我想起了他和我半个世纪的友情，我知道我将永远珍惜这些记忆。希望你在此沉痛的日子里多从长远的历史角度去看稼先和你的一生，只有真正永恒的才是有价值的。

——邓稼先的一生是有方向、有意识地前进的。没有彷徨，没有矛盾。

——是的，如果稼先再次选择他的人生的话，他仍会走他已走过的道路。这是他的性格与品质。能这样估价自己一生的人不多，我们应为稼先庆幸！

岳阳楼记

◎〔北宋〕范仲淹

庆历四年春，滕子京谪守巴陵郡。越明年，政通人和，百废具兴。乃重修岳阳楼，增其旧制，刻唐贤今人诗赋于其上。属予作文以记之。

予观夫巴陵胜状，在洞庭一湖。衔远山，吞长江，浩浩汤汤，横无际涯；朝晖夕阴，气象万千。此则岳阳楼之大观也，前人之述备矣。然则北通巫峡，南极潇湘，迁客骚人，多会于此，览物之情，得无异乎？

若夫霪雨霏霏，连月不开，阴风怒号，浊浪排空；日星隐耀，山岳潜形；商旅不行，樯倾楫摧；薄暮冥冥，虎啸猿啼。登斯楼也，则有去国怀乡，忧谗畏讥，满目萧然，感极而悲者矣。

至若春和景明，波澜不惊，上下天光，一碧万顷；沙鸥翔集，锦鳞游泳；岸芷汀兰，郁郁青青。而或长烟一空，皓月千里，浮光跃金，静影沉璧，渔歌互答，此乐何极！登斯楼也，则有心旷神怡，宠辱偕忘，把酒临风，其喜洋洋者矣。

嗟夫！予尝求古仁人之心，或异二者之为，何哉？不以物喜，不以己悲；居庙堂之高则忧其民，处江湖之远则忧其君。是进亦忧，退亦忧。然则何时而乐耶？其必曰"先天下之忧而忧，后天下之乐而乐"乎。噫！微斯人，吾谁与归？

时六年九月十五日。

习近平总书记指出："全面建成小康社会要靠实干，基本实现现代化要靠实干，实现中华民族伟大复兴要靠实干。""凡是有利于党和人民事业的，就坚决干、加油干、一刻不停歇地干。"因此，当实干成为一种基本的思考方式和惯性后，就会上升为一种精神，产生精神的力量。

一步实际行动远比一打纲领更重要。

——［德国］马克思

对革命事业、对劳动群众的利益危害最大的莫过于妄图用空谈来掩盖事实。

——［苏联］列　宁

我国宋朝时曾有一个重要的律条《文臣七条》，明确官员从政须遵守的七条戒律："一曰清心，二曰奉公，三曰修德，四曰责实，五曰明察，六曰勤课，七曰革弊。"前三条都是讲个人修养的，后四条讲处理政务的要点，其中第一条"责实"，就是要务实、实干，要有实绩。宋代是文官统政，文官普遍长于言而拙于行，但从实际从政的角度而言，强调实干实绩，却是至为重要的。从来实干成伟业，何曾空谈留英名。

一、实干兴邦是历史的经验

1. "言"与"行"的关系

"言"与"行"，是人类社会交往中最重要的两种形式，是每个人同外部世界发生关联的主要方式，两者之间紧密关联又各有不同。在历史唯物主义认识论中，意识来源于实践，说明人类对客观世界的各种探索实践活动，是产生各种思想意识，进而有各种言语表述的前提和基础，"行"在"言"先。虽然随着人类意识活动的不断发展，"言"常表现出独立的能动性，但"行"是基础没有变，而两者之间的关系没有变。《左传》说："太上有立德，其次有立功，其次有立言，虽久不废，此之谓不朽。"其次序，也是先有实干之立功，而后为立言。清华大学礼堂前的草坪上，立有一块石碑，上刻"行胜于言"，也是在告诫学子们这样一个道理。

所以，从一系列的相对关系而言，言和行、说和做、理论和实践的关系，实际上都是"谈"和"干"的关系。"谈"和"干"又都有极端的情况，就是毫无用处的"空谈"和踏踏实实的"实干"。空谈不仅无益而且往往误事，实干则会成就各种实际的业绩。对于官员的治国理政而言，有更高的要求和警示，就是"空谈误国""实干兴邦"。

2. 实干兴邦是历史经验的总结

陈寅恪先生曾有过这样的论述：东汉末年，由于政治暴力的禁锢甚至摧残，当时的名士们如郭泰等人，一改以前直接批评朝政得失的做法，而变为对抽象理论的辩论研讨。通过这样的方式，远离政治风险，逃避政治祸端。于是，先秦时期的诸子百家争鸣，东汉时期的"夺席谈经"等士人的思想辩论传统被以另外一种方式传承了下来，这就成了后来广受关注的魏晋清议。

这种清谈清议，原本是一种清雅超俗的学术交流，但后来却进一步成就了魏晋玄学。清谈也成了士人的一种生活方式，盛行于当时。后来，西晋亡国之后，清谈的方式得到各方面的检讨，清谈的方式使士人们不再以"天下名教是非为己任"，甚至将西晋亡国之罪也归咎于清谈，所以有"清谈误国"的说法。鲁迅先生谈及此问题时也说："许多人只会无端的空谈和饮酒，无力办事，也就影响到政治上，弄得玩空城计，毫无实际了。"这句话后来又逐步演变为"空谈误国，实干兴邦"，为历代的政治家们所遵从。

唐朝的姚崇，从武则天时期到开元盛世，历任三朝宰相。开元元年，当他第三次被拜为相时，他向唐玄宗提议要改除武则天晚年以来的十种政治积弊，即著名的"十事要说"。毛泽东曾评价说："大政治家、唯物论者姚崇，如此简单明了的十条政治纲领，古今少见。"这十事主要是"精简刑法，行仁恕之政；疏远佞臣，不听诬陷之词；限制女宠，禁止宦官贵戚干预朝政；减轻苛税，以利民生；待臣以礼，不得任意屠戮无辜"等。在得到唐玄宗的支持后，姚崇选贤任能、奖励清廉、精简机构、惩治贪官、爱护百姓，实行清明的政治，为"开元盛世"奠定了基础。姚崇临死前，有人问他有什么为政之道，他只讲了四个字——"崇实充实"，意思是要崇尚实干、充实国库。

毛泽东在《中国共产党在民族战争中的地位》中说："积极努力，克己奉公，埋头苦干的精神，才是可尊敬的。"这是开国领袖对中国共产党的干部官员的明确要求。

关于实干兴邦，还有发生在改革开放之初的一段故事。当时，作为改革开放的前沿阵地，蛇口工业区积极探索社会主义市场经济的运行规则，拓荒者们在蛇口先行先试，不断探索，坚持"实干"，最终积累了成功的经验，"杀出一条血路来"。如率先提出"时间就是金钱，效率就是生命"等口号，诠释了一种新的时间观、竞争观等。然而，在这个过程中，一直存在着各种各样的争议，反对者批之为"金钱至上"，姓"资"不姓"社"。1992年，时任招商局常务副董事长、招商局蛇口工业区管委会主任袁庚，果断指示在原蛇口工业大道联合医院门口竖起了一块醒目的大幅标语牌："空谈误国，实干兴邦。"2010年，在庆祝深圳特区成立30周年时，"时间就是金钱，效率就是生命""空谈误国，实干兴邦"被评为深圳十大观念的前两位，产生了重大深远的影响。

2012年11月29日，在党的十八大刚刚闭幕之际，习近平总书记带领中央政治局常委全体同志参观《复兴之路》展览，明确提出了"空谈误国，实干兴邦"的施政理念。此后，习近平同志在不同场合多次强调"空谈误国，实干兴邦"。如2012年12月在广东考察时说到："全面建成小康社会要靠实干，基本实现现代化要靠实干，实现中华民族伟大复兴要靠实干。"2015年9月12日，习近平在中共中央政治局第二十六次集体学习时说："凡是有利于党和人民事业的，就坚决干、加油干、一刻不停歇地干。"这是在当前环境下对实干兴邦的进一步阐述，是对如何实干兴邦的具体论述。

二、坚持实干兴邦的信念

从最低层面讲，实干是创造一切物质和精神财富的基础，是人类社会存在发展的前提。不唯如此，实干精神还是攻坚克难、开拓进取的有效方式，是一个人成就事业的优良作风。实干的过程，不仅改造客观世界，也能改造个人的主观世界，可以提高个人的修为。领导干部坚持实干，则可引导全社会形成实干之风，收到实干兴邦之效。

1. 实干创造社会财富

物质资料的生产是人类社会存在和发展的基础，而各种物质资料的生产都必须通过生产活动，也就是各种各样实实在在的劳动来获得。因此，也只有在"实干"中不断创造物质财富，进而创造精神财富，才能推动社会的发展。"实干"是一切社会财富的源泉。

中国历史上的若干"盛世"时期，无不是物质财富极大丰富的时期。从"文景之治""贞观之治"再到"开元盛世"，物阜年丰，国库丰盈，富藏于民。社会物质财富的丰富是社会稳定的基础，是人民安居乐业的保障。但社会财富不会凭空而来，需要从实干中来。

在中国革命史上，曾经经历了物资极度匮乏、条件极为艰苦的时期。如1942年前后，受军事、经济封锁等各种原因的影响，延安及各抗日根据地都出现了军民生活严重困难的局面。面对这一困难，党中央号召"自己动手、丰衣足食"，通过我们自己的实干，通过大生产运动，克服了当时的巨大困难，甚至还创造了陕北江南南泥湾的佳话。建国后，面对极度贫穷的新中国，中国共产党人又是带领全国人民大干实干，不断创造新的社会财富，迅速提高了我国的综合国力，改善提高了人民的生产、生活水平。

当然，实干不仅是苦干，还要加上巧干，才能更快更好地达成目标，实现理想。在理想一步步实现的过程中，实干也会越来越体现出其巨大的价值。当实干成为一种基本的思考方式和惯性后，就会上升为一种精神，产生精神的力量。

2. 实干精神是一种优良作风

通过实干创造社会财富，只是实干最低层面的作用。从更高层面，从实干所能产生的更大的社会效用的角度来说，通过具体的实干苦干巧干，进而能够从物质上升为精神，就是实干精神。"实干"过程是"实干精神"生成的基础、源泉和发展的动力，"实干精神"则反映"实干"的内在规律和外在条件。对于领导干部而言，实干精神是有效推动各项工作的一种优良作风。

人们只有通过"实干"的探索，才能够获得对"实干精神"的体会和理解。在实干过程中，逐步生成实干精神的各种要素。再通过反复磨砺、挫折、克服困难，发展和升华这些精神要素，随后慢慢内化为一种优良作风。

这些要素包括三个层面的内容：首先，是勤于动手、埋头苦干、任劳任怨，这是实干精神的基础。其次，是敢于担当、不怕挫折、攻坚克难，这是实干精神的保障。再次，是求真务实、尊重实际、尊重规律，这是实干精神的方向指引和方法论。这些要素的总和，就是实干精神这种优良作风的内涵。

毛泽东参加了李大钊等人于 1919 年发起组织的"少年中国学会"。参与主持这个团体的李璜曾回忆说，有一段时间，他们每周必会晤，"会见十余次之后，深深了解到，以毛之性格而论，可能成为一个革命实干家"。当时，曾被李大钊评价为"是一个能想、能行的青年，极有志气"的王光祈，提出"工读互助"的问题，要大家讨论。中间讨论过两三次，各种意见甚多。到了第三次，毛泽东发言说："不要老是坐而论道，要干就干。你们诸位就把换洗衣服拿出来交与我去洗，一个铜子一件，无论大件小件，一样价钱，三天后交货拿钱。"后来他果真就这样做了。王光祈后来也说，毛泽东"颇重实践，自称慕颜习斋之学主实行"。这件小事，说明青年毛泽东不喜空谈议论，而注重付诸行动，在实践中推动问题的解决。1942 年，毛泽东在《整顿党的作风》一文中指出："我们应该是老老实实地办事，在世界上要办成几件事，没有老实态度是根本不行的。"这是他一贯的实干精神的一种体现和总结。经过长期革命实践的锤炼，实干精神也成为中国共产党第一代领导人的一种集体特征，是马克思主义者的一种优秀品质和先进本色。

3. 实干提高个人修为

"实干"创造物质财富，也创造精神财富；"实干"改造客观世界，也改造人的主观世界。对于个人来说，"实干"不仅是做好各项工作的基础，"实干"也是塑造健康人格、提高自身修为的重要方式，是修身养性、陶冶情操、立德励志的根本途径。

俄国寓言大师克雷洛夫有一句名言："现实是此岸，理想是彼岸，中间隔着湍急的河流，行动则是架在河上的桥梁。"所以，通过实际行动，实现理想是必由之路。通过实际行动，获得实现理想的能力方法，也是必由之路。

从唯物史观的角度看，通过实干来达到认识世界改造世界的目的，也符合马克思主义的认识论，是马克思主义者永葆先进、提高修养的根本途径。与实干相对应的是空谈。实干能够引导人们脚踏实地，注重实践，坚持唯物主义的哲学观；而空谈，则容易将人带入到不切实际，夸夸其谈，虚妄轻浮的状态中，容易使人走向唯心论。毛泽东在《整顿党的作风》中曾说："对于好谈这种空洞理论的人，应该伸出一个指头向他刮脸皮。"

不仅对个人，对于组织群体，对于整个社会来说，提倡实干，也是引导观念、涵养精神、弘扬文化、凝心聚力的根本途径，能引导促进良好社会风气的形成。

在今天的中国，我们正面临重大的历史机遇，正需要通过实干来形成全社会的良好风气，凝聚力量，共同努力，实现民族复兴。

三、如何做好实干兴邦

在实际工作中落实实干兴邦，不仅要理解前面所述的实干精神，将之转化为精神的推动力，更要与实际工作对接好，探索具体有效的方式，落实在每日的具体工作中。这样，我们就可以通过各级领导干部的努力，通过大家一致的努力，实现毛泽东所说的"中国人民的不屈不挠的努力必将稳步地达到自己的目的"。

1. 实干兴邦的要求

第一，"实干兴邦"本身所强调的是"干"，但首先是要自己认准了，想明白了。这是实干兴邦的前提。实干不是盲目苦干，不是蛮干乱干。

十一届三中全会之后，邓小平同志提出，要"一心一意搞建设"。为此，他创造各种条件，把大家的思想集中统一在一起，排除各种干扰因素，坚持不动摇，下定决心干出一些成绩。邓小平的这种工作方式，还体现在他经常说的一句话中。他曾多次说一句话，要用棉花塞住耳朵，意思就是要坚定自己的想法。

习近平同志也多次强调，看准的事情就要坚定干、大胆干。这方面的一个典型表现，就是反腐败。他曾经说，不是没有掂量过，就是认准了一点，那就是人民的期待。2014年岁末，在新华网发展论坛上，针对"习近平执政两周年，你最大的感受是什么"的问题，网民纷纷就此留言，表达自己的认识和评价："站得高，看得远""想得透，抓得准""有战略思维"。

第二，在认准的基础上，其次要做到的是：不争论，埋头干。

俗话说，说起来容易做起来难。对于争论问题和做具体事，历史上曾经有过多次争论，最终的结果，大都倾向于做具体之事。不做无谓争论，埋头苦干出实效，是一种正确的选择。在当前社会思潮多元化的背景下，这样的埋头苦干，更有现实意义。我们可以再来重温一下毛泽东在《愚公移山》一文中的论述，来体会这种坚定的埋头苦干的力量：

中国古代有个寓言，叫做"愚公移山"。说的是古代有一位老人，住在华北，名叫北山愚公。他的家门南面有两座大山挡住他家的出路，一座叫做太行山，一座叫做王屋山。愚公下决心率领他的儿子们要用锄头挖去这两座大山。有个老头子名叫智叟的看了发笑，说是你们这样干未免太愚蠢了，你们父子数人要挖掉这样两座大山是完全不可能的。愚公回答说：我死了以后有我的儿子，儿子死了，又有孙子，子子孙孙是没有穷尽的。这两座山虽然很高，却是不会再增高了，挖一点就会少一点，为什么挖不平呢？愚公批驳了智叟的错误思想，毫不动摇，每天挖山不止。

行动是主动的，困难是被动的，只要积极行动，有什么克服不了的呢？这是毛泽东从宏观战略高度所给出的答案。

第三，实干兴邦还意味着贵在坚持，要有韧性，能经得住失败，经得起挫折。

在具体干的过程中，肯定会碰到各种困难，甚至是失败挫折。如果没有坚强的毅力，浅尝辄止，畏手畏脚，就会半途而废，难以收到实干兴邦之效。要有"咬定青山不放松"的精神，真抓实干，一抓到底。

这种注重实干、埋头苦干的典型范例，是周恩来。20世纪40年代在延安，周恩来就因坚忍耐劳被党内同志称为"革命队伍里的一头骆驼"。新中国成立之初，周恩来因工作忙碌被人比作古时的周公旦。史称周公"一餐三吐哺，一沐三握发"，意思是吃一顿饭和洗一次澡时都要中断几次，以接待来访者。毛泽东在1949年12月致信柳亚子时讲到周总理，也引此典故说："周公确有吐哺之劳。"正是如此，他才能当好共和国这个大"家"。而到了"文革"期间，周恩来每天夙兴夜寐，一般每天只能睡三四个小时。毛泽东擅长宏观把握战略全局并经常有出奇之想，周恩来则善于将其在各个微观细节具体落实。熟悉二人性格的斯诺曾评价说："周恩来喜欢抓每个计划的具体执行，问题越复杂越好，而毛泽东对此感到厌烦。"20世纪50年代末到60年代初，在党内浮夸风一度蔓延、"左"倾思想抬头的特殊情形下，周恩来仍然以无畏的胆略与勇气，号召全党各级干部说真话、鼓真劲、做实事、收实效。面对"大跃进"产生的困难局面，周恩来多次提醒大家，不要超过实际定指标，要注意综合平衡。他要求大家要"落到实事求是"，要有"脚踏实地的干劲"。

2. 力避空谈作假

"实干兴邦"一定要"实"。崇尚空谈、弄虚作假是实干兴邦的对立面。

历史上，由夸夸其谈、弄虚作假带来的危害何其多也，而"实干"恰恰是问题的另一极，可以消除危害，促使国家强盛。从政治文化角度来说，也要反对政府官员陷入清谈文化之中，防止政府官员只会"空谈大义"，而不愿意解决任何具体问题。俄国十月革命之后，在建立社会主义制度的过程中，列宁就曾明确强调要防止"革命空谈"，少讲空话、多做实事。

中国历史上，有一位空谈误国的典型代表人物，即西晋末年的王衍。他出身世家大族，在西晋末年先后任尚书令、太尉等职。但王衍虽然位居宰辅之重，却不以经国为念，常以清谈为务。"口不论世事，唯雅咏玄虚而已"。所谓"雅咏玄虚"，也就是空谈老庄罢了，这在当时成为士大夫的一种风气。后来石勒起兵进犯京师洛阳，东海王司马越率军前去讨伐，王衍以太尉随军，司马越病死军中，众人推王衍为元帅。结果，国家的命运都寄托在了根本不会打仗的司徒王衍身上。不久，晋军被石勒军队攻破，王衍被俘，但他仍然不失名士风度和派头，纵谈古今，痛说家史，一再强调西晋的灭亡和自己没关系，他只是一介清流，不过随波逐流而已。石勒怒斥道："你名声传遍天下，身居显要职位，年轻时即被朝廷重用，一直到头生白发，怎么能说不参与朝廷政事呢？破坏天下，正是你的罪过。"石勒就命令士兵在半夜里推倒墙壁把他压死了。临死时，王衍看着别人，这才后悔地说："唉！我们即使不如古人，但平时如果不崇尚浮华虚诞，勉力来匡扶天下，也不至于到今天的地步。"

几年前，笔者曾写过一篇短文《假不觉耻，行同演戏》，说的是弄虚作假的事，今日读来仍有警示作用，兹录部分内容如下：

> 记得20世纪五六十年代，如果一个人说了一句假话，被人点破，则羞得恨不能立即跳楼。如果发现别人有假，也必勇于揭露，愤而斥之。社会道德之失真，从"文革"始，后愈演愈烈。到现在，社会上公然卖假证件、假发票，出假票据。你若要报销，售货员主动问你怎样开票，会计帮你合法入账。大家都在阳光下运作，脸不红，心不跳。谁还怕人说有假，谁还觉得是造假？所以朱镕基任总理时，一次为某会计

学院题词，愤而题曰："不做假账。"可见做假账都已成了会计经常的业务。以图财害命责之造假的奶农、药商，可也；而假风蔓延，则要拷问全社会的道德，拷问官员的管理教化示范之责。政治是什么，孙中山说是管理众人之事，我们说是管理国家大事，是为民办事。商场之假与官场之假深有其缘。治商须问政，正人先正己。

现在官场造假成风，虚伪成规。开会排座次，发言念稿子，写公文套框子，发表文章编句子，应付视察摆场子。就是内部开个会，正常接待上司，一发言，也要先说一句"尊敬的某某领导"，如旧时臣子喊"吾皇万岁"，天天演戏，乐此不疲。干部一提拔，先学会应酬，摆架子，装样子，哪有什么如履薄冰，先忧后乐之心；下级见上级，专拣好听的顺耳顺嘴的话说，哪有什么忠言逆耳，实事求是。本来一个社会的安定是百姓老老实实做人，官员勤勤恳恳办事，现在官员只顾演戏，不去做真人，怎么能教化百姓办真事？假不为错，伪不觉耻，官无个性，商无诚性，是社会安定和发展之大患。

改革开放，让我们懂得了"商品经济不可逾越"，而商品交换必得有诚信，我们现在亟须补上这一课。改革开放还让我们懂得政治文明要讲民主。在这方面，中国封建社会长，遗毒甚多。专制和集权需要伪装、造假；而民主政治则要透明，要监督，要务实。我们也要补上这一课。无论是政治道德还是商业道德，都要从诚实做起。道德是法律的基础，德不行则法不立，法不立则国难治。而一个社会的道德教化普及，大概莫过于先立制度，然后官员勤勉，政风朴实，使上行下效，人人自律，自然河清海晏，夜不闭户，路不拾遗。

检视一下我们的工作，是不是确实存在大话空话之风，是不是确实存在弄虚作假之事呢？看看我们的会议，看看我们的发言，看看我们的新闻，看看我们的文章，是不是各种套话空话确已成为一大时弊呢？今天我们需要的，就是力避空谈作假，就是真抓实干。

3. 将实干兴邦落实到日常工作中

无论从什么角度分析实干兴邦，无论对实干兴邦有怎样的理解，最后都需归结到一点，那就是将实干兴邦落实在日常工作中。这是实干兴邦的核心，是将实干精神与具体的工作相结合，具体问题具体分析，实干加巧干。

要在实际工作中落实好实干兴邦，首先要善于发现工作中的问题，确定和解决具体问题。有针对性，不对空放炮，确定好实干的具体目标。凡是有利于党和人民事业的，就坚决干、加油干、一刻不停歇地干；凡是不利于党和人民事业的，就坚决改、彻底改、一刻不耽误地改。其次，要树立为官一任、造福一方的思想，追求实际效果，通过工作实绩来达到这一目标。再次，要制定可行的工作计划，将大目标与每日具体工作结合起来。

在焦裕禄的事迹报道中，我们看到了大量的排涝、种树、防风沙的辛苦工作，而背后都是围绕提高当地群众的实际生活，解决群众实际问题的中心。这样的目标是合理的，也就能得到县委其他领导的支持，得到广大群众的支持。反观"大跃进"时候的很多做法，目标不切实际，所以虽然也付出了很多辛劳，但却造成了很大的破坏。

在新中国的历史上，"两弹一星"的研制过程，可以说是实干兴邦的典型代表，是通过实干克服重重困难，解决面前的实际问题的代表，是一种群体的实干精神。当时，一方面从战略的角度而言，制造原子弹核武器成为当务之急，另一方面，研制成功的条件又几乎不具备，以至于美苏等国都认定中国在短时间内不可能自己搞出核武器。所以毛泽东从战略的角度下定决心要独立自主研制中国的核武器，而在具体的研制过程中，又确实是克服了各种各样几乎无法克服的困难，大批科技工作者、干部、工人、解放军指战员一起，在当时国家经济、技术基础薄弱工作条件十分艰苦的情况下，自力更生，发愤图强，茫茫戈壁，战天斗地，从零开始，集体攻关，终于通过我们的实干，成就了足以写入人类史册的壮举，树立了科技史上的一座丰碑。

经典
阅读

工作不要挂在空挡上

◎ 梁　衡

　　一次在基层采访，听群众批评干部的作风说："工作挂在空挡上。"此话很深刻，也很生动。

　　空挡者，马达轰鸣，只有声不做功。现实中这类事可谓不少。比如会议多，干实事少；会上的空话多，听者如风过耳；文章越写越长，读者不能卒读；文件简报多得看不过来，检查评比一拨又一拨等等。时间一长，好像只要走走这些程序就算工作。其实，会议、文件、简报、讲话、文章、检查等，都是工作的形式，它还应该有更重要的内容。聚在一起开会，是为了碰撞产生新思想；讲话、写文章，是为了启示新思路，给人新目标、新方法；检查评比，是为了揭示新矛盾，解决新问题。如果没有这些内容，就是在挂空挡。

　　这几年有的地方，干部作风飘浮，练出了一批"空挡车手"，油门踩得震天响，就是不见车轮转。虽然我们有大庆、胜利等大油田，也经不起车辆日夜不停地空转；虽然我们经济发展，国力增强，也经不起这种无休无止的空耗。

　　中央确定今年是全党转变作风年，让我们诚恳地记住群众的这一批评，自问自想，戒之慎之。哪个地方工作还挂在空挡上，赶快换成前进挡。

　　　　　　　　　　　　　　　　　　（原载《人民日报》2002年1月22日）

第八讲

权不逾矩

从整个社会大系统的运行来说，官员行使来源于人民的公共权力，是基于社会公众的意志而由国家机关具有和行使的强制力量，其本质是处于社会统治地位的公共意志的制度化和法律化；更是整个社会健康运行、平稳发展的保障。因此，国家干部必须切实做到严于律己、严以修身、严以用权不逾矩，并"让人民监督权力，让权力在阳光下运行，把权力关进制度的笼子里"。

让人民监督权力，让权力在阳光下运行，把权力关进制度的笼子里。

——习近平

一切有权力的人都容易滥用权力，这是一条千古不变的经验。

——［法国］孟德斯鸠

一、权力的本质

《论语·为政》中说："七十而从心所欲不逾矩。"是说七十岁能随心所欲而不越出规矩。"不逾矩"也就是指不越出规矩。权不逾矩，也就是说要认清行使权力的内在要求，自觉掌握好行使权力的边界，不越权行事。

1. 权力的边界

按照东汉许慎《说文解字》的解释，"權（权），黄华木也。从木，雚声"。"权"的本意，原本是指秤砣一类的衡器，"黄花木，因其坚硬、难以变形，被用于秤之杆、锤之柄、挂之杖"。所以《孟子·梁惠王上》中说："权，然后知轻重；度，然后知长短。"

前面已经论述过，虽然对权力的来源有各种不同的认识，总体而言，权力来源于人民。在此基础上，我们应该更进一步探讨的是，权力是否有边界？如果有，其边界在什么地方？

在中国传统文化中，就有对权力的使用加以防范的论述。如《道德经》中提出，"慎终如始，则无败事"，就是表达一种要严以用权的思想。

官员的权力，实际是一种公权力，它是基于社会公众的意志而由国家机关具有和行使的强制力量，其本质是处于社会统治地位的公共意志的制度化和法律化。和公权力相对应的是私权利，就是公民所具有个人权利，主要是个人的生命权、自由权和财产权，并由此自然延伸，这些权利也是人类得以生存和发展的必要条件。在这里，需要注意"权力"和"权利"之间的区别。在英语中，两者分别对应的单词是 power 和 right，是有很明显的不同的。公权力与私权利是相对应的。而在现实生活中，公权力与私权利的界限，经常会被模糊混淆。

一个突出的特点是，在社会现实中，公权力具有天然的自我扩张性，会不断地扩大自己的权力边界。正如法国启蒙思想家孟德斯鸠所说："一切有权力的人都容易滥用权力，这是一条千古不变的经验。"长期以来，由于受各种封建思想的贻害，以及权力观念认识的模糊，许多官员还存在或由于法治理念的缺失，或由于对公权力与私权利的界限的认识的误区，会跨越公权力的边界。

需要明确的是，对于公权力而言，法无授权不得为；对于私权利而言，法无禁止皆权利；公权力不得越界，私权利不得滥用。也就是说，干部手中的权力，不是无限的，而是有着明确的边界，这个边界，来自于法律制度的授权和规定。干部行使权力的空间必须有边界。只有厘清公权力行使的边界，并杜绝肆意扩大公权力的施行领域，才能避免公权力肆意扩大化。

习近平在 2013 年 4 月明确提出，要"让人民监督权力，让权力在阳光下运行，把权力关进制度的笼子里"。可谓是切中权力使用之时弊。

2. 权力在社会运行中的作用

干部所行使的权力，是公共权力，是国家公权力机关及其责任人在职务上的权利。其目的是维护公共利益，维护公共秩序。

一方面，干部代表公众行使公共权力，是为了维护社会公共利益，也就是社会成员绝大部分人的利益。比如医疗卫生、公共设施、公共安全等领域，就必须依靠公权力的顺畅行使才可以做好。所以，从整个社会大系统的运行来说，权力，官员所行使的公共权力，是整个社会健康运行、平稳发展的保障。如果公权力使用不当，小则会侵犯公民的私权利，中则会出现不同权力部门之间的矛盾冲突，大则会导致整个社会的混乱以及一个政权的倾覆。

另一方面，行使好公权力，也是对公民个人私权利的保护。私权利虽然是公权力的源泉与基础，但是，私权利离开了公权力的强制力之保障也难以实现。英国启蒙思想家洛克曾说："人类为了弥补自然状态的缺陷，捍卫自身的自然权利，于是签订契约自愿放弃自己的部分权力，交给人们一致同意的某个人或某些人，从而出现国家。这就是立法和行政权力的原始权利和这两者产生的原因。"

只有社会处于正常与稳定时期，一切社会关系正常运转，也就是干部的公权力运行正常、不越界，私权利的享有和行使也才会是最充分的。

干部在行使权力的过程中，一定要注意背后的动机，这是让权力得以健康运行的隐性影响因素。有些干部，行使权力的动机表面上是职责所系，其实可能更复杂，期望在行使权力的过程中获得更多的附加值。所以，正本清源，要使权力在社会系统的运行中发挥其正常的功能，就要先清纯用权的动机。

二、用权与接受监督

中国古人有云："欲知平直，则必准绳；欲知方圆，则必规矩。"权力要用好，必须要有相应的规矩。老百姓说"权力任性，小鬼难缠，办事太难"，其所反映的，不是权力本身的问题，它背后的问题在于：一是掌权用权的人，太过任性，没有规矩；二是制度设计，没有很好地消除掉与权力相伴随的种种任性，权力没有得到有效的限制与监督。

1. 制度化的权力

权力是一种能力，主要是一种外在的影响力和支配力；制度是一种准则，一种规程，表现为内在的指导性和制约性。没有规矩，无所顾忌地滥用权力，是与法律制度的价值和目的背道而驰的，是对国家公权力边界的肆意跨越。所以，要使权力更好地运行，首先得要让权力具有科学的约束机制。这种机制，就是建立相应的制度。

早在 20 世纪 80 年代，针对当时政治生活中的种种弊端，邓小平就说过这样一段话：我们的"总病根"就是"权力过分集中"，解决这个"总病根"，在我国现阶段最有效的办法，就是在正确理顺党政关系的前提下，以权力控制权力，以权利控制权力，以民主监督权力，以法律规制权力。当时的主要矛盾，是党政关系不顺畅。今天，权力运行中的主要矛盾已经发生了变化，但解决问题的思路和办法是一致的，那就是以各种法律制度控制约束权力，以各种民主途径来监督权力。

通过科学的制度设计，可以将行政权力给予细致明确的规定，将所有的权力行使都纳入法治的轨道。理想的状态是所有的权力岗位所对应的权力都明明白白、清清楚楚，实现"法无授权不可为，法定职责必须为"。这样，使得权力的运行有坚实的制度依托，"任性"的权力，以及权力的任性者，就会被套上制度的"辔头"。

在实际工作中，因为制度不完善，许多干部手中的权力模模糊糊，出现很多灰色空间，一些干部手中自由裁量权过大，问责机制也不健全。最终导致一些干部随意而为，想怎么办就怎么办。也就导致群众办事难，官员易腐化。江西省原副省长胡长清因贪污受贿被严惩，死前曾说过一句话："组织的管理和监督对我而言，如同牛栏关猫，进出自由。"

当然，权力的制度化，必然会涉及制度优化的问题。制度的好与坏，所产生的影响作用更大。把权力关进"制度笼子"里的关键是"笼子的质地"，要把关猫的牛栏变为制度的铁笼。邓小平曾经说，"制度问题更带有根本性、全局性、稳定性和长期性"，"制度好可以使坏人无法横行，制度不好可以使好人无法充分做好事，甚至会走向反面……"

有学者就提出，当前，最危险的腐败，还不仅仅是金钱的腐败，更让人担心的腐败是官员的特权。因为一旦承认特权，就意味着它是合法的，由特权导致的腐败将是不被追究责任的，特权是一种制度性的腐败。

2015年3月，中共中央办公厅、国务院办公厅印发了《关于推行地方各级政府工作部门权力清单制度的指导意见》。意见要求，哪些权力是要保留的，各项行政职权的行使主体是谁，都有哪些运行流程，权力清单都要作具体而细微的规定，并向老百姓公布。这正是使权力制度化的一种有力措施，对于干部清清楚楚用权，老百姓明明白白办事，都将起到直接的促进作用。

2.权力与监督相生相随

任何不受限制的权力必然有其滥用的可能，减少和消除这种可能的最有效的办法，就是监督。

监督，就是借助外在的力量，对监督对象的特定行为和过程予以了解，进行监视、督促和管理，以促其达到预定的目标。目前，在我们国家，常见的监督方式有党内监督、人大监督、民主监督、行政监督、司法监督、审计监督、社会监督、舆论监督等多种方式。

权力的运行过程是社会价值和社会资源的重新分配的过程，在这个过程中，一些掌权者可能利用手中的权力牟取私利。在普通人眼里，掌权者就是权力的化身，而每一个掌权者又是社会中的一员，与其他普通人一样。为此，对权力的监督和制约实际上是对掌权者的监督和制约。

监督的过程，往往意味着公开，让权力公开运行，让权力和掌权者都处在阳光之下。阳光是最好的防腐剂，这样的监督可以让违规行为"无处藏身"。

1945年7月，黄炎培到延安考察，谈到"其兴也勃焉，其亡也忽焉"，称历朝历代都没有能跳出兴亡周期律。毛泽东表示："我们已经找到新路，我们能跳出这周期律。这条新路，就是民主。只有让人民来监督政府，政府才不敢松懈。只有人人起来负责，才不会人亡政息。"黄炎培事后写下了自己对毛泽东答话的感想："我想这话是对的。只有大政方针决之于公众，个人功业欲才不会发生。只有把每一地方的事，公之于每一地方的人，才能使地地得人，人人得事，用民主来打破这个周期律，怕是有效的。"几千年难以解决的问题，毛泽东找到的解决办法，核心就是民主、监督。由此可见监督的重要性，可见监督的巨大功用。

"文革"之后，面对满目疮痍和惨痛的教训，邓小平同志总结经验，专门把人民监督作为一项制度提了出来，强调"要有群众监督制度，让群众和党员监督干部，特别是领导干部"。

当前，社会环境较为复杂，对广大干部而言，可能会有各种各样的诱惑。只有自觉接受各种监督，时刻有一种如临深渊、如履薄冰的危机感。常修为政之德、常怀律己之心、常除非分之念，做到不该用的权不用、不该拿的钱不拿、不该提拔的人不提拔、不该吃的饭坚决不去吃，才能挡得住各种诱惑，经得住各种考验和监督。

也应该看到，在现实中，监督的实施也不是能轻易做好的。对"一把手"监督的困难，就直接造成了严重的后果。全国政协原副主席苏荣，就是一个典型的案例。案发后，许多江西干部表示，"一把手"太重要了，大权独揽却又缺乏监督。苏荣的问题社会上早有反映，但上级发现不了、同级不敢监督、下级不敢抵制，群众不敢言、不敢怒。2009年，某集团董事局主席方某为参与南昌某钢铁公司改制，通过苏荣的妻子于丽芳等人请苏荣给予帮助。苏荣违反决策程序和议事规则，直接决定本应由省政府或省国有企业改革领导小组决定的事项，致使南昌某钢铁公司57.97%的国有股权被该集团低价收购，造成巨额国有资产损失。由于不受监督，苏家四处插手土地出让、工程建设、招投标等事项，严重影响了当地的官场生态、市场经济秩序和发展环境。为官一任，自当造福一方。而苏荣却是利令智昏、巧取豪夺、无法无天，充分暴露了其不受监督造成的严重后果。

三、权不逾矩的关键是强化约束

制度建设和各种监督，都是从组织角度而言的。对于各位领导干部自己来说，在日常工作中，要做好严以用权不逾矩，最关键的问题是强化约束。这种约束，包括外在的法律法规的他律，也包括内在的思想观念的自律。

1. 用权中的自律与他律

总体而言，对权力运行加以约束的最好效果，是自律和他律相结合相统一。但自律是一种软力量，主要靠干部自身的思想意志和自控能力。他律具有强制性，是一种刚性的力量。一般而言，他律是自律的前提和条件，自律在他律的影响下发挥作用，两者之间具有明显的互动效应。历史经验表明，对权力的约束，首先要靠刚性的他律，这是第一位的。但领导干部自身修养的提高，则可以收到很好的自律效果，两者相互保障，相互促进。

众所周知，新加坡是一个处罚很重的国家，以至于有人讲新加坡的社会文明是"罚出来"的，这实际是一种他律的效果。那么，是不是严苛的他律会带来众多的被处罚者呢？现实的情况是，恰恰相反，被罚者很少。因为这种高强度他律的结果，使人人心中有一根弦：不遵章守纪就要付出代价。他律逐步转化成了自律。这是自律和他律互相促进的一个很好的表现。

他律是执行包括法律法规制度、道德标准、社会风俗等方面的社会规范，是来自外界的约束和异己的强制。通俗地说，就是接受外在的约束，接受他人的监督，强调的是法律、法规、制度的作用，本质上属于法制范畴。如同前面所述，当通过制度的建设把关猫的牛栏变为制度的铁笼，当建立起了司法行政等监督机制之后，就具备了建立刚性的他律基础。但也仅仅是基础，应该看到，他律体系效用的实现，是一个系统工程和相对较长的过程。

当然，制度的刚性他律不否定也不排斥领导干部自身的自律。自律是一种建立在自觉基础上的自我约束行为，就是法由己出，自我控制。通俗地说就是自己对自己定规矩，自己管住自己。自律是一种道德规范过程，需要依靠个人修养、道德、情操的作用，本质上属于人治的范畴。依靠自律不能从根本上杜绝权力的滥用与腐败，但自律对于防止与消除权力异化变质起着不容忽视的重要作用。

更进一步，当大多数领导干部个人的自觉到达一定程度之后，还会产生一种行政机构的整体自觉。这种整体性的自觉是以一定的行政文化为基础的。而在行政文化中，很重要的一个方面就是行政伦理。因此要想使一个行政机构进行自律，首先要进行行政文化的建设，尤其是要进行行政伦理的建设。

2. 自我约束在于时时处处

清雍正年间有名的清官叶存仁为官30多年，两袖清风，从未收取过任何礼品。有一次，他离任升迁时，僚属们派船送行，但船只却迟迟不启程。直到夜半时，才见一叶小舟划来。原来，僚属们为他带来了馈赠礼品，为避人耳目，特意在深夜送来。他们想，叶存仁向来严于律己，从不收礼，但在夜深人静的离别之时送礼，神不知鬼不觉，必定能收下。叶存仁见此情景，挥笔题写下一首拒礼诗：

> 月白清风夜半时，扁舟相送故迟迟。
> 感君相送还君赠，不畏人知畏己知。

这种"畏己知"，大概是一种超越了我们平常所见的自律能力的相当高的境界。领导干部的自我约束，就是要做到时时注意，处处存心。许多党员干部堕落为腐败分子，都是从小事开始的，一不小心，思想松懈，一旦湿鞋，则难以收手。从收受小"红包"、小"礼品"到大肆索贿受贿，可以说，都是从平时的不严不实开始的。

需要注意的是，从历史传统看，中国是一个"官本位"和"人治"色彩非常浓厚的国家。一种根深蒂固的习惯是喜欢讲情面、拉关系，更多的人喜欢按潜规则办事，权大于法、认官不认法的思想根深蒂固。这就更需要领导干部们时时处处强化自我约束的能力，防止被人钻了空子。

中国人民公安大学一位犯罪心理学专家曾说，现在一些腐败分子试图通过自以为"巧妙"的手段，钻法律法规的空子，以逃避惩罚。实际上，这个空子不能钻，即使你侥幸钻过去了，也会留下痕迹。神不知鬼不觉、了无痕迹的事情，只可能出现在神话里。这也对领导干部们时时处处强化自我约束提了个醒。

《论语·为政》中说："吾十有五而志于学，三十而立，四十而不惑，五十而知天命，六十而耳顺，七十而从心所欲，不逾矩。"这是孔子对人生阶段的总结。这一过程，是一个随着年龄的增长，思想境界逐步提高，自觉性不断增强的过程。整个过程分为三个阶段：十五岁到四十岁是学习领会的阶段；五十、六十岁是安心立命的阶段，也就是不受环境左右的阶段；七十岁是主观意识和做人的规则融合为一的阶段，也就是"不逾矩"。

也就是说，领导干部通过不断的学习，提高自身修养，是可以达到严以用权不逾矩。最后成为一种习惯，内化到骨子里。从具体方式来讲，领导干部提高自身修养，要从以下四个方面入手：一是要加强学习，提高道德修养。二是要敬畏法律，严格执行法律法规制度。三是要自我约束，管控欲望。四是要淡泊名利，培养兴趣爱好。

在时时处处严格约束方面，周恩来为中国共产党人树立起了一个表率。据曾任全国政协副秘书长、周恩来邓颖超秘书的赵炜回忆：我是1955年到周总理身边工作的，1965年起担任邓颖超大姐的秘书，在他们身边一共工作了37年。这37年间，我和他们朝夕相处，亲眼见证、亲身感受到周总理和邓大姐在守纪律、讲规矩方面的表率作用。

周总理平时和邓大姐聊天范围很广，从一般老百姓关心的国家大事、书画戏剧到熟人朋友，家常话题无不涉及。但却从不会谈到一些没公开的机密事件，尤其是那些周总理认为邓大姐不该知道的事情。很多重要的事情，周总理可以和有关秘书谈，但是绝不会对邓大姐说。1964年中国第一颗原子弹爆炸时，周总理交代主管项目的负责同志说：这次试验，参加的全体技术工程人员要注意绝对保守国家机密，试验的种种情况不能告诉其他任何人，包括自己的亲属和亲友，这是纪律。周总理还当即表态说："邓颖超同志是我的爱人，中央委员，但这件事同她的工作没关系，我也没有必要对她说。"后来，赵炜有一次和邓大姐又聊起这件事，说周总理的纪律观念真强，并且总是能够带头遵守纪律。邓大姐说："嗨，那算什么，当年南昌起义时生离死别，他走前都没跟我露一个字。"后来邓大姐看了国民党的报纸，才知道发生了南昌起义。邓大姐说："恩来同志当然知道这次行动的性质，在那样的白色恐怖岁月里，每次生离都意味着可能就是死别呀。但是党的纪律不允许他透露一点信息，他就严格按照党的纪律的要求，一个字都不透露。"

3. 滥用权力遗祸无穷

严以用权不逾矩的对立面，是滥用权力。其结果，往往是害了自己、害了事业。滥用权力会造成种种危害。当前，滥用权力的表现形式有很多，而且花样还在不断翻新，尤其需要重视以下三个方面的问题——追求特权、以权谋私和霸道专权。

共产党人追求的是全心全意为人民服务，特权与我们共产党人的思想观念是格格不入的。每一个领导者都应该与形形色色的特权思想和特权现象作坚决斗争，自觉抵制和反对特权。现实当中，官员追求特权思想表现在诸多方面，如职务消费名目繁多，通讯费、差旅费、公车及车辆修理费、招待费、参观考察费等等。据《人民日报》曾经报道的情况，部分领导干部职务消费呈现出铺张浪费、挥金如土的恶性态势，一个地市级副职每年职务消费达到40万元以上，尤其是个别单位领导干部存在公私不分、集体性职务消费等腐败行为，造成公共财政奢侈浪费惊人。有的领导干部住酒店要五星级，坐飞机要头等舱，私客公请、喝高档酒、抽高档烟、进娱乐场所等高消费现象时有发生。根子上，都是官员特权思想在作祟。

习近平总书记在十二届全国人大一次会议上曾谆谆告诫领导干部，"官""商"交往要有道，相敬如宾，而不要勾肩搭背、不分彼此，要划出公私分明的界限。云南省委原书记白恩培，正是这方面的反面典型。实际上，背后还是以权谋私的问题。

白恩培后来在"忏悔录"中写道："从支持民企老板在云南发展开始，就产生了从他们身上捞取好处的想法，也确实从他们手中拿到了巨大回报。"据查，白恩培收受的贿赂，大部分来自于这些商人老板。为此，他明目张胆地出卖公共权力，甘当老板的"办事员""马前卒"。为了给商人老板们提供帮助，白恩培不惜赤膊上阵，亲自打招呼，指示某领导干部为老板办理矿产开采手续，要求某领导干部为老板争取项目，默认其妻请托某领导干部帮助老板搞房地产。他更不惜主动出手搭桥牵线，主动推荐外地某老板到云南某地投资，要求当地主要领导关照该老板的投资项目。最终，落得身败名裂，终身监禁。

霸道专权方面的一个典型案例，是辽宁省广播电视台原台长史联文。"人生成功是正道，就怕晚年失航灯；辉煌已成昨日事，牢中悔悟有何用？"这是史联文接受组织审查时写下的悔悟。史联文先后获得长江韬奋奖、中国新闻奖一等奖、全国"五一"劳动奖章等奖项，享受国务院特殊津贴。他从记者干起，最后升任辽宁省广播电视台台长。史联文的事业是成功的，仕途是成功的，人生也辉煌过。然而，他却"晚年失航灯"，走了旁门左道、歪门邪道、违纪违法之道，受贿人民币1140余万元、港币20万元、美元5000元；挪用公款550万元。2014年7月21日，辽宁省抚顺市中级人民法院以受贿罪、挪用公款罪判处史联文无期徒刑，剥夺政治权利终身，并处没收个人全部财产。而这一切的重要根源，就在于史联文长期以来作风霸道，一手遮天，滥用权力。

1978 年，26 岁的工农兵学员史联文从华东化工学院毕业，进入辽宁电视台，从记者干起，2007 年 9 月，55 岁的史联文在历经近 30 年的奋斗之后终于坐上了台长之位。作为辽宁广播电视台一把手，史联文手中掌管着 3000 余人的员工队伍和几十亿的流动资金。面对如此重权，史联文本该小心谨慎、认真把握，而他却大事小情"一把抓"、决策拍板"一言堂"、财政花钱"一支笔"、选人用人"一句话"。如果有人对史联文的意见稍有怠慢没有执行好，就会招来他的批评甚至谩骂。有一次领导班子开会，有位成员迟到了几分钟，史联文直接说："滚出去。"史联文把辽宁广播电视台当成了自己的专属领地，以霸道强势进行权力"垄断"。坊间戏言，史联文是辽宁广播电视台的"一霸手"。也有人说，史联文在台里可谓是熊瞎子打立正——一手遮天。

应该说，辽宁广播电视台的各项规章制度还是比较健全的，无论是宣传管理、技术管理、行政管理、经营管理，乃至于党务工作，都有详尽的规章制度。这些制度有的还是史联文亲自组织制定或修订的。但对于史联文来说，这些制度是管别人的。在他看来，他的想法就是制度、就是决策，台内不同层级领导分管的事务必须按照他的意思办。关于电视剧的采购和广告经营，辽宁广播电视台有《电视剧采购制度》等制度规范，但事实上，往往是史联文授意，下边就必须得执行，根本不按制度执行。调查发现，当时的辽宁广播电视广告有限公司根本没有合同登记台账，也没有对合同统一编号，更没有统一的合同范本，随意性非常大。合同漏洞百出，有的没有签订日期，有的大小写金额不一致。个别广告合同约定金额与实际缴纳给辽宁广播电视台的金额一年竟相差千万元以上。仅 2011 年，辽宁广播电视台就少收广告费 1.2 亿元，造成国有资产严重流失。

经典
阅读

权力论（节选）

◎［英国］罗　素

　　人与其他动物之间存在着许多区别，有些是智力上的，有些是情感上的。情感上的主要区别之一，在于人类的某些欲望与动物的不同，是漫无边际的，而且不能获得完全的满足。蟒蛇吃饱了就去睡觉，一直睡到食欲恢复的时候；如果说别的动物不是这样，那是因为它们的食物不够或是因为它们害怕敌人。除了个别的例外，动物的活动是受生存和繁殖的基本需要的驱使，一般不会超出这些需要所必需的范围。

　　人却不然。的确，大多数人为了获得生活必需品不得不辛勤劳动，以致剩不下多少精力去用于其他目的，但是那些生活无忧无虑的人也并不因此而停止活动。赫西斯出征雅典时，他并不缺少衣食和妻妾。牛顿成为三一院士之后，物质上的舒适得到保证，但他正是在此之后才写出《自然哲学的数学原理》一书。圣弗朗西斯和伊格内修斯·洛伊拉并不需要创立教派来摆脱贫困。

　　动物满足于生存和繁殖，人类则还要扩张，他们在这方面的欲望仅为想象暗示的可能性所制约。假如有可能，每个人都愿意成为上帝；少数人则感到难以承认这种不可能性。

　　在人类无限的欲望中，居首位的是权力欲和荣誉欲。这两种欲望并不是一回事，虽然它们之间有着密切的联系：英国首相的权力多于荣誉，而英国国王的荣誉却多于权力。然而，一般说来，获得荣誉最简便的方法是获得权力，这尤其适用于那些从事公共事业的人。因此，总的说来，荣誉欲所引起的行为与权力欲所引起的行为完全相同，实际上，这两种动机可以视为同一的东西。

权力具有不断扩张的特性，要节制个人、组织和政府对权力的追求。权力规制需要具备四个方面的条件，即政治条件、经济条件、宣传条件、心理与教育条件。

律己篇

　　周恩来曾提出，领导干部必须过好思想、政治、社会、亲属、生活这"五关"。其中，对于生活，他说："生活关分两种：物质生活和精神生活。物质生活方面，我们领导干部应该知足常乐，要觉得自己的物质待遇够了，甚至于过了，觉得少一点好，人家分给我们的多了就应该居之不安。精神生活方面，我们应该把整个身心放在共产主义事业上，以人民的疾苦为忧，以世界的前途为念。这样，我们的政治责任感就会增强，精神境界就会高尚……"

第九讲

坚持真理

曹禺先生说："一时强弱在于力，千秋胜负在于理。"陀思妥耶夫斯基说："一切都会过去的，唯有真理长存。"历史学家克罗齐说："真理的发现，会引起我们的欢欣，使我们整个生命震颤……"列宁说："真理很灵活，所以不会僵化；又很确定，所以人们才能为之奋斗。"对官员而言，要有信仰、有主义，才能做到有坚持、有操守、有追求，才能自觉地服从于真理、坚持真理。

马克思除了真理以外，从不崇拜任何东西，除了向真理低头，从不向任何事物低头，从没有像尊敬真理那样尊敬过任何东西。

——[德国] 威廉·李卜克内西

人生最高之理想，在求达于真理。

——李大钊

　　在日常生活中，"真理"一词被人们普遍地使用。然而，多数人并不了解"真理"的确切含义，除了很难说出真理到底是什么，也未必意识到真理在现实生活中的意义，未必意识到坚持真理在生活工作中的重要性。恰如海德格尔所说："我们关于真理本质的认识如何贫乏和迟钝，已由我们允许自己轻率地使用这个词而可见。"

　　真理一词，在中国典籍中出现较晚，且大多与佛教有关。如唐人诗句中，有"闻僧说真理，烦恼自然轻"。其"真理"的意思与我们今天的理解有很大的差别。

　　将真理拆开来看，"真"是区别于"假"的，"理"是区别于"事"的。"真"本是从"贞"变形而得的，而"贞"是"卜"和"贝"，卜贝是古代占卜的一种，是一种最简单的求"真"方式。对"理"来说，更进一步解释，就是"事物的规律，是非得失的标准"。已经超出就事论事，而进入规律、理论的层面。自古以来，"理"一直是人们思考的一个重要命题。《吕氏春秋·慎行论》中说"验之以理"。《庄子·秋水》中有"是未明天地之理，万物之情者也"。宋明理学崇尚理性，以求"理"为重要的思考内容和行事准则。

　　在现代汉语中，"真理"是一个重要的哲学命题，涉及对客观世界的认识和反映，各种各样不同的哲学流派和理解方式，为"真理"赋予了丰富的含义。马克思主义认为："真理就是对客观事物及其规律的正确反映。"

　　真理问题与人们对事物的认识密切相关，指导着人们的行动，是一个根本性的问题。一方面，从古至今，人们对真理的追求从来就没有停止，另一方面，对真理的正确接受和贯彻又在不断影响和决定着人们的日常行为。所以，坚持真理，是一个非常重要的，按照事物客观规律做事的问题，它经常体现为一种观念、主义、思想，或进一步变为一种理念、理想、战略。总之，不是头痛医头，就事论事；更不是察言观色随风倒。对于在社会生活中居于管理的位置，又每每在重大事件中起决定作用的官员来说，坚持真理就是其必须具备的一种基本素养，是官员道德的一个重要方面。

1945 年，中国共产党第七次全国代表大会在延安举行时，会场两侧有六处标语，每一处都写着"坚持真理，修正错误"，七大的政治报告中说：共产党人必须随时准备坚持真理，因为任何真理都是符合于人民利益的，共产党人必须随时准备修正错误，因为任何错误都是不符合人民利益的。"坚持真理、修正错误"是党的事业从胜利走向胜利的根本保证。对于中国共产党的干部官员而言，必须要充分认识坚持真理的意义，并努力做到在任何情况下都能坚持真理。

一、认识真理

亚里士多德是古希腊大学者柏拉图的学生，担任过亚历山大皇帝的老师，马克思曾称赞他是古希腊哲学家中"最博学的人物"。他说过一句名言："吾爱吾师，吾更爱真理。"老师是他爱戴与尊敬的人，但如果老师与真理发生矛盾，他就只能站在真理的一边。可见，真理在他心目中具有怎样神圣崇高的位置。

德国工人运动的领袖威廉·李卜克内西在他的回忆录中曾说：马克思除了真理以外，从不崇拜任何东西，除了向真理低头，从不向任何事务低头，从没有像尊敬真理那样尊敬过任何东西。

为什么真理会赢得这样的尊重呢？真理不是停留在口号中的东西，不是遥远的不可触及的东西，深入去了解它，就会明白它所具有的内涵和强大力量，就会自然地去接受和认同真理。

1. 真理的特征

古今中外，许许多多的人都在追求真理、寻找真理，而且谁都愿意把自己的认识、观点、学说等等说成是真理，但究竟什么是真理呢？

历史上，针对这一问题曾经产生过很多答案。有人认为，圣人的话就是真理；有人说，不管是什么人说的，只有多数人同意，"大家公认"的才是真理；也有人主张，一种认识是不是真理，要看它有没有用，有用的就是真理，没用的就不是真理；还有观点认为，要看该认识符合不符合客观实际及其规律，符合客观实际及其规律的就是真理，不符合的就不是真理。毛泽东在《增强党的团结 继承党的传统》中说："按照辩证唯物论，思想必须反映客观实际，并且在客观实践中得到检验，证明是真理，这才算是真理，不然就不算。"艾思奇在《辩证唯物主义历史唯物主义》中说："人们的认识，符合于客观规律的就是真理。"直到今天，虽然历史唯物主义的观点"真理就是对客观事物及其规律的正确反映"，已为人们所普遍接受，但关于什么是真理的探索仍然未曾停止。

在实践中，对真理的认识需要注意如下几个问题：

首先，真理是客观的、一元的。

真理在内容上是客观的，客观性是其根本属性。这是因为：真理来自于客观的物质世界，而不依赖于人的主观意志。同时，检验真理的标准也是客观的社会实践。

正因为真理是不依赖于人的意识的客观内容，所以真理必然是一元的。不论人们在认识事物的时候可能得出多少种结论，只有符合客观实际的才是真理。

前面所说的"有用的就是真理"的观点，就抹煞了真理的客观性。按照这种观点，谎言也可以成为真理，因为它对骗子是有用的；按照这种观点，公说公有理，婆说婆有理，不同的理论对于不同的人来说都是有用的，真理成了多元的，没有一个客观的统一的标准；按照这种观点，某一理论今天对我们有用，今天它是真理，明天对我们无用或者有害，明天它就是谬误。真理的确是有用的，它能够满足人的需求，但有用的并不一定是真理。

其次，真理前进一步就是谬误。

列宁说，即便是那些无可争辩的真理，"只要再多走一小步"，而且是"向同一方向迈一小步，真理便会变成谬误"。

真理和谬误可以说是一对永远相伴的孪生兄弟，真理产生有多早，谬误同样有多早。真理存在多久远，谬误同样有多久远。因为它们本来就是同"根"而生的，共同产生于人的认识。人对客观事物及其规律认识正确了，就是真理；认识错误了，就是谬误。昨天认识对了，昨天得到的就是真理，今天认识错了，今天得到的就是谬误。

这是因为，任何真理都是具体的，都有自己适用的条件和范围，如果超出了这个条件和范围，真理就会变成谬误。正如恩格斯在评论加·杰维尔的《卡尔·马克思的〈资本论〉》一书时说："杰维尔在许多地方把马克思的个别论点绝对化了，而马克思提出这些论点时，只是把它们看作相对的，只是在一定的条件下和一定的范围内才是正确的。"

同时，真理必然要随着客观事物和社会实践的发展变化而发展变化。如果人们的认识不能及时地反映事物在发展变化过程中所出现的新问题、新情况，或者超越历史发展，就会造成主观和客观由相符变成不相符，从而使真理转化成谬误。

真理还是全面的，是一个完整的体系。如果把其中的某一部分孤立起来，把它加以绝对的夸大，真理也会变成谬误。

再次，真理面前人人平等。

"真理面前人人平等"是马克思主义的观点。早在 1842 年，马克思就说过："真理是普遍的，它不属于某一个人，而为大家所有。谁认识了客观事物及其规律，真理就属于谁，真理就为谁占有。"在真理面前，马克思和其他人一样，都是平等的。爱因斯坦也说过：在真理和认识方面，任何以权威者自居的人，必将在上帝的嬉笑中垮台！这是因为以下三方面的原因：

从真理的发现上讲，不管是什么人，谁的认识与客观事物及其规律相符合，谁就得到了真理，谁的认识不符合客观事物及其规律，谁就没有得到真理。因此，在是否得到了真理这一点上，任何人都是平等的。

从真理的内容上讲，其内容是客观的，是不以任何人的主观意志为转移的，真理不能因人而异。没有这样的真理存在：它对某些人来说是真理，而对另一些人就变成谬误了。

从真理的作用上来讲，不管是什么人，尊重客观规律，按真理办事，事情就办得好，相反，如果违背了客观规律，不按真理办事，同样会受惩罚。

2. 真理的力量与作用

真理是不依赖于人的意志和意识而客观存在的，并且会一直发挥着自己的作用。如同前面所说的："按真理办事，事情就办得好；不按真理办事，就会受惩罚。"真理的这种作用，并不是显现地存在着，而是隐藏在客观规律中；这种作用，不是一时的，而是长久的；这种作用，不是靠武力、权威就可以得到；这种作用，比其他任何一种力量都强大……

曹禺先生曾说："一时强弱在于力，千秋胜负在于理。"陀思妥耶夫斯基说："一切都会过去的，唯有真理长存。"著名历史学家克罗齐说："真理的发现，会引起我们的欢欣，使我们整个生命震颤……"都是对真理的这种力量的认同。

正是因为真理具有这样的力量，所以，掌握真理并使之正确地发挥作用，就成为人们不断追求真理、坚持真理的动力。

真理的这种作用，会自然地通过各种方式表现出来，也会通过某个人对它的掌握和坚持而表现出来。而一旦某个人掌握了真理，并自觉地将其内化为自己的行事原则，这个人就具有了超越一般的一种理性的力量。

1935 年 2 月，瞿秋白在福建长汀被俘，敌人在劝降无果的情况下，决定枪毙他。当年的 6 月 18 日，瞿秋白在福建长汀中山公园附近就义。一位临场记者曾这样报道了瞿秋白就义时的情景：

> 至中山公园，全园为之寂静，鸟雀停息呻吟。信步至亭前，已见小菜四碟，美酒一瓮。彼独坐其上，自斟自饮，谈笑自若，神色无异。酒半乃言曰：“人生有小休息，有大休息，今后我要大休息了。我们共产党人的哲学就是鞠躬尽瘁，死而后已。”瞿秋白说罢此话，坦然正其衣履，到公园凉亭前拍了遗照——他背着两手，昂首直立，恬淡闲静之中流露出一股庄严肃穆的气概。瞿秋白在刀兵环护下，慢步走向刑场。刑场在长汀西门外罗汉岭下蛇王宫养济院右侧的一片草坪，距中山公园二华里多。倘是怕死的人，不要说步行两华里，就是二十米也无法走，恐怕是要被人拖行的。瞿秋白手夹香烟，顾盼自如，缓缓而行。继而高唱国际歌，打破沉寂之空间。到了罗汉岭下，他自己找了块空地面北盘足坐下，回头看了看行刑者说：“此地甚好。”接着饮弹洒血，从容就义。

瞿秋白面对死亡，表现出的是一种理性的力量。他本是一位瘦弱的书生，不是张飞、李逵式的孔武有力之人，但却以柔弱之躯演出了一场泰山崩于前而不动的英雄戏，他的这种力量，震慑了现场的每一个人，并长久地留在了历史的记载之中。

“文革”后，全党对十年“文革”灾难性历史的反思，都归结到一个问题上：为什么会产生这样的结果？真理在哪里？并进而提出了真理的标准问题。此言一出，立刻静寂一片，瞬即又热烈讨论，群思群论，群情激昂，对这一问题的澄清也使全党再一次团结起来，在真理的指导下，重新焕发出巨大的创造性，面对困难，团结一致向前看。

二、心中有主义

那么，对每个人而言，如何将对真理的追求和坚持，同自己的人生紧密结合起来呢？列宁说过：真理很灵活，所以不会僵化；又很确定，所以人们才能为之奋斗。真理这种强大的力量，对于每个人而言，都是应该掌握而且可以掌握的。

1.接受真理，明确主义

真理的内容，涵盖社会生活的方方面面。人们对真理的认识，也是一个不断深入的过程。在实际中，每个人都会在长期的学习生活中，逐步接受认同一些基本的理念和思想准则，形成自己的世界观。在这些思想体系中，处于最核心、最顶端或者具有最根本性的影响作用的那些观点理念，会始终影响一个人行为做事的方式，这也就是一个人所坚持的主义或者信仰。

通常情况下，"主义"一词，一方面表示主导事物的意义，如资本主义是指资本主导社会经济和政治的意义。另一方面，主义的概念表示某种观点、理论和主张，多是指最高的理想和准则，某某主义即是以某某为最高理想和准则的思想体系。在这里，我们说，一个人心中的主义，就是他心中最高层面的观点和主张，是他所接受和认可的真理。

人的思想是一个非常奇妙和复杂的东西，需要人不断去充实、去武装，去给予信仰和某种理念的支撑。如邓小平曾说："我们干的是社会主义事业，最终目的是实现共产主义。""共产主义的理想是我们的精神支柱。"而具有思想信仰的人，就会受其支配，使自己的行为为自己的主义信仰而服务。

如果一个人不是去不断探索学习真理，去充实明确自己心中的主义，只是浑浑噩噩，停留在简单初级的物质生活、生生灭灭的层面上，那这个人的生活将注定是低级无趣、没有作为的。一个高尚的有作为的人，贵在有其高尚的主义信仰，并能不断为其主义而努力。

2. 为了主义不顾其身

司马迁曾在《史记·太史公自序》中说："敢犯颜色，以达主义，不顾其身。"就是说要通过最大的努力以达到自己的主张、理想。他自己坚持完成《史记》的过程，正是"不顾其身"的过程。

对官员而言，要有信仰、有主义，才能做到有坚持、有操守、有追求，才能自觉地服从于真理、坚持真理，这是一个官员要想获得事业发展的一个基本的内在要求。

抗战时期，全国各地的进步青年，即使千里徒步也要奔赴他们心中的革命圣地延安。新中国成立之后，留学海外的知识分子，冲破千难万阻也要回归祖国的怀抱。他们无不是为了主义而不顾其身的。

梁漱溟先生自称"是一个有思想，且又本着他的思想而行动的人"。所以，他才能处处表现出自己的独立性，时时坚持自己的主张。他才敢于和毛泽东激烈争吵，敢于在"两个凡是"的氛围下，直言"文革""搞糟了"。

关于主义，最有名的是夏明翰的诗句：

砍头不要紧，只要主义真。

杀了夏明翰，还有后来人。

这种不顾其身，已经是完全彻底的连生命也可以贡献的一种追求。王若飞也说过意思相同的话："我生为真理生，死为真理死，除了真理，没有我自己的东西。"

古往今来，为了主义而"不顾其身""舍生取义"者，又何止于万一。革命年代里，在茂密的丛林中，在昏暗的油灯下，无数胸怀信仰的人，面对旗帜，举着拳头，使自己获得巨大的精神力量，然后昂然投入残酷的斗争中，坦然面对流血与死亡。他们正是在物质生命的舍弃过程中，完成了一种转化和升华，实现了对精神理念的坚持。鲁迅说："一个人的生命是可宝贵的，但一代的真理更可宝贵，生命牺牲了而真理昭然于天下，这死是值得的。"

现在的很多干部，崇尚拜金主义、物质主义、享乐主义，见风使舵、随声附和，说假话、说空话，完全迷失了自己心中的根本追求，也就丝毫谈不上如何去追求实现自己的主义。

对于干部来说，各种制度、纪律都只是外部约束，丢掉了内在的理想信念，丢掉了应有的价值利益立场，即便再怎样监督也是扶不起来的。信仰纯洁，众邪不生，只有心中时刻有信仰、有主义，并始终坚持自己的信仰、主义，才会从最根本上引导自己的行为。

三、要坚持真理

纵览历史，从某种角度来说，人类社会的发展史，就是一部不断追求真理，不断与各种谬误作斗争的历史。

列宁曾经说："必须有勇气正视无情的真理。"毛泽东还曾说："不可以人废言，应以是否为真理而定。"陈云说："要讲真理，不要讲面子。"雨果也说："坚持真理的人是伟大的。"赫尔岑说："要坚持真理——不论在哪里也不要动摇。"但是，要做到坚持真理不是一件容易的事情。为了探求真理，一生孜孜者有之，为了宣传真理，奔走呼号者有之，更有如布鲁诺、伽利略等，为了坚持真理，不惜以身抗争，从个人生命的终结中获取真理的永恒。

黑格尔说："真理诚然是一个崇高的字眼，然而更是一桩崇高的业绩。如果人的心灵与情感依然健康，则其心潮必将为之激荡不已。"坚持真理，正是让心潮激荡，让浪花飞溅，让生命迸发出昂扬的朝气。

坚持真理，在一些环境下，可以比较容易地实现，而在大部分情况下，都很困难。特别是，当我们处于少数时、处于重压之下时、处于反面时，如何做到坚持真理，更是对一个人精神、智慧、人格等方面的全面考验。如果能将这三种情况处理好，那一个人就基本上经受住了坚持真理的考验。

1. 当我们处于少数时

在认识史上，新的观点、理论、创造发明，刚出现时，都往往是少数派，会受到来自四面八方的陈旧、错误观点的围攻。真理总是在经过一番艰难曲折的斗争之后，在实践面前，在现实面前，才使谬误屈服，才被人们所接受的。

在 17 世纪的欧洲，自然科学开始冲破封建神学的桎梏，逐步开始飞速发展。在这样的背景下，达尔文经过多年考察，写出了《物种起源》一书，提出"物竞天择，适者生存"是生物进化的基本规律。但是，在当时的人们看来，这简直就是天方夜谭，一派胡言。长期以来，人们一直相信这一切都是上帝创造的。

达尔文成了人们嘲笑的对象，他的观点遭到各种敌视。达尔文在剑桥大学的老师、地质学家塞茨威克写信给达尔文说："当我读着你的这本书时，感到痛苦多于快乐。书中有些部分使我觉得好笑，有些部分则使我忧愁。"他还挖苦达尔文的学说是企图"用一串气泡做成一条坚固的绳子"。一位美国地质学家则攻击达尔文的著作是"恶作剧"。英国国王宣称"自己是天使安琪尔的后代，只有达尔文才是猴子的后代"。甚至有人还为他作了一幅画，上身是达尔文，下身却是猴子，来讽刺达尔文。一批教会首领对达尔文的著作更是咬牙切齿，恨之入骨，企图组织反进化论者群起而攻之。他们甚至写匿名信威胁达尔文："你是英国最危险的人！""打倒达尔文！"不过，责难没有吓倒达尔文，他始终坚信自己的观点是对的。和他并肩作战的，还有后来被人们称为"达尔文的斗牛犬"的赫胥黎。1860 年 6 月 30 日，在牛津大学，双方还专门举行了一场精彩的辩论会。大主教和赫胥黎等人轮番登台，你来我往，唇枪舌剑。经过四个小时的论战，台下的听众用嘘声将反对派轰下台去，进化论大获全胜。此后，进化论在欧洲迅速传播，并改变了人类世界信仰的格局。达尔文对真理的坚持取得了最后的胜利。

有一句话说："真理往往掌握在少数人手里。"在很多情况下，坚持真理的人，都是处于少数地位的。这种众寡悬殊，给坚持真理带来了很大的阻力和困难。而处于少数地位的坚持真理者，就是要敢于同多数派进行斗争，唯其如此，才更显示出真理的力量和坚持真理的可贵。

1954 年，已经 72 岁高龄的马寅初作为浙江省的全国政协委员回家乡调查，在这个过程中，他敏锐地察觉到了中国的人口问题。后来，他多次在大会上作控制人口问题的发言。1957 年，他发表了震动全国的《新人口论》。但是，这一敏锐的发现和理智的观点，却在当时"反右"的政治背景下成为被攻击的靶子。面对接踵而至的批评，马寅初完全没有意想到，但他始终坚持自己的观点，相信真理一定会胜利。他对自己的理论有充分的把握，总是据理力争，严守自己的真理阵地。后来，各种批斗接连而至，且愈加凶猛，《光明日报》甚至开辟批判马寅初经济思想的专栏。

"谎言重复一千遍就成了真理。"那些反对控制人口的意见四处响起，而马寅初却孤独地被遗落在论坛的角落，可以想见，在这样的情形下，要依然坚持自己的观点是一件多么困难的事情。在这一过程中，他还是虚心接受一些合理的批评，但是遇上无理无据的胡说，就会不顾一切地予以驳斥。政治的压力，舆论的攻击，使他的内心异常矛盾和痛苦，但他最终还是认定了坚持真理的道路，顶着压力，继续下乡取证。

在《我的哲学思想和经济理论》中，马寅初曾写下了一段非常精彩的话，以表露他至死护卫真理的决心：

　　我虽年近八十，明知寡不敌众，自当单身匹马，出来应战，直至战死为止，绝不向专以力压服不以理说服的那种批判者们投降。

1982年，享年百岁的马寅初长辞人世，有人将上海市人口学会赠给他寿辰的祝词写成挽联，放在他的墓前：

马师在旧社会不畏强暴，敢怒敢言，
爱国一片赤子之心，深受同仁敬重；
先生为新中国严谨治学，实事求是，
坚持真理不屈不挠，堪为晚辈楷模。

在坚持真理方面，马寅初堪为楷模。而水利专家黄万里的经历，则是另一个让人动容的故事。

1957年6月，由周恩来总理主持，水利部召集70名学者和工程师在北京饭店开会，给前苏联专家所做的三门峡工程的方案提意见、谈看法。在当时盛传"圣人出，黄河清"的言论下，参加这次会议的所有专家学者中，除了一位名叫温善章的人提出改修低坝外，只有黄万里一人，从根本上全面否定了苏联专家的规划，其余的人皆异口同声，赞成三门峡大坝上马，认为三门峡大坝建成后，黄河就要清水长流了。结果，研讨会开了10天，黄万里参加了7天，也辩论了7天，到最后，会议成了对他的批判会。

黄万里是黄炎培先生的三公子，清华大学水利系教授，著名水利工程专家。在那次会议上，他的坚持以徒劳告终，他的意见终究没有被采纳。一年多后，1958年11月25日，三门峡工程开始截流。1960年6月开始拦洪，同年9月关闸蓄水拦沙。结果，就在当年，潼关以上渭河大淤，淹毁良田80多万亩。随着水位上涨，库区的农民一批批挥泪踏上离乡背井之路。黄万里所预见的一切几乎都开始成为现实，科学理性的力量开始显示出它的巨大威力。

黄万里说出了关于黄河及泥沙与三门峡大坝问题的科学的真话，并始终坚持自己的观点。可是，他的坚持却被当时的政治环境击败了。再后来，黄万里成了"反党反社会主义的右派分子"。"文革"中，他还被"特意关照"，贬到三门峡去扫厕所，以示惩罚。

对于干部而言，在实践中，要坚持真理还要处理好一个矛盾。很多情况下，真理往往掌握在少数人手里，但党的组织原则又是"少数服从多数"。所以，坚持真理和服从组织原则之间就有了矛盾。对此，应该有清晰的认识：在党内，少数人的意见被否决以后，必须执行多数人所通过的决定，即使真理是在包括自己在内的少数人手里，也必须这样做。否则，如果认为真理是在包括自己在内的少数人手里，就不服从多数人所通过的决定，在行动上各行其是，那么，党的组织就成了一盘散沙，就不可能有战斗力，各种事业就无法顺利进行。这里有一个问题，遵守党的组织原则会不会使真理无法得到坚持呢？党章同时还明确规定，少数人在必须执行多数人所通过的决定的前提下，可以保留自己的意见，可以向上级直到党中央反映自己的意见，这是每个共产党员的权利，也是正确的方式。

只要我们的意见是对的，我们掌握着真理，即使在一段时间内多数人不认识、不理解、不拥护，从长久来看，总是会被多数人所认识、理解和拥护的。

2. 当我们处于重压之下时

当我们处于重压之下时，还要坚持真理。比起身处少数，难度可能又增加了几分，更考验一个人的意志和信念。

在我国传统中，就有为尊者讳、为贤者讳、为亲者讳等等的习惯。就是说，要为尊贵的人、为圣贤、为亲属长者隐瞒掩藏或者避让他们的过失、错误、忌讳等等，认为这是对他们的尊敬。而在一个人坚持真理的过程中，他所承受的压力，有很大一部分就是来自于这些尊者、贤者、亲者，来自于和他们之间的冲突。是尊敬、顺从这些人，还是坚持真理、冲破这种压力？

1973 年 3 月，邓小平第二次复出，毛泽东给他安排了中央政治局委员、国务院副总理和中央军委委员的职务，他主持整顿、力促生产，很快就收到了很好的成效。这时，毛泽东希望他能够对"文化大革命"做出定论，承认"文革"的正确性。但是，邓小平以一句"我是桃花源中人"，将毛泽东顶了回去。他要坚持正确的意见，而不是服从于毛泽东的权威。结果，失望的毛泽东再一次将他打倒。

邓小平常讲，"要有一点精神"，要"敢字当头，横下一条心"，不怕被抓辫子，不怕犯错误。关于改革开放，他有个一以贯之的思想，就是不要怕冒风险，"如果前怕狼后怕虎，就走不了路"。他在日常工作中所形成的这种大无畏的精神，为其在各种环境下坚持真理提供了很大的帮助。在日常生活中，他喜欢在波涛翻滚的大海里游泳，感到那里"有股气势"，打桥牌喜欢与高手对阵，觉得"输了也有味道"，大概都与这样的精神有关。

魏徵是历史上有名的敢于直言进谏、敢于为坚持意见而触犯龙颜的人。他和唐太宗相处十七年，多次激烈争论，互不相让，但魏徵就是不屈从于唐太宗的权威，甚至屡次顶撞皇帝。魏徵去世后，唐太宗极为思念，感慨地说："夫以铜为镜，可以正衣冠；以史为镜，可以知兴替；以人为镜，可以明得失。朕常保此三镜，以防己过。今魏徵殂逝，遂亡一镜矣。"魏徵的敢于坚持真理，在开明的唐太宗那里，得到了多么高的评价啊！

《三字经》里有句话："赵中令，读鲁论，彼既仕，学且勤。"其中的赵中令，指的是宋朝开国初期的宰相赵普。赵普有一句传诸后人的话，他是以半部《论语》佐太祖定天下，以半部《论语》佐太宗致太平。有一次，他向宋太祖荐举一名官员，太祖不用。第二天他又去荐举那个人，太祖仍然不肯任用。第三天，赵普又上奏荐举，还是那个人，惹得宋太祖大发脾气，把他的奏章撕得粉碎。这时，赵普已经是顶着巨大的压力了，但他神色不变，跪在地上，把撕碎了的奏章一片一片地拾了起来。令人瞠目结舌的是，过了几天，他又拿着重新补缀好的奏章，再次去向宋太祖荐举那个人。这次，被荐举的那个人终于得到了任用。后来皇帝问他这件事，赵普说："这位青年，确实是个不可多得的人才。"

1958 年夏，在"大跃进"和人民公社化运动中，武汉大学的学生到基层进行社会调查时，发现了一个口号标语："人有多大胆，地有多高产。"时任武汉大学校长的李达得知后，认为这句话是不科学的。

当年 9 月，李达在武汉见到了前来视察的毛泽东。李达很敬重毛泽东，毛泽东对李达也很尊敬。李达比毛泽东大 6 岁，他感谢毛泽东在日常工作中和在思想理论上对他的支持。交谈中，李达说他在搞党史调查时看到一些口号，不符合唯物主义的观点。他举了一些例子，大意是"只有想不到的事，没有办不到的事"，认为这样的提法是不科学的，甚至是反科学的。

毛泽东说，此前，他在成都会议上讲过"头脑要热又要冷"的话，对于群众的革命热情一定要爱护、要保护；对于领导干部来讲，一定要"又热又冷"，"光热不冷"会出乱子。

李达不同意毛泽东的"冷热"观，而毛泽东也不愿意有人否定群众敢想、敢说、敢干的革命热情和积极性。他说："只有想不到的事，没有办不到的事。只是一句口号，这个口号同世间的一切事物一样，也有两重性。一重性是讲发挥人的主观能动性，这是有道理的；另一重性，如果说想到的事情就能做到，甚至马上就能做到，那就不科学了。"李达认为，这个口号在现阶段不能说两重性，说两重性，在现阶段等于肯定了这个口号。

毛泽东有些激动起来，反问李达："肯定怎么样？否定又怎么样？"

李达也开始激动了："肯定就是认为人的主观能动性是万能的、无限大！但是人的主观能动性的发挥离不开一定的条件，现在，人的胆子太大了，不是胆子太小，你不要火上加油，否则可能会是一场灾难！"

这时候，在座的王任重等人都示意李达不宜再讲，毛泽东说："你们让他讲，不划右派。"

李达一听，火气更大了："你不用拿大帽子吓唬我！你脑子发热，达到39度高烧，接下来就会发烧到40度、41度、42度……"

毛泽东气愤地说："你烧死我好了！"

李达激昂地说："不是我要烧你！这样下去，中国人民就会遭到大灾大难，你承认不承认？"

在座的人们都被李达的话吓坏了，而毛泽东却继续耐心地阐述自己的观点。他举了红军长征的例子，说明精神力量的作用；讲了红军就是依靠这种精神力量克服了按常理无法克服的重重困难，最终取得了胜利。还举了各种发明创造，就是因为有了"敢想"，想飞就终于发明了飞机，想日行千里就发明了汽车、火车，想漂洋过海就发明了轮船……

李达依然坚持自己的观点，说："一个人要拼命，以一当十，可总有个极限，终有寡不敌众的时候吧。一夫当关、万夫莫开也得有地理环境做条件，人的主观能动性不会是无限大的！"

争论中，毛泽东虽然激动，却控制住了情绪。停了一会儿，他放缓语气说："还是我在成都会议讲过的那句话，头脑要热又要冷。"

"现在是你头脑太热！"李达临离开时，又对毛泽东说了一句，"你应该冷静下来！"面对毛泽东这样的权威，李达为了坚持真理，真的是做到了寸步不让。

粟裕也曾三次上书，坚持正确意见，表现出一种难得的不怕权威，不怕重压，从实际出发，敢于坚持真理的精神。1947年底，党中央作出了打倒蒋介石、解放全中国的战略部署，并为此精心筹划。当时，中央军委决定，不要后方，实施战略跃进，在中原地区打中小规模战役，并电令时任华东野战军副司令员的粟裕率三个纵队于1948年夏季或秋季渡江南进。但是，粟裕经过深思熟虑后认为，集中兵力在中原黄淮地区打大歼灭战，更有利于迅速改变中原战局，进一步发展战略进攻。为此，他连续三次发电报陈述意见，并引起了中央军委的高度重视。1948年5月，毛泽东等中央领导人当面听取了粟裕的汇报，认为他的意见是正确的，随即采纳，并迅速调整了战略部署，这才有了"淮海战役"。

"文革"中，张志新因反对"文化大革命"、反对江青和中央文革小组，为刘少奇等人鸣不平而被捕，1969年8月，被定为"现行反革命"。此后，6年的牢狱生活，她一直遭受着精神和肉体上的双重迫害，但她始终不改其志，敢于斗争。审讯者要张志新写"认罪"材料，她用党章对照自己在"文化大革命"中的言行，有理有据地写下了上万言的《一个共产党员的宣言》。她就是这样在牢狱中、法庭上、刑场上，坚持真理，大义凛然。1975年4月3日张志新被判死刑，第二天即英勇就义。张志新因为说真话，坚持真理而死。1979年3月31日，辽宁省委召开大会为张志新平反昭雪，追认她为革命烈士。

司马光任知谏院时，曾写过一篇著名的《谏院题名记》，知谏院是谏院的领导人，专职监察和参议，上至皇帝、下至百官，皆可弹劾。汉代以前无谏官，梁武帝萧衍始置专职谏官，唐朝叫"补阙""拾遗"，但职权不大。宋朝开始，谏官作用空前加强，并规定：谏官上任后，三个月内无谏诤，便被视为不合格，解除职务。但是，另一方面，如果谏言不当，触怒权贵，又会遭到不测。所以，谏官承受的政治风险很大，是个很不好干的职位。正是针对这种情况，司马光在《谏院题名记》中写道：

　　夫以天下之政，四海之众，得失利病，萃于一官使言之，其为任亦重矣。居是官者，当志其大，舍其细，先其急，后其缓，专利国家而不为身谋。

3. 当我们处于被批判的位置时

比处于重压之下更进一步，是当我们已经走到事务的对立面。此时，我们的压力可能反而减轻了，但继续坚持的后果会更严重，坚持真理客观上所需要的条件更严苛了。

1959 年 7 月的庐山会议，明明知道毛泽东已经开始批判彭德怀，从"纠左"转向"批右"，右派思想已经成为靶子，处于反面。张闻天还是选择了坚持发言，陈述自己的观点，批评"大跃进"和"人民公社化"运动的"左"倾错误，深入分析产生错误的主观原因，探讨中国社会主义建设的根本指导思想。最终，他自己成了"彭张周黄"的第二号成员。

张闻天的这种坚持，简直就是在"自投罗网"，但其所表现出来的科学理性的精神和无私无畏的气概，又确实树起了一个榜样。总结古今历史，身处反面，却还能坚持真理，大概也非要有这样两种精神：一曰彻底的无畏，二曰高度的理性。而这种坚持的结果，又多是慷慨悲歌，舍身取义。为历史做出这种注解的，如谭嗣同的坐等捕者前来，如秋瑾的慷慨赴死。正是通过这样的决绝，信念和真理在这种矛盾对立的弱者一方，却才坚强地得以长存。

1988 年，胡耀邦曾痛心地说过一段话：回顾一生，有两件事是难以原谅自己的。一件是 1959 年庐山会议批判彭老总，我明知彭老总是对的，心里很矛盾，但因为相信中央，也举了手。第二件是 1968 年党的八届十二中全会，大多数中央委员都被打倒了，为了凑足到会人数，我被匆忙解放出来，出席会议，一看到说刘少奇同志是"内奸"的材料，根据我的政治经验，就知道是不可靠的，这时我已经并不认为上边说的一定正确了，而是抱着夫复何言和不得已的态度，勉强举了手。会议公报虽然说是"一致通过"，但是就有那么一个老大姐，敢于冒天下之大不韪，没有举手，这个人就是陈少敏同志。在表决前，她说自己心脏病又犯了，伏在桌上，拒绝举手，真是难能可贵。

陈少敏是 1927 年参加革命的老同志，毛泽东曾称赞她是"白区的红心女战士，无产阶级的贤妻良母"。在抗日战争和解放战争的沙场上，她又是一员杰出的女将，曾任中华全国总工会副主席、中国纺织工会第一任主席等职。陈少敏在华中时曾跟刘少奇共事，对刘少奇很了解，她不相信刘少奇会是叛徒。那次会议之后，康生曾找到陈少敏问："你为什么不举手？"陈少敏对当时身居高位的康生并不惧怕，回答说："这是我的权利。"声音虽然不高，却足以令人震撼。

梁漱溟先生被誉为是"一生都在坚持真理的人"。在1953年9月，梁漱溟在中央政府委员会扩大会议期间，当面与毛泽东就一些农民问题发生了争论。先是在9月11日，梁漱溟提出了自己的观点。后来，毛泽东和其他领导人批评了这一思想。及至9月18日，梁漱溟为了坚持自己的意见，甚至在会场上与毛泽东吵了起来。据《梁漱溟传》记载，当时的情境为：

> 梁漱溟刚说到这里，会场上就有人起哄，不让他往下讲。……这时，会场大哗。不少与会者被梁漱溟的这种无视伟大领袖的权威，公开与毛泽东你一句、我一句顶撞的行为激怒了。他们大声呼喊："不听梁漱溟的胡言乱语，民主权利不给反动分子，梁漱溟滚下台来！"……会场上再次大哗，不少人即席发言，斥责梁漱溟狂妄之极，反动成性，要他赶快滚下台来。……于是会场再一次大哗。人们一个接一个地站起来发言，对梁漱溟的态度表示愤怒！……会场又一次出现高潮，人们要梁漱溟马上滚下台来，而梁漱溟则站在台上纹丝不动，一副不屈不挠的样子。……就这样，梁漱溟在一片"滚下来"怒吼中被轰下了讲台。

在这样的场合下，能够"纹丝不动""不屈不挠"，实在不是仅靠勇气就能做到的。在"文革"中，梁漱溟先生反对以非历史的观点评价孔子，反对把批判孔子与批判林彪相并提，并为刘少奇、彭德怀辩护。当受到围攻时，他傲然宣称"三军可夺帅，匹夫不可夺志"，这是对其一生坚持真理的一个很好的注释。

大学者吴宓，在"文革"中，已经被完全打倒，整日被迫向"革命小将"们交代问题，只许老老实实做人，不许乱说乱动。但是，当他听到"批林批孔"，要打倒孔子时，却一改几年来的"规规矩矩"，顽强地表达并坚持自己的观点：孔子不能打倒。有人认为吴宓这是老学究的迂腐，实际上，这是因为他学贯中西，实在是对孔子的地位和作用有清楚的认识，才能够以自己的方式坚持"孔子不能被打倒"的，这是一种掌握真理然后产生的力量。

欧洲中世纪时，由于科学发现、发明与宗教神学的教义经常发生尖锐的冲突，宗教组织便利用手中掌握的神权和世俗权力，残酷压迫追求真理传播真理的人，直至用火烧死。据统计，被宗教裁判所判处火刑的反对宗教神学的"异教徒"，先后达七十多万人。著名的意大利科学家布鲁诺就因大力传播哥白尼的"日心说"，在公元 1600 年，被活活烧死在罗马城的鲜花广场，他临刑时大义凛然地宣布："高加索的冰川，也不能冷却我心头的火焰，像塞尔维特[1] 那样被烧死，我也决不反悔。"

虽然坚持真理可能要付出很大的代价，但是，只要相信真理在自己手中，就要坚持，只要坚持就会有期望的结果。历史一再证明，终有一天，真理会被众人认识和接受，而我们的价值就一定会显现，社会也会因我们的坚持而进步。

1　塞尔维特，西班牙生理学家，因发现人体血液小循环，于 1553 年被烧死于日内瓦。

经典
阅读

我的声明

◎马寅初

接受《光明日报》的挑战书

据去年 7 月 24 日和 11 月 29 日的《光明日报》估计，批判我的学术思想的人不下二百多人，而《光明日报》又要开辟一个战场，而且把这个战场由《光明日报》逐渐延伸至几家报纸和许多杂志，并说我的资产阶级学术思想的一些主要论点已经比较深入地为人们所认识，坚持学术批判必须深入进行。这个挑战是很合理的，我当敬谨拜受。我虽年近八十，明知寡不敌众，自当单身匹马，出来应战，直至战死为止，决不向专以力压服不以理说服的那种批判者们投降。不过我有一个要求。过去的批判文章都是"破"的性质，没有一篇"立"的性质；徒破而不立，不能成大事。如我国的革命，只破而不立，决不能有今天。你我都不欢迎那些如李达先生所说的"抠名词、抠概念、语义晦涩，内容空洞，带一些八股气"[1]的文章。更不欢迎如中共湖北省委第一书记王任重同志所说的那种作风。王任重同志在他的《读书·谈心·想问题》[2]一文中说："讲共产主义风格，还要敢于坚持真理，从实际出发，而不要'随风倒'。学习先进，力争上游，永远都是需要的。但是有些同志并不是真正学习先进，而是按'空气'办事。听到人家一点风声，他就赶紧照办，不问一问人家究竟是怎么做的，也不想一想这样做到底好不好，和自己的情况适合不适合。事后看来，这些同志闹了许多笑话。为什么'随风倒'？这里面有个'抢先'的思想在作怪。有的同志怕落后，不管条件如何，事事都想站到头里。

---

1 《人民日报》1958 年 11 月 10 日第 7 版。
2 《人民日报》1959 年 4 月 9 日。

也有的同志是图虚名，好出风头。这种'抢先'的思想，和党所教导我们的'鼓足干劲，力争上游'的精神，根本不是一回事。我们共产党人要赤胆忠心地为人民服务，不要为虚名工作；要按实际情况办事，不要按'空气'办事。"

我们所最欢迎的，是如潘梓年先生所说的那种概括各种新变化的哲学或经济文章，因为哲学的中国要求有中国化的哲学。据《光明日报》的意见，我的学术思想是资产阶级的，那么应该写几篇富有无产阶级学术思想的文章来示一个范，使我们也可经常学习。

对爱护我者说几句话并表示衷心的感谢

去年有二百多位批判者向我攻击，对我的两篇《平衡论》和《新人口论》提出种种意见，其中有些是好的，我吸取过来，并在《平衡论》中做了些修改（共七点），但是他们的批判没有击中要害，没有动摇我的主要的或者说根本的据点——"团团转"的理论、"螺旋式上升"的理论和"理在事中"的理论，也无法驳倒我的《新人口论》。在论战很激烈的时候，有几位朋友力劝退却，认一个错了事，不然的话，不免影响我的政治地位。他们的劝告，出于诚挚的友爱，使我感激不尽；但我不能实行。我认为这不是一个政治问题，是一个纯粹的学术问题。学术问题贵乎争辩，愈辩愈明，不宜一遇袭击，就抱"明哲保身，退避三舍"的念头。相反，应知难而进，决不应向困难低头。我认为在研究工作中事前要有准备，没有把握，不要乱写文章。既写之后，要勇于更正错误，但要坚持真理，即使于个人私利甚至于自己宝贵的性命，有所不利，亦应担当一切后果。我平日不教书，与学生没有直接的接触，总想以行动来教育学生，我总希望北大的 1.04 万学生在他们求学的时候和将来在实际工作中要知难而进，不要一遇困难随便低头。

最后我还要对另一位好朋友表示感忱，并道歉意。我在重庆受难的时候，他千方百计来营救；我 1949 年自香港北上参政，也是应他的电召而来。这些都使我感激不尽，如今还牢记在心。但是这次遇到了学术问题，我没有接受他的真心诚意的劝告，心中万分不愉快，因为我对我的理论有相当的把握，不能不坚持，学术的尊严不能不维护，只得拒绝检讨。希望我这位朋友仍然虚怀若谷，不要把我的拒绝检讨视同抗命则幸甚。

（1959 年）

我有一个梦想（节选）

[美国] 马丁·路德·金

朋友们，今天我对你们说，在此时此刻，我们虽然遭受种种困难和挫折，我仍然有一个梦想，这个梦想深深扎根于美国的梦想之中。

我梦想有一天，这个国家会站立起来，真正实现其信条的真谛："我们认为真理是不言而喻，人人生而平等。"

我梦想有一天，在佐治亚的红山上，昔日奴隶的儿子将能够和昔日奴隶主的儿子坐在一起，共叙兄弟情谊。

我梦想有一天，甚至连密西西比州这个正义匿迹，压迫成风，如同沙漠般的地方，也将变成自由和正义的绿洲。

我梦想有一天，我的四个孩子将在一个不是以他们的肤色，而是以他们的品格优劣来评价他们的国度里生活。

今天，我有一个梦想。我梦想有一天，亚拉巴马州能够有所转变，尽管该州州长现在仍然满口异议，反对联邦法令，但有朝一日，那里的黑人男孩和女孩将能与白人男孩和女孩情同骨肉，携手并进。

今天，我有一个梦想。

我梦想有一天，幽谷上升，高山下降；坎坷曲折之路成坦途，圣光披露，满照人间。

这就是我们的希望。我怀着这种信念回到南方。有了这个信念，我们将能从绝望之岭劈出一块希望之石。有了这个信念，我们将能把这个国家刺耳的争吵声，改变成为一支洋溢手足之情的优美交响曲。

有了这个信念，我们将能一起工作，一起祈祷，一起斗争，一起坐牢，一起维护自由；因为我们知道，终有一天，我们是会自由的。

在自由到来的那一天，上帝的所有儿女们将以新的含义高唱这支歌："我的祖国，美丽的自由之乡，我为您歌唱。您是父辈逝去的地方，您是最初移民的骄傲，让自由之声响彻每个山岗。"

如果美国要成为一个伟大的国家，这个梦想必须实现！

让自由之声从新罕布什尔州的巍峨的崇山峻岭响起来！

让自由之声从纽约州的崇山峻岭响起来！

让自由之声从宾夕法尼亚州的阿勒格尼山响起来！

让自由之声从科罗拉多州冰雪覆盖的落基山响起来！

让自由之声从加利福尼亚州蜿蜒的群峰响起来！

不仅如此，还要让自由之声从佐治亚州的石岭响起来！

让自由之声从田纳西州的瞭望山响起来！

让自由之声从密西西比的每一座丘陵响起来！

让自由之声从每一片山坡响起来！

当我们让自由之声响起，让自由之声从每一个大小村庄、每一个州和每一个城市响起来时，我们将能够加速这一天的到来，那时，上帝的所有儿女，黑人和白人，犹太教徒和非犹太教徒，耶稣教徒和天主教徒，都将手携手，合唱一首古老的黑人灵歌："自由啦！自由啦！感谢全能上帝，我们终于自由啦！"

对于大多数干部而言，勤政敬业意味着兢兢业业，认真负责；一丝不苟，毫不懈怠。领导干部的工作职责就是为人民服务，因此具有殉道精神是勤政敬业的最高境界，也是最彻底、最完全、最忘我的境界。具有这种境界的领导干部，将事业和生命完全结合在一起，做出最大奉献、取得最大成就。凡具有这种殉道精神，鞠躬尽瘁、死而后已的干部，皆为勤政敬业的典范。

勤、廉二字看似平浅，实则获上在此，信友在此，服民亦在此，舍此二字，上司即偶然青盼，亦不能久；欲求寅僚之敬佩，百姓之爱戴，即袭取于偶然，亦不可得矣！

——〔清〕曾国藩

做官都是苦事，为官原是苦人，官高一步，责任更大一步，忧勤便增一步。

——〔明〕吕　坤

《尚书·大禹谟》中说"克勤于邦，克俭于家"。意思是，要勤以治国，俭以治家。古人用一个字来总结治理国家的要点，就是"勤"。几千年的历史经验也表明，"勤"是官员为政的一字宝诀。

荀子说："百事之成也，必在敬之，其败也，必在慢之。"敬业，是做好任何一件事情的前提条件，是一种必需的思想态度。

诸葛亮《出师表》中的"鞠躬尽瘁，死而后已"更以一种殉道奉献的决绝态度，将这种勤政敬业推到了一个新的境界。这一思想也为此后历代的政治家和官员所推崇，成为一种精神典范和思想代表。

诸葛亮之后，不断有人从多角度论述为政者"勤政务实"的内涵和重要性，不断阐发沿承这一思想，进而成为官员的一种基本道德要求。

韩愈在《进学解》中说："业精于勤，荒于嬉。行成于思，毁于随。"唐代经学家孔颖达说："敬业，为艺业长者，敬而亲之。"宋代理学家朱熹说："敬业者，专心致志，以事其业也。"他们均从一般治事立业的角度，说明勤业敬业的重要。

具体到官员为政，宋代的田锡曾说："臣道务勤，勤则职业修而事无壅塞。"明人在《初仕要览》中说："初仕以勤政为首务，政不勤则百事殆。"都认为官员要把"勤"作为首要的从政理念。曾国藩还提出了著名的"五勤"说，即做官要"身勤、眼勤、手勤、口勤、心勤"。

北京的故宫、颐和园、圆明园、香山等地，都有原来皇帝办公和接见大臣的地方，称为"勤政殿"。明清的帝王们，以这种方式自我训勉并昭告群臣要"勤于务本，勤于思政"。

毛泽东一生勤政，为文和处理文件必亲自动手，对比之下让我们现在很多官员为之汗颜。1955年他为了指导农村合作化亲自编写《中国农村的社会主义高潮》，全书176篇文章，毛泽东为其中的104篇写了按语，改了68篇文章的标题。

一、为什么要勤政务实

干部为什么一定要做到勤政务实？前面的各种论述，已经有所涉及，详细来说，我们还可以进一步做出如下解析。

1. 处理政务的基本要求

前面说过的宋代田锡曾进一步说明官员要勤政敬业的原因："百职如是，各举其业；千官如是，各得其人；则何忧事不允厘，何虑民不受赐。"所有的官员都做到勤政敬业，则事情都能得到妥善处理，老百姓会得到好处。否则，官员都懒于政事，老百姓就要遭殃，就如清代的李文耕所说："官不勤则事废，民受其害。"

敬业是做好任何事情的必然要求，对于为政者而言，他们所做的事情，是关乎国家兴亡、社会发展和老百姓生活的，是整个社会中最重要的那些事。一议之下，可以促世间承平，一力之举，可以有万民沐惠，当然就更需要勤政敬业。朱元璋就曾说："天命去留，人心向背，皆决于此，甚可畏也，安敢安逸！"

官员之政事，不仅重要，且繁多而常有难事。勤于理政，案无留牍，一日事一日清，这是对官员为政的基本要求。对于常常面临的繁难之事，若不敬业，何以能克难而进，有所获益。所以，更需要官员以焚膏继夜的精神来处理。更有甚者，一些特别艰巨的事情，还需官员们一任接一任、一代继一代地一直做下去，需要官员们普遍地具有勤政敬业的精神。

官员为政，不仅是要做好各种具体的事情，还要面对各种纷纷扰扰的头绪，处理方方面面的关系。勤政敬业也是面对这种局面时有效的方式。在《曾文正公全集》中，就载有曾国藩在这方面的心得："勤、廉二字看似平浅，实则获上在此，信友在此，服民亦在此，舍此二字，上司即偶然青盼，亦不能久；欲求寅僚之敬佩，百姓之爱戴，即袭取于偶然，亦不可得矣！"宋人吕本中在其《官箴》中，也曾总结道："当官之法，唯有三事，曰清、曰慎、曰勤。知此三者，可以保禄位，可以远耻辱，可以得上之知，可以得下之援。"所谓"保禄位"等的思想虽比较消极，但也可以看出勤政所具有的巨大作用。

历史上，凡是有作为的皇帝官员，首先都是勤政敬业的典范。汉武帝、唐太宗、宋太祖、明成祖，莫不如是。朱元璋甚至认为，常人与圣人的区别，不在其他，只在于勤奋和思虑。自命为"十全老人"的乾隆皇帝，在其70岁寿辰时，曾镌刻印章"古稀天子之宝"，并配有一枚副章"犹日孜孜"，以为自醒。到他80岁寿辰时，又刻"八徵耄念之宝"的印章，副章为"自强不息"。在和珅的诗集《嘉乐堂诗集》中，有一首《奉敕敬题射鹿图·御宝匣戊申》，就写到了这个意思："文修戒备双含美，犹日孜孜体健行。"乾隆皇帝之所以选取"犹日孜孜""自强不息"作为副宝，就是要表明他在归政之前不敢稍存懈怠，以天下百姓为念，孜孜求治，勤于政事的意旨。

2. 现代官员的职业要求

对现代官员来说，其身份，是公务员，是依法履行公职的国家行政工作人员。虽然我国的公务员按其职位的性质、特点和管理需要，还有更详细的划分，有领导职务和非领导职务等区别，但总体而言，官员都是职业公务员，是以为公众服务为自己的职业选择的。一般情况下，这种职业也是终身性的。正如革命年代的职业革命家，将革命这种特殊的工作作为自己终身的职业。

那么，从职业的角度来理解官员的日常作为，也就是一种很重要的认识角度了。官员为官既然具有职业的性质，就像形形色色各行各业的人们一样，存在一个敬业与否的问题。每个官员在不同时期可以有不同的岗位，但对于其整个的职业发展来说，每个阶段的工作都是其职业生涯的一部分。今日不敬业，明日必受累。官员的工作内容主要是处理政务，所以其敬业与否就是要看其是否以政务为重，奉献投入，勤政敬业。

在我们国家对于公务员行为规范的 32 字要求中，排在"政治坚定"和"忠于国家"之后的就是"勤政为民"。由此亦可见勤政之于公务员工作的重要性。在对公务员的考核中，"德""勤""能""绩"几维，勤也是重要的一方面。这些基本的规范要求，也决定了现代官员必须做到勤政敬业。

从更广泛的角度去理解，勤政敬业还是官员积极从政的一种体现。与之相反，安于现状、得过且过等消极的从政态度，则说明官员斗志衰退、缺乏进取精神，势必带来暮气沉沉、落后保守的局面。勤政敬业还是不甘平庸、奋发有为、满怀激情的体现，可以促使官员推陈出新、更上一层楼，避免成为"庸官"。勤政敬业还是官员管理部属、影响部属的一种方式，是现代政治生活的内在动力之一。总体而言，正如欧阳修所说："忧劳可以兴国，逸豫可以亡身。"官员勤政敬业，可以促进事业的兴旺发展。

二、勤政务实要反对的几种态度

在现实中，官员的情况纷繁多样，许多官员非但做不到勤政敬业，还有诸多与之背道而驰，完全不以政事为重的思想和态度，这成为官员勤政敬业要坚决反对的情况。

粗略总结，大概有如下几种类型：

1. 以政事为负担

在绝大多数情况下，蟒袍乌纱、官职爵位、功名利禄都是人们趋之若鹜、竞相争逐而不可得的东西。我国自隋唐以来实行了一千多年的科举制度，不就造就了一大批为博取功名和一官半职而一心寒窗苦读的科举士子吗？官位不仅意味着名利，更重要的是，官位可以给官员提供一个施展个人才能、成就一番事业、实现自身价值、服务一方百姓的平台。

但是，也有一些人，或者志不在此，或者性格使然，或者能力不足，或者荒淫堕落，或者形势所迫，将落在自己身上的官位当成一种负担，将处理政务当成痛苦。

从"戴晋生敝衣冠而往见梁王"的故事中，我们可以看到因志不在此而不愿为官的精彩论述。梁王想留戴晋生做官，戴晋生欣然而笑，仰而咏叹说：

> 君不见大泽中雉乎？五步一喙，终日乃饱；羽毛悦泽，光照于日月；奋翼争鸣，声响于陵泽者何？彼乐其志也。援置之圈仓中，常喙粱粟，不旦时而饱；然犹羽毛憔悴，志气益下，低头不鸣，夫食岂不善哉？彼不得其志故也。

意思是说，自由争食的鸟，羽毛漂亮，安得其乐。而如将之放在粮仓中，就会羽毛憔悴，精神状态日益变差。戴晋生以此相喻，表明做官对自己而言是不得其志。

中国历史上，还曾出现过几次以皇帝宝座为负担而早早让位的事情。其中，最著名的当数宋徽宗。在大敌当前、无计可施的情况下，他就像要急于扔掉一个烫手山芋、卸下身上的千钧重负一样，匆匆忙忙将皇位让给了他的儿子。南宋一朝，也有高宗等几个皇帝早早将皇位禅让给了继承人，那是因为南宋一直外患不断，皇帝做得太没意思，所以，让出皇位，大多是因为厌倦了。

这些或者不就或者辞掉官位者，也许还不算太差。坏就坏在那些既不愿为官，以之为负担，又占着官位，整日荒于政事，无所作为的官员，其结果真正是误国误己加误民，简直就如同犯罪了。

2. 不想干但想享受

还有一些想法更"聪明"的干部，只想享受官位带来的好处，不想承担为官的责任。于是，虽居一官半职，却不理政务，整日轻慢于工作，沉溺于享受，无进取作为之思想，有不劳而获之惰性。

这样的干部，总归难以长久安于其位。假如时日稍长，则会政务荒怠，问题堆积，民怨载道，群情激奋。近年来，频频出现的民众对有关部门和干部送上"行政不作为"锦旗的新闻，就是这种结果的一种表现。

现代政治制度已日趋完善和严密，每个干部都有其明确细致的职责要求，各种岗位之间的关联性也比以往更高，这些分工共同构成了一个政府管理制度的总体。若在其位而不谋其政，往往会连锁性地影响到诸多政务环节。这样的干部和这样的为官思想就有更大的危害性。

3. 窃权干坏事

还有一种干部，其求官窃权的目的，原本就是为了一己私利，满足自己荒淫无耻的欲求和想法，利用权力去干坏事。

从古至今，这样的官员不在少数，其职位有高有低，其权力或大或小，所带来的危害也不一而足，小到贪贿，大到卖国，都与勤政敬业完全相反。

有"五毒书记"之称的湖北省天门市原市委书记张二江，在丹江口市和天门市任职期间，利用职务便利，收受贿赂、非法占有公款、嫖娼、淫乱、包养情妇、支持庇护赌博活动。记录其违纪违法事实的案卷就达82卷，足有两米多高。被时任湖北省委书记的俞正声痛斥为是"吹、卖（官）、嫖、赌、贪"五毒俱全。张二江可谓是官员窃权干坏事的一个典型代表。

这样的干部，已经走到了违法犯罪的地步，其性质已经改变，而不仅仅是做官做得好不好的问题。官职给其带来的权力，成了其犯罪的工具和便利条件，使其走到了社会和人民的对立面。

4. 将权力作为资本

还有一些干部，将权力视作个人的资本。利用权力，去获取社会地位，利用权力，进行权钱交易、权权交易、权色交易，而且会想方设法寻求升迁，以获得更大的权力资本。总之，权力就是他最大的资本，可以通过各种各样的置换，获得他所需要的资源。

对这样的干部而言，其工作的指导思想和逻辑就完全变了样。工作的目的，并不是要为公众服务，而是要为自己服务。开展哪项工作、不开展哪项工作，或者工作如何开展，其出发点完全是自己如何通过这些事情的"运作"，来换取到另外的某种资源。即便是偶有一些不得不干的政务，想到的也是如何借此捞取政绩，获得政治资本。这样的为政方式，完全与"敬业"背道而驰，勤政之说也就谈不上。按此逻辑，"勤"与"不勤"不是事业政务的要求，而是所能换取到的资源大小的要求。有可乘之机，有大利可获，自然就会更上心，自然就会跑得勤。工作的动力，不是来自工作本身，不是来自于干部的责任，而是来自于可换取的对象，或钱财，或美色，等等。对应到马斯洛的需要层次，实质上，是将更高层次的精神、自我实现等需求，降低到原始的生存、欲望等层次。

三、如何做到勤政务实

如何做到"勤政务实"？元代的徐元瑞在《吏学指南》中，有这样一段描述："早入晏出，奉公忘私，虽休勿休，恪勤匪懈；呈押文字，法遣公事，务为敏速，耻犯稽迟；躬操笔砚，不仰小吏，手阅簿书，不辞劳役。"现代政务的内容与工作方式，和这种描述已有了很大不同，但其间所表现的官员的勤勤恳恳、任劳任怨、不懒惰、不懈怠却是一致的。

在唐代诗人韦应物的诗中，我们也可以形象地看见这种做官勤政之苦。有一次，他被派去云阳这个地方赈济灾民，结果他"夙驾祗府命，冒炎不遑息。百里次云阳，间阎问漂溺"。顶着烈日，急急忙忙地赶往灾区。"周旋涉涂潦，侧峭缘沟脉。"真是长途跋涉，历尽千辛万苦。

要做到勤政敬业，原本就不是轻松简单的事情，不光有身体之辛苦，还有精神之劳碌。对今天的干部而言，如何做到勤政敬业，我们还可以做如下的探讨。

1.鞠躬尽瘁，死而后已

勤政敬业，首先是一种精神上的投入、全神贯注和矢志不渝，为了这一目的，甚至可以以命殉道，死而后已。

在诸葛亮身上，我们就可以看到这种精神。在《出师表》中，他直陈自己是"鞠躬尽瘁，死而后已"。同时，他还说："臣受命之日，寝不安席，食不甘味。"道出了他为了国家而诚惶诚恐、劳神伤形的精神状态。在其《将苑》一文中，他说："军井未汲，将不言渴；军幕未施，将不言困；军火未燃，将不言寒；军食未熟，将不言饥。"这大概也是他统兵为帅的沥血之言，是他为仕一生的真实反映。

恩格斯曾经说："我将以我还余下的有限岁月，和我还保有的全部精力，一如既往地完全献给我为之服务已近五十年的伟大事业，国际无产阶级的事业。"从平常的工作中，我们可以看见恩格斯对其"伟大事业"的全身心投入，从这段话中，我们则可以了解到他对事业的完全彻底的殉道精神。这也是革命导师留给后来者的一份宝贵的精神遗产。

作为一国总理，周恩来一直工作到他去世的前几天，死后，其骨灰还撒遍了祖国的万里长空、河岳海疆，他是真正为了国家和人民而鞠躬尽瘁的。在他几十年的革命工作生活中，几乎每天都在超负荷工作。他每天的工作时间都超过了12小时，超过16小时也是司空见惯，一生如此，经年累月不曾改变，以致有外国友人称他为"全天候总理"。周恩来曾留下了二十多本工作日记，里面有他日夜操劳的真实记录。在1974年3月26日这一页上，这样记载着他一天的工作：

> 下午三时：起床；
>
> 下午四时：与尼雷尔会谈（五楼）；
>
> 晚七时：陪餐；
>
> 晚十时：政治局会议；
>
> 晨二时半：约民航同志开会；
>
> 晨七时：在七号办公；
>
> 中午十二时：去东郊迎接西哈努克亲王和王后；
>
> 下午二时：休息。

这一天，他连续工作了整整 23 个小时。要知道，这是在 1974 年，当时他已是一位身患癌症的 76 岁的老人，整日饱受病痛之苦，体力精力都已很弱，距他辞世只有 22 个月的时间了。

不仅是身体上的劳累，精神上的忧虑紧张，是更为消耗人的。在《周恩来为什么不翻脸》一文中，有这样一段话：

> 我们这一代人还清楚地记得"文革"中周恩来的形象，一身藏青色朴素庄重的中山服，胸前总是别着一枚毛泽东手迹"为人民服务"纪念章。他四处灭火，大讲要听毛主席的话，抓革命，促生产。这种复杂两难的心理可想而知。他只掌握一个原则：牺牲自己，保全国家。在"文革"中周恩来有一句发自肺腑的名言最能体现他当时的心态：我不下地狱谁下地狱？于是我们看到两种情景：一方面，周恩来在毛泽东的权威面前，俯首帖耳，不置一辞，为毛泽东留足面子；一方面，又留得青山在，好为国为民多燃点光和热。现在回头看，在总理忍气吞声、克己为国的心态下，确实为党为民族干了许多大事。

身形之累还要加上精神之苦，至死也未能稍有松懈，这根本就是一种令人煎熬的殉道了，古今中外，此行为殊为典范，此精神光照千古！

1985 年 6 月 12 日下午，身为中国科学院副院长的华罗庚，应邀到日本讲学。那天，在东京大学，他作《在中国普及数学方法的若干个人体会》的学术演讲。华罗庚一生做了很多次报告，从其破格被清华大学聘用，到留学海外，站在世界的讲台上，再到为了推广"优选法""统筹法"而深入各个厂矿企业，他一生为科学而奉献，一生为祖国而忙碌。这天的讲座，只是他人生中很平常的一个部分。已经 75 岁的他，开始用汉语讲，由一位译员翻译成日语。后来征得与会者同意，他改用英语讲，会议气氛一下子活跃融洽起来，听众反应强烈。华罗庚的腿不好，平时走路都用拐杖，日本朋友为他准备了轮椅，然而他兴高意浓，几乎一直站着在那里讲，越讲情绪越高，后来竟然脱下了西装，解下了领带，滔滔不绝，完全投入了进去。他讲得生动，诙谐风趣，不时赢得听众的欢笑和掌声。原定的报告时间 45 分钟很快过去了，他一口气又讲了 20 分钟。演讲完毕，正欲从轮椅上站起来表示谢意时，没有任何征兆的突然倒在地上，在场医生立即进行抢救，然而，在紧急送往医院之后，他仍然没能再睁开眼睛，他将自己的一生，完整地奉献给了自己的事业。

1964 年 5 月 14 日，年仅 42 岁的焦裕禄被肝癌夺去了生命。生前，他带领兰考人民封沙、治水、改地，在风沙最大的时候，他带头去查风口、探流沙；大雨倾盆的时候，他带头趟着齐腰深的水察看洪水流势；风雪铺天盖地的时候，他率领干部访贫问苦，登门为群众送救济粮款。临终前，焦裕禄提出的唯一要求是，死后"把我运回兰考，埋在沙堆上。活着我没有治好沙丘，死了也要看着你们把沙丘治好"。他生前封沙治水，死后也要封沙治水，生前为兰考人民，死后还是为兰考人民，几代人过去了，焦裕禄依然感动着大家，每年的 5 月 14 日，总有成千上万人会从全国各地自发来到河南兰考，祭奠怀念他。

在新时代，焦裕禄的这种精神在基层干部的身上得到了继承和新的发展。2009 年 11 月 8 日上午，在安徽省凤阳县政府礼堂大门口，哀乐低回，悲痛蔓延，白底黑字的挽联上写着："两任村官沥血呕心带领一方求发展，六载离家鞠躬尽瘁引导万民奔小康。"这副挽联出自凤阳县小岗村村民之手，这天，他们要在这里向他们的村党委书记沈浩作最后的道别。两天前，年仅 45 岁的沈浩在小岗村猝然辞世。从礼堂到县殡仪馆，在凤阳县城 4 里长街的两旁，成千上万的群众肃立等候，白底黑字的条幅连绵不绝："沈书记一路走好""沈浩永远活在我们心中""沈浩同志永远和小岗人民在一起"……

沈浩是 2004 年 2 月作为优秀年轻党员干部被选派至小岗村担任党支部书记的。到任后，他全身心地扑在事业上，一直到奉献出自己的生命。沈浩住在村里一间 20 平米的简陋平房里，室内只有一张床和一张破旧的桌子，吃饭在村民家搭伙。他把全部的精力都用在了工作上，通常一顿饭不到十分钟就吃完了，吃完后抓紧时间休息一会。他太累了，没日没夜地工作。妻子到小岗村看他，难过得直掉泪。沈浩每晚睡觉都不关房门，为的是前来找他的村民不会失望而归。到小岗村的第一个大年三十，他在往家赶时，车子走到半路，他突然想到还有一件事情没有处理完。如果拖延，第二年开春就会影响施工。他毫不犹豫地掉转车头，又赶了回去。等处理完事情，鞭炮声已经此起彼伏地爆起，赶到合肥家里时，已经是夜里 9 点多了。就这样，沈浩在两次任期届满，两次都被村民们留下了。2009 年 9 月 24 日，深情挽留他的，是村民们摁在纸上的整整 186 颗鲜红的手印。

具有殉道精神是勤政敬业的最高境界，也是一种最彻底、最完全、最忘我的境界。有这种境界的人，将事业和自己的生命完全结合在一起，为事业做出最大的奉献，当然也就可以取得最大的成就。凡是具有这种殉道精神，死而后已的干部，皆为勤政敬业的典范。

2. 兢兢业业，认真负责

相对而言，具有殉道精神的人毕竟是少数，对于大多数干部而言，勤政敬业意味着兢兢业业、认真负责、一丝不苟、毫不懈怠。

在中国历史上，雍正堪称是最勤政敬业的皇帝。从他的身上，我们可以看到兢兢业业、认真负责的为政方式是一种怎样的状态。据载，雍正当上皇帝后，不巡幸，不游猎，自诩"以勤先天下"，为康乾盛世的承前启后做出了杰出贡献。他每日认真处理政事，从早到晚，寒暑不断，天天如此，几乎没有停息。他每天都工作到深夜，每日睡眠时间不足4个小时。一年之中，只有生日那天，他才会稍微休息一下。他在位十三年，除了去过河北遵化东陵数次外，基本就没出过北京城。最开始的时候，雍正是怕允禩等政敌发动变乱；后来政局稳定后，他也没有出游，主要原因还是政务繁忙，根本没时间出去享受。雍正朝现存汉文奏折三万五千多件，满文奏折也有六千多件，多是雍正在夜间亲笔批阅，从不假手于人。真正做到了"躬操笔砚，不仰小吏，手阅簿书，不辞劳役"。在这些奏折上，朱批短的两三字，长的有上千字，累积起来，雍正在不到十三年的时间里，光朱批就写了有三四百万字，平均每天近千字。御笔朱批的书写速度，可远比不上今天电脑键盘的速度。这样的敬业精神，实在罕见。

朱元璋也是一个少有的勤政皇帝。他体力充沛，精力过人，事必躬亲，无遗巨细，几乎从不知道休息。早年艰难困苦生活的磨炼使他不畏繁剧，而支持他的，还有他自己认定的身为人君的责任。

我国明清两代，不设宰相，就是从朱元璋开始的。于是，天下政务，总于皇帝一人，这就更要求皇帝要勤政敬业，且须有过人的精力。有人统计，在洪武十七年（1384年），从九月十四日到二十一日的八天之中，天下各衙门所上奏章达一千一百六十件，所言之事有三千三百九十一件。以每件奏章一千字计，也要有一百一十六万字，这样算下来，他平均每天要批阅二十余万字，处理四百二十三件事。此外，他还要每天上朝接受面奏，定期接见朝觐的官员，要处理诉状，要巡查训示，事务何其繁多。朱元璋曾说，他自即位以来，经常以勤奋努力勉励自己，天没亮即临朝，太阳偏西才回宫；夜里想着天下大事，睡不安稳，就披衣起床，想到哪一件事应当马上办，立刻一条一条记下来，等天亮了再安排下去，生怕哪件事情有一丝一毫的纰漏。朱元璋操劳国事，常常吃着饭就停下来，想起一事，就写在纸条上，贴在身上，因此他穿的衣裳往往贴满了条子，在他的后宫和殿堂的墙上，也都贴满了条子，事情办完后才取下，唯恐哪件事情的处理有不当之处。

朱元璋曾说："人君日理万机，怠心一生，则庶务壅滞，民无所赖，贻患不可胜言。"他还自期说："凡事，勤则成，怠则废；思则通，昏则滞。故善持其志者不为昏怠所乘，是以业日广，德日进。"所以，他做皇帝，就谨持勤政敬业的思想，可谓兢兢业业、励精图治。

在新中国的开国领袖中，朱德一生没有任何嗜好，只知道学习、工作，工作、学习，几十年如一日，永远是那样兢兢业业、不知疲倦。1975 年 3月 6日，他还写下了"革命到底"的条幅以表明心迹并时刻提醒自己。他每天睡觉很少，在办公室里一工作就是半天。到吃饭时，也要再三催促才走出来。有一次，亲属借着吃饭的时候劝他："您是 90 高龄的人了，这样会吃不消的。"他回答说："人活着是为什么？活着就是要工作，要革命！"

温家宝同志在回忆胡耀邦时，曾说："耀邦同志尽管已年过七旬，但每天都争分夺秒地工作。他边走边调研，甚至把吃饭的时间都用上，每天很晚休息。"平日，胡耀邦总是每天早晨六点起床，晚上十二点以后睡觉，白天没有午休，节假日从不休息。

对于官员的勤政敬业，曾国藩不光以自己的实际行动树立了一个典范，难能可贵的是，他有很多思考和概括，成为官员在勤政敬业方面极佳的学习材料。

早年时，曾国藩以文官治军，有文描述其情形为："公之在营也，未明即起，出巡营垒，阅操练，日中清理文卷，接见宾僚，以其余时披览书史，不使身心有顷刻之暇。尝称时局艰难，惟劳动心力者可以补救。前后数十年，治军治官，虽当困苦危险之际，以至功成名遂之时，不改其度焉。"

曾国藩一生办事认真，心思缜密，后期因位高权重，更是日理万机。及至晚年右目失明，仍不愿假手他人，坚持亲手批阅公文。他还有写日记的习惯，一直记到临死前一天才罢笔。曾国藩提出，为官者应有五勤，"五者皆到，无不尽之职矣"。为把"勤"字诀传之后人，曾国藩还特地将其居住之所命名为"八本堂"，教育后人要戒惰戒骄，以"本"为行事之要。这五勤八本分别是：

> 一曰身勤：险远之路，身往验之；艰苦之境，身亲尝之。
> 二曰眼勤：遇一人，必详细察看；接一文，必反复审阅。
> 三曰手勤：易弃之物，随手收拾；易忘之事，随笔记载。
> 四曰口勤：待同僚，则互相规劝；待下属，则再三训导。
> 五曰心勤：精诚所至，金石亦开；苦思所积，鬼神迹通。
> 读书以训诂为本。诗文以声调为本。
> 事亲以得欢心为本。养生以少恼怒为本。
> 立身以不妄语为本。居家以不晏起为本。
> 居官以不要钱为本。行军以不扰民为本。

曾国藩强调"勤"对于做官做事的重要，还有这样一些思考心得："古之圣君贤相，盖无时不以勤劳自励。为一身计，则必操习技艺，磨炼筋骨，困知勉行，操心危虑，而后可以增智慧而长才干；为天下计，则必己饥己溺，一夫不获，引为余辜。勤则寿，逸则夭。勤则有材而见用，逸则无劳而见弃；勤则博济斯民而神祇钦仰，逸则无补于人而神鬼不歆。"

在这里，曾国藩实际上还提出了一个重要的问题，即勤政敬业，不仅是要吃苦，吃苦之后还要能勤于思考。无论什么事情，"苦思所积，鬼神迹通"。他提炼的八本，也是做各项事情的要点。不仅在苦干，还在于会干，身、眼、手、口之勤后，一定要有心勤。他是讲究先"困知勉行，操心危虑"，而后"可以增智慧而长才干"的。

这一点，历史上也是有其教训的。昔日隋文帝杨坚也十分勤政，但大隋朝仅传位至其儿子杨广即告亡国，隋文帝的勤政仅仅换得唐太宗的一句感叹："虽则劳神苦形，未能尽合于理。"欧阳修在《准诏言事上书》中也曾说："虽有忧勤之心，而不知致治之要，则心愈劳而事愈乖；虽有纳谏之明，而无力行之果断，则言愈多而听愈惑。"

勤政敬业，不是盲目的繁忙劳碌，还要注意思考，卓有成效地开展工作。同时，勤政敬业也需要持之以恒。一时的劳碌每个人都可以做到，难的是能一直兢兢业业、一丝不苟。历史上，初时意气风发、勤政敬业，后来耽于声色、荒政弛业者，也大有人在，正如唐朝诗人杜牧在其《过勤政楼》中所说：

> 千秋佳节名空在，承露丝囊世已无。
> 唯有紫苔偏称意，年年因雨上金铺。

勤政务本楼是唐玄宗李隆基在开元前期所建，初时他也确实励精图治，兢兢业业。而到后期时，李隆基只顾享乐，甚至于"从此君王不早朝"，最终误国误民，天下大乱，为历史留下一曲长恨歌。千秋节本是每年八月五日玄宗为庆祝自己的生日而定的节日，而百年之后，杜牧再去勤政楼时，千秋节、承露囊之类都已成了千秋话柄，勤政楼前已是苔藓满阶。

有殉道精神和兢兢业业，都是从正面说干部的勤政敬业的。从另一方面讲，干部要做到勤政敬业，还要注意防止一些反面问题的出现，其中最重要的两点，一是不作秀，二是不渎职。

3. 不作秀

为什么要强调不作秀呢？勤政敬业原本是实实在在地做事情，不是虚晃一枪，不是装装样子。但在现实中，一些官员，既不想真正劳心费神地做到勤政敬业，又企图在领导那里留下好印象，在公众面前树立好形象。于是，就想办法讨巧作秀，花拳绣腿，以小技巧博取大形象，以小成绩投机大名声。

在元散曲中，有一篇著名的《高祖还乡》，通过一位知道刘邦底细的老百姓的眼睛，诙谐生动地写出了汉高祖"衣锦还乡"的铺排、作秀和好笑。文章写道：

　　一面旗白胡阑套住个迎霜兔，一面旗红曲连打着个毕月乌。一面旗鸡学舞，一面旗狗生双翅，一面旗蛇缠葫芦。

　　红漆了叉，银铮了斧，甜瓜苦瓜黄金镀，明晃晃马镫枪尖上挑，白雪雪鹅毛扇上铺。这些个乔人物，拿着些不曾见的器仗，穿着些大作怪的衣服。

官员自觉仪态威严、气势逼人，老百姓却觉得滑稽可笑、满怀怨气。以上这个场景，虽有文学化的一面，却大概可以算是官员作秀在老百姓眼里最有代表性的看法了。

从这个故事还可以看出，官员作秀，大概古已有之。但在今天，媒体高度发达，社会传播力不断提升，干部的一言一行，都处于社会关注和记者的镜头面前。干部作秀的"动力"也随之增强，作秀的方式、内容，也已有了很大的发展。

有新闻曾经报道过这样一件事：一位干部视察一个工厂车间，后来报纸上刊发了一幅照片，是其在车间做工的情景。可是，这张照片很快就被熟悉这项工作的内行师傅看穿，照片上，这位干部竟然将工具拿颠倒了，他根本就不可能做工，只是在作秀。随后，这位作秀的干部便招来了网民的一片痛骂和讽刺挖苦。

无独有偶，有张图片上，是一位干部挑水的情形，网友质疑到，挑着两桶水，扁担却一点都没有弯，这根本就是在作秀，哪里真挑水了。

《大河报》曾经在 2011 年 8 月 4 日刊出报道：商丘市城市管理局副局长，因晨练散步时，看着街上的垃圾心里堵得慌，故从当年三月份开始，把沿街捡垃圾当作自己晨练的方式，而且已经坚持了 5 个月，其妻子在其影响下，也加入了进来。面对报道，网友们给这位局长送上戏称"街净哥"，认为这只不过是一场作秀罢了。

近年来，干部作秀可谓愈演愈烈，有贫困县的干部投资集体拍电影，被网友质疑为作秀的；有干部"喝粪水"被质疑为作秀的；有干部派发救灾物资时涉嫌作秀的；有干部"高调退贿"而作秀的，等等。形式不一而足，内容五花八门。

为什么会有这么多干部被质疑作秀呢？除了一部分干部真的在作秀，也有一些干部是被网友误加指责的。其中的问题在于，一方面是一些干部将作秀当成了一种习惯性思维，所以一有机会就会自觉不自觉地秀上一把。另一方面，老百姓对干部作秀实在是太反感了，由反感也就敏感，一有作秀的嫌疑马上就会被发现。面对这种屡屡有官员被质疑作秀的情况，甚至有网友讽刺说，官员作秀的"专业性"亟待提高。

这样的作秀，除了搞搞花架子，做做表面文章，伤害老百姓的感情，打击政府的公信力，还能产生什么作用？干部重要的是能真正地做事，勤政敬业，实实在在，而不是用虚伪的做法骗取大家的眼球，吸引公众的注意力。领导干部的工作职责是为人民服务，多为百姓办实事，真的做到这些，老百姓自然会有正确的评价，干部也自然会有好的形象。

在山西右玉县，1949 年到 1952 年任县委书记的张怀荣，第一次提出了："右玉要想富，就得风沙住；要想风沙住，就得多栽树；要想家家富，每人十棵树。"在此后的 60 年里，右玉的 18 任县委书记持之以恒地干一件事——栽树。这正如前面所说，是每个干部都勤政敬业，一任接一任地完成一些艰巨的任务。山西由于挖煤，生态破坏很厉害，但现在右玉县却树木成荫，有大量湿地，夏天晚上睡觉还要盖被子。因为栽树一时半会儿见不到效果，因此，这 18 个县委书记没有一个被提拔的。但是，老百姓在这个县里立了一个碑，把 18 个县委书记的名字都刻上了。这也说明，真正兢兢业业做事的官员，不需要作秀，老百姓都会永远记住他。

4. 不玩忽职守、不渎职

干部要做到勤政敬业，还有一个最低限的要求，就是不能玩忽职守、不能渎职。这是从领导干部的职位职责出发的一个最基本的要求。有的干部在任职期间，也是忙忙碌碌，似乎很勤政，但是，他并没有履行好其本职工作的要求，是一种乱忙碌、瞎勤政。

我国历史上，曾经有一个著名的"木匠皇帝"，就是一个玩忽职守的典型代表。这位皇帝是明熹宗朱由校，之所以叫"木匠皇帝"，是因为他一生对木匠活有着浓厚的兴趣，整天沉溺于和斧子、锯子、刨子打交道。当时，大明朝外有金兵侵扰，内有农民起义，正是国难当头，内忧外患的时期。明熹宗却不务正业，只知道制作木器，盖小宫殿，将国家大事抛在脑后不顾。

熹宗的父亲光宗在做皇子的时候，一直不受自己父亲神宗皇帝的喜爱。神宗因为不想立他做太子，竟很久都不让他出阁读书，使得他差点成了文盲。而光宗整日处于忧惧之中，也无心自己儿子的学业，所以朱由校竟然是个文盲。光宗即位后，大臣们曾劝他赶紧给太子找个老师读书，他却说不着急，过两天再说吧。结果，还没过几天，他就死了，朱由校这个文盲就当了皇帝。

　　这样一个文盲皇帝，心智似乎不是很成熟，根本不知如何处理政务，却十分贪玩，而且还玩得很有"水平"。他自幼便有木匠天分，不仅经常沉迷于刀锯斧凿油漆的木匠活之中，而且技巧娴熟，一般的能工巧匠也只能望尘莫及。据说，凡是他所看过的木器用具、亭台楼榭，都能够做出来。凡刀锯斧凿、丹青揉漆之类的木匠活，他都要亲自操作，乐此不疲，甚至废寝忘食。他手造的漆器、床、梳匣等，均装饰五彩，精巧绝伦，出人意料。据载："斧斤之属，皆躬自操之。虽巧匠，不能过焉。"文献载其"朝夕营造"，"每营造得意，即膳饮可忘，寒暑罔觉"。当时工匠们造出来的床都极为笨重，要十几个人才能搬动，还很费原料，样式也极普通。皇上就自己琢磨开了，亲自设计图样，动手锯木钉板，立刻就做出一张新床。这床极其精巧，床架上镂刻着各种花纹，床板还能折叠，便于移动携带。皇帝的新设计一出，连那些老工匠都赞叹不已。他还喜欢用木头做出各式各样的小玩具。他曾经雕刻过很多栩栩如生的小木头人，五官四肢，无不备具，男女老少，神态各异。他还能做漆工的活儿，就给这些木头人涂上五色油漆，更是显得彩画如生了。他派内监拿到市面上去出售，市人都以重价购买。就是这样一个木匠皇帝，不理朝政，造成了他宠信的宦官魏忠贤一直把持朝政，排斥异己，怨声载道。

　　大家都知道北宋的亡国之君宋徽宗，他也是一位长于书画声色，而昏庸渎职于政事的皇帝。宋徽宗在文艺方面的天赋极高，诗书画印无所不精，人称"天纵将圣，艺极于神"。有些滑稽的是，与明熹宗一样，宋徽宗居然也对木工感兴趣，做出的活也是水准一流。但是，宋徽宗在政治上却昏庸、懈怠，甚至举止轻浮，因玩乐而误国，最终亡国被掳，身死他乡。元代史学家脱脱在撰写《宋史》时曾感叹说，宋徽宗干什么都可以，就是不该做皇帝。

　　按照我国现行法律的规定，渎职入罪，主要是指官员等国家公职人员未能尽到职责，或在履行职责时犯了严重过失。现实中，玩忽职守、渎职等行为也是我国近年来的高犯罪领域之一。比如，近几年以来，广东省检察机关就立案查办渎职侵权犯罪案件 1244 件，涉及 1402 人。

2008 年 5 月至 7 月，云南省高原湖泊阳宗海出现严重砷污染，沿湖两万多群众饮用水源严重污染。该地农业、工业、渔业、景观功能部分丧失。在这起特大水污染事件中，渎职侵权者达 7 人。

2011 年 9 月 8 日，海南省万宁公路分局原局长周德政、原副局长郑斌和原生产技术股长蔡锡雄被依法逮捕。3 人在万宁公路分局组织实施太阳河大桥水毁修复工程施工过程中，严重不负责任，不正确履行职责，致使太阳河大桥发生坍塌事故，造成 2 死 2 伤，直接经济损失 145 万元，对其严重后果负有责任，犯有玩忽职守罪。

2012 年新春伊始，即有新闻曝出，广西壮族自治区纪检监察部门查实河池市政府及有关部门、相关责任人存在失职、渎职行为，对龙江河突发环境事件负有重要责任，已有一批人被严肃处理。

在实际工作中，干部玩忽职守、渎职的具体情况，各种各样，如徇私舞弊、泄密、包庇、放纵制假售假、放纵虚开发票等。同时，玩忽职守、渎职侵权往往会造成特别重大的损失，但许多公众甚至领导干部对渎职违法犯罪的危害性却认识不足，成为官员履行职责，做到勤政敬业需要重点注意的问题。

经典
阅读

出师表

◦〔三国〕诸葛亮

臣亮言：先帝创业未半，而中道崩殂。今天下三分，益州疲弊，此诚危急存亡之秋也。然侍卫之臣，不懈于内；忠志之士，忘身于外者，盖追先帝之殊遇，欲报之于陛下也。诚宜开张圣听，以光先帝遗德，恢弘志士之气；不宜妄自菲薄，引喻失义，以塞忠谏之路也。宫中府中，俱为一体，陟罚臧否，不宜异同。若有作奸犯科，及为忠善者，宜付有司，论其刑赏，以昭陛下平明之治，不宜偏私，使内外异法也。

侍中、侍郎郭攸之、费祎、董允等，此皆良实，志虑忠纯，是以先帝简拔以遗陛下。愚以为宫中之事，事无大小，悉以咨之，然后施行，必能裨补阙漏，有所广益。将军向宠，性行淑均，晓畅军事，试用于昔日，先帝称之曰"能"，是以众议举宠为督。愚以为营中之事，悉以咨之，必能使行阵和睦，优劣得所。亲贤臣，远小人，此先汉所以兴隆也；亲小人，远贤臣，此后汉所以倾颓也。先帝在时，每与臣论此事，未尝不叹息痛恨于桓、灵也。侍中、尚书、长史、参军，此悉贞良死节之臣也，愿陛下亲之信之，则汉室之隆，可计日而待也。

臣本布衣，躬耕于南阳，苟全性命于乱世，不求闻达于诸侯。先帝不以臣卑鄙，猥自枉屈，三顾臣于草庐之中，咨臣以当世之事，由是感激，遂许先帝以驱驰。后值倾覆，受任于败军之际，奉命于危难之间，尔来二十有一年矣！先帝知臣谨慎，故临崩寄臣以大事也。受命以来，夙夜忧叹，恐托付不效，以伤先帝之明。故五月渡泸，深入不毛。今南方已定，兵甲已足，当奖率三军，北定中原，庶竭驽钝，攘除奸凶，兴复汉室，还于旧都；此臣所以报先帝而忠陛下之职分也。至于斟酌损益，进尽忠言，则攸之、祎、允之任也。

愿陛下托臣以讨贼兴复之效；不效，则治臣之罪，以告先帝之灵。若无兴德之言，则责攸之、祎、允等之慢，以彰其咎。陛下亦宜自谋，以咨诹善道，察纳雅言，深追先帝遗诏，臣不胜受恩感激。

今当远离，临表涕零，不知所云。

待漏院记

◎〔北宋〕王禹偁

天道不言，而品物亨、岁功成者，何谓也？四时之吏，五行之佐，宣其气矣。圣人不言，而百姓亲、万邦宁者，何谓也？三公论道，六卿分职，张其教矣。是知君逸于上，臣劳于下，法乎天也。古之善相天下者，自咎、夔至房、魏可数也，是不独有其德，亦皆务于勤尔，况夙兴夜寐以事一人，卿大夫犹然，况宰相乎！

朝廷自国初因旧制，设宰臣待漏院于丹凤门之右，示勤政也。至若北阙向曙，东方未明；相君启行，煌煌火城，相君至止，哕哕銮声。金门未辟，玉漏偶滴。彻盖下车，于焉以息。待漏之际，相君其有思乎？

其或兆民未安，思所泰之；四夷未附，思所来之。兵革未息，何以弭之；田畴多芜，何以辟之。贤人在野，我将进之；佞臣立朝，我将斥之。六气不和，灾眚荐至，愿避位以禳之；五刑未措，欺诈日生，请修德以厘之。忧心忡忡，待旦而入，九门既启，四聪甚迩。相君言焉，时君纳焉。皇风于是乎清夷，苍生以之而富庶。若然，总百官、食万钱，非幸也，宜也。

其或私仇未复，思所逐之；旧恩未报，思所荣之。子女玉帛，何以致之；车马器玩，何以取之。奸人附势，我将陟之；直士抗言，我将黜之。三时告灾，上有忧也，构巧词以悦之；群吏弄法，君闻怨言，进谄容以媚之。私心慆慆，假寐而坐，九门既开，重瞳屡回。相君言焉，时君惑焉，政柄于是乎隳哉，帝位以之而危矣。若然，则下死狱、投远方，非不幸也，亦宜也。

是知一国之政，万人之命，悬于宰相，可不慎欤？复有无毁无誉，旅进旅退，窃位而苟禄，备员而全身者，亦无所取焉。

棘寺小吏王某为文，请志院壁，用规于执政者。

第十一讲

宽厚坦荡

宽厚，无论是为人为官还是立党立国，都是一种基础的道德伦理。法国作家雨果有这样一句名言："世界上最宽阔的是海洋，比海洋更宽阔的是天空，比天空更宽阔的是人的胸怀。"这是一种能容载万物的坦荡胸怀。

君子坦荡荡，小人长戚戚。

——〔春秋〕孔　子

大凡君子与君子以同道为朋，小人与小人以同利为朋，此自然之理也。

——〔北宋〕欧阳修

一、既要宽厚又要坦荡

清华大学的校训是"自强不息，厚德载物"，最近"厚德"又被定为北京精神。宽厚，无论是为人为官还是立党立国，都是一种基础的道德伦理。法国作家雨果有这样一句名言："世界上最宽阔的是海洋，比海洋更宽阔的是天空，比天空更宽阔的是人的胸怀。"这是一种能容载万物的坦荡胸怀。

何为宽厚？就是处人时容人，有广阔的胸怀；处理政务时不刚愎自用，有较大的回旋余地。凡大人物，无论正面、反面总要有一定的宽厚才能立身成业。阎锡山说："化险为夷，是处事之则；怒来喜去是接人之则。若能如此，则无事不可成，无人不可处。"这是他在军阀混战的年代能立身几十年的经验和体会。何为坦荡？坦荡，是平坦广阔，光明不晦暗；是一马平川，没有沟坎，无所遮掩；是晴空大地，朗朗星辰，干干净净。何为胸怀？胸怀，是人的心理，是为人处事的承受力；是人的度量，是待人接物的宽容度。胸怀坦荡，是豁达，能容天下难容之人；是包容，能忍一切屈辱不平之事；是宽厚，能不计利害得失。坦荡的反面是狭隘，是心胸局促，难以容人；是度量短浅，睚眦必报；是心理阴暗，斤斤计较。

《论语·述而》曰："君子坦荡荡，小人长戚戚。"孔子此意是说：君子心胸宽广，小人常忧心忡忡。有一次孔子的弟子司马牛请教老师如何去做一个君子，孔子回答说："君子不忧愁，不恐惧。"司马牛不大明白，接着又问："不忧愁不恐惧，这样就可以称作君子了吗？"孔子回答："内省不疚，夫何忧何惧？"也就是说，如果自己问心无愧，何来忧愁和恐惧呢。小人为何长戚戚呢？小人恰恰相反，他心胸狭窄，与人为难，与己为难，一点小事便耿耿于怀，一点恩怨便记挂于心。如此这般，自然是时常忧愁，局促不安，心事重重。心胸何以坦荡？是因为行为端正，品德高尚。古人认为，君子有三种基本品德——仁爱、智慧和勇敢。孔子说："仁者不忧，智者不惑，勇者不惧。"也就是说人如果有着一颗博爱之心，有清醒的头脑，有勇敢坚强的意志，那么他就必然会具有良好的心理和精神状态。

坦荡是和无私连在一起的。人一有私必定坦荡不起来，相反会阴险、记仇、报复，直至不顾大节大义。我们都知道清兵入关后，曾强制汉人剃头，引发了全国性的大屠杀。此事始作俑者是一个叫孙子獬的"汉奸"。孙本明臣，官至翰林。清军入关，孙率全家老小以清人装束列队欢迎，"臣妻放足独先，阖家剃发"。清给以高官。开始清统治者在文化上并不固执，上朝时满汉官员们各着自己的传统服装，满服、汉服分列两班，照样议事工作。孙子獬为了表现奴才心理，就剃发着满服，要挤到满官队中，"则满以为汉人也，不受"；他又想归队，"则汉以为满饰也，不容"，满汉大员众目睽睽，都鄙视这个没有人格的非驴非马的怪物。孙子獬恼羞成怒，便上了一份奏折"陛下平定中国，万事鼎新，而衣冠束发之制独存汉制"。建议全国剃头，并政治上纲，挑拨说：如不推广剃头，"此乃陛下从中国，非中国从陛下"，这是因个人之辱而报复社会、报复民族。于是多尔衮立下一道"剃头律"，以十日为限，"文武军民一律剃发如满族式样，不从者治以军法""留发不留头"。于是血腥屠杀遍于全国。

坦荡是追求心境的平静和淡然，放下得失恩怨，如种豆南山下的陶渊明，活得澄澈干净。坦荡是身在功名利禄的仕途中，却不以物喜、不以己悲，如先忧后乐的范仲淹，为的是天下百姓。坦荡是面对人生的曲折蹭蹬，不气馁抱屈，而是仰望星空，依然执着于理想，坚守报国之志。

历史上大凡成就丰功伟业之人，大都为人宽厚，心胸坦荡，气度不凡。"宰相肚里能撑船"便是一例。三国时期的蜀国，在诸葛亮去世后任用蒋琬主持朝政。他的属下有个叫杨戏的，性格孤僻，讷于言语。蒋琬与他说话，他也是只应不答。有人看不惯，在蒋琬面前嘀咕说："杨戏这人对您如此怠慢，太不像话了！"蒋琬坦然一笑，说："人嘛，都有各自的脾气秉性。让杨戏当面赞扬，那不是他的本性；让他当着众人面说我的不是，他会觉得让我下不来台。所以，只好不做声。其实，这正是他为人的可贵之处。"人赞蒋琬"宰相肚里能撑船"。"汉初三杰"之一的韩信能忍"胯下之辱"。他自幼生活贫寒，屡遭人欺辱。一次，一群恶少当众羞辱韩信说："你虽长得高大，喜欢带刀佩剑，但其实胆子小得很。有本事的话，用佩剑来刺我。若不敢，就从我的裤裆下钻过去。"韩信自知形只影单，硬拼肯定吃亏。于是当众从那人裤裆下钻了过去。忍受"胯下之辱"的韩信，却辅佐刘邦成就了千秋霸业。

坦荡，是心底无私，不为俗世纷扰。马克思一生光明磊落，从不谋私利，把自己毕生精力献给了无产阶级革命事业。正像恩格斯在《在马克思墓前的讲话》中所说，他可能有过许多敌人，但未必有一个私敌。为了人类解放的崇高事业，马克思表现出大无畏的精神，面对敌人的诽谤、诅咒和驱逐，"他对这一切毫不在意，把它们当作蛛丝一样轻轻拂去，只是在万不得已时才给以回敬"。

坦荡，是待人宽厚，是处事宽容，氛围宽松。时时处处为大局着想，为国家着想，为百姓着想。坦荡里，容不下的唯有自私、狭隘和阴暗。

二、宽厚坦荡是大智慧

宽容别人方能建立起良好的人际关系，赢得朋友、别人的佩服与尊敬。形容为人宽厚坦荡的古代熟语，要数"宰相肚里能撑船"广为人知。正如北宋三履相职（北宋不设名义上的相衔）的吕蒙正（944—1011年，字圣功，河南洛阳人），在他宽容大度的身上，"宰相肚里能撑船"得到了真正的体现。吕蒙正初任参知政事，进入朝堂时，有个官员指着他说："这小子也配参与商议国家政事吗？"吕蒙正装作没听见就走过去了。与吕蒙正同在朝堂的同事非常愤怒，皆欲查问那个人的官位和姓名，吕蒙正急忙制止，不让追查。下朝后，吕蒙正的同事仍然愤愤不平。吕蒙正则说："一旦知道那个人的姓名，则终身不能忘记，不如不知道为好。不追问那个人的姓名，对我来说也没什么损失。"于是乎，在场的人都非常佩服吕蒙正的宽容大度、宽厚坦荡。

在中共党史上吃"左"的亏比右的多，批判、运动多，斗争残酷。1957年"反右"，1959年"反右倾"，"文革"十年，都是容不得党外、党内的不同意见和不同政见的人，气氛搞得很紧张，失之"三宽"，损失不小。

毛泽东曾经坦荡磊落，听得进反对意见，也有容人之量。1936年5月他找红一军团四师的彭雪枫谈话。当谈到部队编制时，彭雪枫直言不讳地说："部队整编，恢复了一军团编制，撤销了三军团番号，把三军团编为一军团的一个师——红四师，这样原来三军团的干部、战士就难免产生情绪了，为什么把三军团缩编为一军团的一个师呢？三军团编成一个师后，原有的干部都用不完，为什么领导干部还要从一军团派过来呢？"毛泽东听了，沉下脸来，大怒，拍桌子说："这是山头主义！完全的山头主义！"彭雪枫站了起来，也把桌子一拍，说："只有山头，却不存在主义！"毛泽东对彭雪枫说："我倒要听听你这只有山头没有主义的宏论。"

彭雪枫从容镇定地说："1927年，您在秋收起义后带领队伍上了井冈山，开辟了第一个革命根据地，从而以星星之火燃成燎原之势，这不是我们党的第一个山头吗？""以后我们党和红军发动了上百次武装起义，在全国建立了大大小小的根据地，不就形成了一个个山头吗？我们合成一个对抗国民党反动派的总山头。但就我们各个根据地而言，却只有'山头'而没有'主义'，它们都只是革命队伍中的一个组成部分，就算单位、部门之间有点利益之争，不过是单位'主义'、部门'主义'，不应该扣上'山头主义'的大帽子，这样大家就会噤口难言了。"

彭雪枫的分析入情合理，毛泽东渐渐没有了怒意，他收回了自己的观点。毛泽东一向欣赏文武双全的彭雪枫，此次长谈，敢于坚持原则、讲真话的彭雪枫让毛泽东更为信任和尊重。并没因他犯颜陈谏而迁怒，反而不久就点将让彭雪枫入红军抗日大学深造，并在以后屡次委以重任。就在这次"毛彭争论"后，敢说真话的黄克诚也得到了重用，被任命为中央军委卫生部长，后来又先后任红四师政委、红军总政治部组织部长、八路军政治部组织部长、一一五师三四四旅政委、八路军第二纵队政委等职，后来成为共和国开国大将之一。

大凡创业之时，容易做到胸怀坦荡，因为只有敞开心扉，坦诚相待，才能招贤纳士，共谋大业，但掌权之后则就未必了。比如刘邦，在夺得天下之前，有足够的胸怀可以容下一切难容之事。许多善意的非善意的意见都能接受。许多反对过他的人，他都能容忍。但称帝后，地位、形势变了，他的心胸狭隘了许多，难以容人容事，听不进不同的声音，常常猜疑忌恨。一登上皇帝宝座，便迫不及待卸磨杀驴，处心积虑要消灭那些与他一起打天下的诸侯王，于是臧荼、韩信、陈豨、卢绾、韩王信、彭越、英布，这一大群功臣，几年之间，都被加以叛变之罪，几乎斩尽杀绝。"狡兔死，走狗烹；飞鸟尽，良弓藏；敌国破，谋臣亡。"楚王韩信在被刘邦诱捕时愤愤不平说的几句话，成了千百年来的名言，一代枭雄刘邦背上了千古骂名，难以善始善终。

"文革"之后邓小平重新收拾旧河山，第一个考验就是要有足够的度量。"文革"十年，中国封闭十年极"左"十年，在世界上到处树敌，能不能承认现实，承认错误，化敌为友，也要有极大的度量。

1978 年 10 月邓小平访问新加坡。而这之前，中国在极"左"时期一直称新加坡为"美帝国主义的走狗"。当邓小平吃惊地看到新加坡的成就时，他承认对方实行的对外开放，引进外资的方针是对的。当谈到中国的对外方针时，李光耀说："中国必须停止革命输出。"邓小平停顿片刻后突然问："你要我怎么做？"这倒让李吃了一惊。他就大胆地说："停止马共和印尼共在华南的电台广播，停止对游击队的支持。"李光耀后来回忆："我从未见过一位共产党领袖，在现实面前会愿意放弃一己之见，甚至还问我要他怎么做。尽管邓小平当时已 74 岁，但当他面对不愉快的现实时，他还是随时准备改变自己的想法。"

这次新加坡之行，邓小平以惊人的谦虚代表中国共产党和政府承认并改正了两个错误。一是改变保守自闭，对外开放，引进外资；二是接受建议，不再搞革命输出，大大改善了中国的对外关系。这是多么难能可贵的自我批评精神啊。

人孰能无错？但并不是人人都能事后认错。普通人认错难，有光环笼罩和鲜花托举的伟人、名人认错就更难。但也正是这一点考验出一个人的品格与能力。纵观历史，名人喜功、贪功的多，自责、担责的少。像邓小平这样，大功不自喜，大德不掩错，是真伟人。平时，我们看一个人的成功，总是说他发现了什么，创造了什么？其实同样重要的另一面是他承认了什么，改正了什么？当一个人承认并改正了前一个错误时，就为他的下一个创造准备了条件，铺平了道路。而当一个伟人这样做时，他就为国家民族的复兴铺平了道路。延安时期搞抢救运动，伤害了革命同志，毛泽东亲自到会道歉，脱帽鞠躬。1958 年犯了大跃进错误，第二年在庐山会议上毛泽东认错说："去年犯了错误，每个人都有责任，首先是我。"当然，这次认错不彻底也为以后的"文革"留下祸根。"文革"之后，邓小平主政，总结历史教训，他没有委错于人，而是代毛泽东认错，说："讲错误，不应该只讲毛泽东同志。大跃进，毛泽东同志头脑发热，我们不发热？在这些问题上要公正。中央犯错误，不是一个人负责，是集体负责。"后来他又多次讲到，不争论，团结一致向前看。是这种谦虚的实事求是的科学态度，保证了大转折时期的平稳过渡。一个领袖的英明，包括他的智慧、魄力，也包括他的谦虚、诚实。一个民族的幸福不只是有领袖带领他们取得了什么成就，更是带领他们绕开了什么灾难。领袖一念，国家十年，伟人多一点谦虚，国家就少一次失误，多一次复兴的机会。

我们现在称毛泽东、邓小平为中共党史上的两位伟人，其之所以"伟大"，即他们在驾驭复杂局面和众多人物时所表现出来的度量和胸怀。

三、用宽广之心处理嶙峋之事

世事无常，世事难料，身在官场，面对挫折坎坷，面对复杂的人，需要以宽广之心，接纳难容之人与难容之事。

1. 不计恩怨

胸怀坦荡的人，在大是大非面前，在国家利益面前，永远没有自己的私利和个人恩怨。

内战时期，张冲与周恩来曾是一对死敌。但后来在民族大义面前，这对敌人前嫌尽释，成为挚友。20 世纪 30 年代初，张冲升任国民党中央组织部调查科（"中统"前身）总干事，主管情报事务，成为一名狂热的反共分子。1932 年 2 月，曾一手策划炮制了震动上海的"伍豪事件"。以周恩来笔名"伍豪"的名义在上海多家报纸上刊登"伍豪脱党启事"，以污蔑周恩来、瓦解共产党在白区的革命力量。可到了 1936 年 4 月的一天，上海《申报》忽然又刊出一则寻找"伍豪"的启事，要求被寻者见报后务必于 6 月 6 日去上海北四川路新亚酒店某号房间，与落款者一晤，谓有要事相商。这则"寻人启事"仍然出自张冲之手，但却不是故伎重演，而是出于民族大义，为国共合作探路。中共发表《八一宣言》后，张冲对蒋介石"攘外须先安内"的政策产生了怀疑，希望联共抗日。《申报》启事发出后，张冲与共产党员的代表潘汉年取得联系。

1937 年 2 月初，潘汉年带南京政府谈判代表之一的张冲重返西安，介绍他与周恩来等中共代表见面，商谈西安事变的善后问题。为两党举行西安谈判铺平了道路。2 月 9 日，国共在西安举行第一次正式会谈。中共代表是周恩来、叶剑英等，国民党代表为顾祝同、张冲、贺衷寒等。会谈历时 1 个月，其间，张冲与周恩来朝夕相处，频繁接触。这时，国民党内有人放出口风："淮南（张冲）过于冒险，这样的事干好了千好万好，如果做得不好就会成为千古罪人。"张冲闻知后坦然处之，他说："调查科的任务就是对付共产党，但事至今日，我深切认识到国共合则兴，不合则亡。年年围剿，节节失利；强邻虎视，外债高筑；民不聊生，国将不国。我自受命以来，夙夜忧惧，将尽我职责，争取停止内战，一致对外。至于个人功罪，在所不计。"

国共代表自 1937 年 2 月到 1937 年 9 月，共举行了 6 次正式谈判，历时 7 个月，其中，周恩来与张冲进行过几十次会晤磋商与正式会谈，终于扫除了重重障碍，促成了第二次国共合作的实现。周恩来在《悼张淮南先生》一文中曾这样回顾道："为商两党团结事，朝夕往返，达三四月。彼时，甚至以后，参与其事者固不仅先生一人，唯先生为能始终其事。先生与我，并非无党见者，唯站在民族利益之上的党见，非私见私利可比，故无事不可谈通，无问题不可解决。先生与我，各以此自信，亦以此互信。"

周恩来与张冲并无私交，且隶属两党，由公谊而增友谊，彼此之间能推诚相见，相忍相重，彼此钦佩。每当遇到问题发生争执时，双方都能以"敌人所欲为者我不为，敌人所不欲者我为之"的准则互相勉励，互相提醒，增进了信任，为合作打下了良好的基础。张冲置顽固派的攻击陷害于不顾，曾多次给周恩来的工作以帮助。在重庆，凡周恩来对蒋介石提出要求或见蒋介石，或蒋介石要见周恩来，都由张冲代为转达和安排，并居中周旋。周恩来在重庆曾家岩的住处处在特务的重重监视之下，张冲不顾个人安危，尽力保证周恩来顺利进出，开展工作。

张冲 38 岁去世后，周恩来提议为张冲追悼会捐赠了 3 万元，并拟送了挽联。追悼会上，周恩来发表了 20 分钟的演讲，感情激动，语不成声，闻者无不动容。事后，特务头目徐恩曾感叹道："周恩来真厉害，做宣传工作竟然做到我们家里来了。"周恩来又指示当日的《新华日报》刊出悼念张冲的专页，并撰写了 2000 余字的纪念文章《悼张淮南先生》作为《新华日报》

社论，肯定张冲为国共合作、团结抗日所做出的贡献。

解放后，周恩来仍未忘记张冲这位"安危与共，风雨同舟"的朋友。1949 年开国大典时，周恩来遇到张冲的同乡、著名医学专家洪式闾教授，还特意提起张冲，说张冲是他的好朋友。周恩来对张冲所遗子女也格外关照，长子张炎遵照周恩来的嘱咐进了华东军政大学，女儿张雪梅也很早就参加了革命。周恩来与张冲这两位在特殊领域展开特殊斗争并结成特殊关系的爱国者，为国共第二次合作，为民族存亡做出了特殊的贡献。他们是不计恩怨一心为公的典范。

2. 不计得失

俗话说，君子立德小人图利。如一个人为的是自己的私利，就会热衷于功名利禄贪恋权位，以及攀龙附凤阿谀谄媚拉帮结派，何谈坦荡？显然，为官当权者，不以权谋私，不以权谋利，一片公心，不计个人得失，才能胸怀坦荡。

张英、张廷玉父子二人在清初康、雍、乾盛世居官数十年，参与了平藩、收台湾、征漠北、摊丁入亩、改土归流、编棚入户等一系列大政方针的制订和实行。对稳定当时政局，统一国家，消弭满汉矛盾，强盛国计民生都起到了积极而重要的作用。二人为官清廉，人品端方，均官至一品大学士，是贤臣良相，更是史家公认的学者大儒。

"六尺巷"的故事可见张家之胸怀。清朝康熙年间，安徽桐城县发生了一件当朝宰相张英与桐城名医叶天士为了墙基争地界打官司的奇闻。因为张英家要盖房子，地界紧靠叶家。叶天士提出要张家留出中间一条路以便出入。但张家提出，他家的地契上写明"至叶姓墙"，现按地契打墙有什么不对，即使要留条路，也应该两家都后退几尺才行。这时张英在北京为官，其子张廷玉（雍正、乾隆两朝名臣）也考中进士，在朝为官，老家具体事务就由老管家操办。俗语说："宰相家人七品官。"这位老管家觉得自己是堂堂宰相家总管，况且这样建墙也有理有据，叶家的意见不值得搭理。于是沿着叶家墙根砌起了新墙。哪知这个叶天士脾气倔强，一看张家把墙砌上了，咽不下这口气，于是一纸状文告到了县衙，打起了官司。

一介名医与当朝宰相打官司，而且理由也不十分充分，亲朋好友都为叶家捏着把汗，怕叶家吃亏，劝他们早点撤诉，但叶家就是不听，坚持要把官司打下去。张家管家一看事情闹大了，就连忙写了封信，将此事禀告了北京的张英。不久，就接到了张英的回信。信中没有多话，只有四句诗："一纸书来只为墙，让他三尺又何妨。万里长城今犹在，不见当年秦始皇。"

管家看了这首诗，明白了主人的意思，就来到叶家，告诉叶天士张家准备明天拆墙，后退三尺让路。叶家以为是戏弄他们，根本不相信这是真话。管家就把张英这首诗给叶秀才看。叶家看了这首诗，十分感动，连说："宰相肚里好撑船，张宰相真是好肚量。"第二天早上，张家就动手拆墙，后退了三尺。叶家见了心中也很激动，就把自家的墙拆了也后退了三尺。于是张、叶两家之间就形成了一条百来米长六尺宽的巷子，被称为"六尺巷"，成了桐城县一处旅游必看的历史名胜。

按照正常的逻辑，张、叶两家打的完全是一场不对称的官司，一方是深受康熙皇帝信任的朝廷重臣，一方是一名医世家。叶医生告张宰相，无异于鸡蛋碰石头。况且就事情本身而论，张家按地契位置砌墙，也算不上恃强霸占。倘若，张宰相只让管家向当地地方官吏打个招呼要他们"酌情办理"或者"按律处置"，那些对当朝宰相唯恐巴结不上的地方官吏自然心领神会……但张宰相没有仗势逼人，小题大做，而是主动拆墙礼让，以仁爱宽博之心，化解了邻里矛盾。一场本能据理力争、准保打赢的官司，却被位高权重的当事人以仁善姿态，大事化小，小事化了。这不仅在当时，就在今天依然发人深省。让那些私心式式、恃强凌弱、巧取豪夺、鱼肉百姓之人，相形见绌，自惭形秽！

六尺巷的主角张英，康熙初年进士，历任翰林院编修、官至文华殿大学士兼礼部尚书，康熙三十八年（1699年）拜文华殿大学士。张英为官勤细谨慎，深得康熙信任。康熙称赞他："始终敬慎，有古大臣风。"他的家教是"务本力田，随分知足"。张英、张廷玉父子，人称"大小张相"。儿子张廷玉（1672—1755年）为康熙时进士，官至保和殿大学士、军机大臣，乾隆时加太保，为官康、雍、乾三代，实属罕见。张家父子历经康、雍、乾三世，为之效命的是清朝三个有所作为的皇帝，特别是雍正皇帝，为政不长，却厉行政改，一生勤于国政，"崇俭而不奢""毫无土木声色之娱"，威严自律。父辈、祖辈淡泊致远、克己清廉的家风，怎能不培育出张氏父子这样的良臣！

3. 肯容人

毛泽东曾这样解释政治："政治就是把我们的人搞得多多的。"这就要求政治家能够容人。

宋朝的郭进有容人之量，善于团结自己的"敌人"。在山西担任巡检时，有个军校曾在朝廷上状告他。后经调查，发现这是一起诬告事件。宋太祖下令将军校送到郭进处，让其诛杀。这时正赶上北汉举兵侵犯，郭进对那个军校说："你能在朝廷上诬告我，说明你很有胆量。我且赦免你的罪过。如果你能杀退敌兵，我就向朝廷举荐你；如果你不能，你就自己跳河吧，免得玷污了我的宝剑。"那个军校在后来的战事中，英勇非凡，帮助郭进最终取得了胜利。郭进随即向朝廷举荐，使他得到了提拔。

北宋三朝宰相吕蒙正是历史上少有的状元宰相，皇帝为状元写诗赐宴就由他而来。吕蒙正为人宽厚质朴，以正道自持，遇事敢言，宽宏大量，素有重望。刚入朝为官时，朝廷中有官员指着他说："这小子也配参与商议政事吗？"吕蒙正视而不见，充耳不闻，面无改色。和他一起做官的为他抱不平，追问那个说话人的姓名。吕蒙正制止他说："如果一知道他的姓名，就一生都忘不掉了，还不如不知道的好。"

此前，卢多逊当宰相时，其子就当上了水部员外郎，以后就成了惯例。到吕蒙正时，他上奏说："臣成为进士，刚出来只做了九品京官，何况天下有才能的人终老林泉，没得到俸禄的多了。现在我的儿子刚刚长大，就蒙受如此恩宠，恐怕消受不起。请皇上让他当臣刚刚出仕时做的官。"此后宰相的儿子只当九品官就成了制度。

官居高位的吕蒙正从不在意、记恨别人的非议。他与儿子聊天，儿子说别人非议父亲，职权多被同僚瓜分。吕蒙正笑着说："我确实无能，皇上提拔我，只是因为我善于用人罢了，我做宰相，人若不尽其才，那才是我真正的失职啊！"

吕蒙正做了宰相还没多久，有人揭发蔡州知州张绅贪赃枉法，吕蒙正就把他免了职。朝中有人对太宗说："张绅家里富足，有的是钱，哪里能把钱看在眼里呢？是当初吕蒙正贫寒之时，曾向张绅要钱，人家没给他，现在做了宰相就公报私仇罢了。"面对如此流言蜚语，吕蒙正在太宗面前没有辩解一句。太宗就恢复了张绅的官职。后来其他官员在审案时再次发现了张绅受贿的事实，太宗这才知道冤枉了吕蒙正，就对他说："张绅果然是贪污受贿。"吕蒙正只说了一句："知道了。"他不辩亦不谢，三朝宰相真是宠辱不惊、厚德雅量啊！

吕蒙正的同窗好友温仲舒，两人同年中举，在任上温仲舒因犯案被贬多年，吕蒙正当宰相后，怜惜其才，就向皇上举荐了他。后来温仲舒为了显示自己，竟常常在皇上面前贬低吕蒙正，甚至还落井下石。有一次，吕蒙正在夸赞温仲舒时，太宗说："你总是夸奖他，可人家却常常把你说得一钱不值啊！"吕蒙正笑了笑说："陛下把微臣安置在这个职位上，就是深知我懂得如何欣赏别人的才能，并能让他才当其任。至于别人怎么说我，这哪里是我所管的事呢？"

4. 不党不私

在中国历史上不结党营私，向来是一条重要的用官标准。文能当宰相，武能破契丹的狄仁杰无私坦荡，一心为国，常常不拘一格大力举荐良才，无成见，无私图。武则天让他推荐一个宰相之才，狄仁杰就称赞说地方官张柬之有才德，武则天提拔张柬之当了洛州司马。过了一阵子，武则天又让狄仁杰推荐将相之才，狄仁杰说："我上次推荐的张柬之，您还没任用呢！"武则天说已经把他提升了。狄仁杰说："我推荐的人才是当宰相的，不是当司马的。"张柬之终于被调到中央，后几经升迁，果然当了宰相，不过那时都快八十了。

狄仁杰死后，老宰相张柬之发动宫廷政变，拥戴中宗恢复了唐朝国号，可以说，狄仁杰为恢复李唐王朝做出了贡献。狄仁杰先后举荐了姚崇、桓彦范等几十位精明能干的官员，这些人后来都成为唐代中兴名臣。有人对狄仁杰说："天下的桃李，都在您的门下啊！"狄仁杰却回答："我推荐贤才是为了国家，不是为了自己。"

在家天下的中国封建社会，强调皇权至上、皇位世袭和皇族特权，讲究血缘关系、宗族关系、裙带关系。绵延两千多年的中国封建社会，这种影响仍然根深蒂固，在国共两党的斗争中最能看出这种痕迹。

蒋介石在国民党这个大党中又结了自己的小党。他把结交关系，编织从政网络，培植势力，视为"一生成败之所系"。他以亲情、乡情、友情为纽带，广建人脉。搭关系网，不分黑白；网罗人才，不计恩怨；攀附权贵，不择手段；培植势力，不计成本。在他的精心编织下，形成了一支庞大的蒋记"联合舰队"。依靠这个网络，夺天下，坐天下。

依靠这样的思路，蒋介石把黄埔军校这样一所革命气氛很浓的军校，硬是变成了自己嫡系部队的代名词，成为培养御用军的地方。为了掌握对军校的领导权，他刻意树立自己的权威。他以进步和革命的姿态出现，发表训话和演说，在开学后 8 个月的时间里，先后发表长篇讲话达 46 次，以充满煽动性的革命辞藻，吸引学员，激起学员对他的个人崇拜。在治军理念上，以封建军队的陈腐观念和军阀作风来训练学生，尤其强调对他的绝对服从。其次，培植亲信，排除异己。他在军校各重要部门，安插亲信。军校初创时，蒋介石就安排戴季陶、邵元冲等控制政治教育，由顺从自己的王柏龄、何应钦等控制军事教育，由他早年的老师、上海交易所伙伴周骏彦掌握军校的物资供应。同时派陈果夫等在上海、浙江招生，以封建的乡土观念建立自己的军事派系。对各队长都要用自己信得过的人，对带兵的军官抓得特别紧，不容共产党人和国民党左派人士染指。蒋介石把一个进步学校生生变成了自家的私塾。

结党营私的蒋介石，广植亲信，的确暂得天下。但是，时间一长，弊端也就暴露出来。官官相护，弹劾倾轧，营私舞弊，操弄权力，政治昏暗，民不聊生。最终一败涂地，跑到了台湾了度余生。

共产党是以解放人民、服务人民为宗旨的，党员、官员与党和人民的利益是一致的，不允许有为了个人的和小集团的利益去结小党小派。这方面做得最彻底的是周恩来。笔者在《大无大有周恩来》中曾谈到他的"六个无"，其中第四个就是党而不私。

像总理这样军政大权在握的人，权力的砝码已经可以使他左偏则个人为党所用，右偏则党为个人所私，或可为党员，或可为党阀了。王明、张国焘不都成了党阀吗？而总理的可贵正在党而不私。

1974 年，康生被查出癌症住院治疗。周恩来这时也有绝症在身，还是拖着病体常去看他。康生一辈子与总理不和，总理每次一出病房他就在背后骂。工作人员告诉总理，说既然这样您何必去看他。但总理笑一笑，还是去。这种以德报怨，顾全大局，委曲求全的事，在他一生中举不胜举。周总理同胞兄弟三人，他是老大，老二早逝，他与三弟周恩寿感情笃深。周恩寿解放前经商，为我党提供过不少经费。解放后安排工作到内务部，总理指示职务要安排得尽量低些，因为他是我弟弟。后周恩寿有胃病，不能正常上班，总理又指示要办退休，不上班就不能领国家工资。曾山部长执行得慢了些，总理又严厉批评说："你不办，我就要给你处分了。""文革"中总理尽全力保护救助干部。一次范长江的夫人沈谱（著名民主人士沈钧儒之女）找到总理的侄女周秉德，希望能向总理转交一封信，救救范长江。周秉德是沈钧儒长孙之媳，沈谱是她丈夫的亲姑姑。范长江是我党新闻事业的开拓者，又是沈老的女婿，总理还是他的入党介绍人。以这样深的背景，周秉德却不敢接这封信，因为总理有一条家规：任何家人不得参与公事。

宋代欧阳修写过一篇著名的《朋党论》，指出有两种朋党，一种是小人之朋，"所好者禄利，所贪者财货"；一种是君子之朋，"所守者道义，所行者忠信，所惜者名节"。而只有君子之朋才能万众一心。"周武王之臣，三千人为一大朋"，以周公为首。这就是周灭商的道理。周恩来在重庆时就被人称周公，直到晚年，他立党为公，功同周公的形象更加鲜明。"周公吐哺，天下归心。"周公只不过是"一饭三吐哺"，而我们的总理在病榻上还心忧国事，"一次输液三拔针"。如此忧国，如此竭诚，怎么能不天下归心呢？

经典
阅读

在马克思墓前的讲话

◎ 恩格斯

3月14日下午两点三刻，当代最伟大的思想家停止思想了。让他一个人留在房里还不到两分钟，当我们进去的时候，便发现他在安乐椅上安静地睡着了——但已经永远地睡着了。

这个人的逝世，对于欧美战斗的无产阶级，对于历史科学，都是不可估量的损失。这位巨人逝世以后所形成的空白，不久就会使人感觉到。

正像达尔文发现有机界的发展规律一样，马克思发现了人类历史的发展规律，即历来为繁芜丛杂的意识形态所掩盖着的一个简单事实：人们首先必须吃、喝、住、穿，然后才能从事政治、科学、艺术、宗教等等；所以，直接的物质的生活资料的生产，从而一个民族或一个时代的一定的经济发展阶段，便构成基础，人们的国家设施、法的观点、艺术以至宗教观念，就是从这个基础上发展起来的，因而，也必须由这个基础来解释，而不是像过去那样做得相反。

不仅如此。马克思还发现了现代资本主义生产方式和它所产生的资产阶级社会的特殊的运动规律。由于剩余价值的发现，这里就豁然开朗了，而先前无论资产阶级经济学家或者社会主义批评家所做的一切研究都只是在黑暗中摸索。

一生中能有这样两个发现，该是很够了。即使只能作出一个这样的发现，也已经是幸福的了。但是马克思在他所研究的每一个领域，甚至在数学领域，都有独到的发现，这样的领域是很多的，而且其中任何一个领域他都不是浅尝辄止。

他作为科学家就是这样。但是这在他身上远不是主要的。在马克思看来，科学是一种在历史上起推动作用的、革命的力量。任何一门理论科学中的每一个新发现——它的实际应用也许还根本无法预见——都使马克思感到衷心喜悦，而当他看到那种对工业、对一般历史发展立即产生革命性影响的发现的时候，他的喜悦就非同寻常了。例如，他曾经密切注视电学方面各种发现的进展情况，不久以前，他还密切注视马塞尔·德普勒的发现。

因为马克思首先是一个革命家。他毕生的真正使命，就是以这种或那种方式参加推翻资本主义社会及其所建立的国家设施的事业，参加现代无产阶级的解放事业，正是他第一次使现代无产阶级意识到自身的地位和需要，意识到自身解放的条件。斗争是他的生命要素。很少有人像他那样满腔热情、坚韧不拔和卓有成效地进行斗争。最早的《莱茵报》(1842年)，巴黎的《前进报》(1844年)，《德意志—布鲁塞尔报》(1847年)，《新莱茵报》(1848—1849年)，《纽约每日论坛报》(1852—1861年)，以及许多富有战斗性的小册子，在巴黎、布鲁塞尔和伦敦各组织中的工作，最后，作为全部活动的顶峰，创立伟大的国际工人协会，——老实说，协会的这位创始人即使没有别的什么建树，单凭这一成果也可以自豪。

正因为这样，所以马克思是当代最遭嫉恨和最受诬蔑的人。各国政府——无论专制政府或共和政府，都驱逐他；资产者——无论保守派或极端民主派，都竞相诽谤他，诅咒他。他对这一切毫不在意，把它们当做蛛丝一样轻轻拂去，只是在万不得已时才给以回敬。现在他逝世了，在整个欧洲和美洲，从西伯利亚矿井到加利福尼亚，千百万革命战友无不对他表示尊敬、爱戴和悼念，而我可以大胆地说：他可能有过许多敌人，但未必有一个私敌。

他的英名和事业将永垂不朽！

写于 1883 年 3 月 18 日前后

朋党论

◎ 欧阳修

臣闻朋党之说，自古有之，惟幸人君辨其君子小人而已。大凡君子与君子，以同道为朋；小人与小人，以同利为朋。此自然之理也。

然臣谓小人无朋，惟君子则有之。其故何哉？小人所好者，利禄也；所贪者，货财也。当其同利之时，暂相党引以为朋者，伪也。及其见利而争先，或利尽而交疏，则反相贼害，虽其兄弟亲戚，不能相保。故臣谓小人无朋，其暂为朋者，伪也。君子则不然。所守者道义，所行者忠信，所惜者名节。以之修身，则同道而相益；以之事国，则同心而共济。终始如一，此君子之朋也。故为人君者，但当退小人之伪朋，用君子之真朋，则天下治矣。

尧之时，小人共工、驩兜等四人为一朋，君子八元、八恺十六人为一朋。舜佐尧，退四凶小人之朋，而进元、恺君子之朋，尧之天下大治。及舜自为天子，而皋、夔、稷、契等二十二人并立于朝，更相称美，更相推让，凡二十二人为一朋，而舜皆用之，天下亦大治。

《书》曰："纣有臣亿万，惟亿万心；周有臣三千，惟一心。"纣之时，亿万人各异心，可谓不为朋矣，然纣以亡国。周武王之臣三千人为一大朋，而周用以兴。

后汉献帝时，尽取天下名士囚禁之，目为党人。及黄巾贼起，汉室大乱，后方悔悟，尽解党人而释之，然已无救矣。唐之晚年，渐起朋党之论。及昭宗时，尽杀朝之名士，或投之黄河，曰"此辈清流，可投浊流。"而唐遂亡矣。

夫前世之主，能使人人异心不为朋，莫如纣；能禁绝善人为朋，莫如汉献帝；能诛戮清流之朋，莫如唐昭宗之世。然皆乱亡其国。更相称美、推让而不自疑，莫如舜之二十二臣，舜亦不疑而皆用之。然而后世不诮舜为二十二人朋党所欺，而称舜为聪明之圣者，以能辨君子与小人也。周武之世，举其国之臣三千人共为一朋，自古为朋之多且大莫如周，然周用此以兴者，善人虽多而不厌也。

嗟呼！治乱兴亡之迹，为人君者可以鉴矣。

林则徐说："海纳百川，有容乃大；壁立千仞，无欲则刚。"王守仁说："去山中贼易，去心中贼难。"公生明，廉生威。官员只有不纵贪欲，清除心灵污垢，矫正畸形心态，驱除心魔，并加强修养，不断磨砺，努力进取，才能树立正确的思想价值观。以正其身、端其行，以获得高尚、深刻的人生体验与价值，显示人的本质及其尊严和高贵，促使自己成为一个情操道德高尚的人。

尔俸尔禄，民脂民膏；下民易虐，上天难欺。

——〔北宋〕赵炅

一丝一料，我之名节；一厘一毫，民之膏脂。宽一分，民受赐不止一分；取一文，我为人不值一文。谁云交际之常，廉耻实伤，倘非不义之财，此物何来？

——〔清〕张伯行

古汉语中有"贪墨"一词。墨，古义是不洁之称。贪墨即贪图钱财，也用来指贪官。惩治贪墨，是我国历朝历代都很重视的"吏治"内容。这是因为，官员贪贿，实在是对政治和整个社会有太大的危害，必须要严加防范和管理。

客观地说，官员要做到不贪不贿，需要抵挡住很多诱惑，是有很大难度的一件事。历史上，贪官也从来没有绝迹过，甚至有人曾总结说：中国一部二十四史"实是一部贪污史"。

正因为这样，能否做到不贪不贿也是对一个官员最重要的考验之一。"历览古今多少官，成由清廉败由贪。"要做一个老百姓认可的好官，必须要做到清廉不贪贿。不贪不贿，是官德最重要的内容之一。

当前，在我国官员中强调不贪不贿的操守，更具有现实意义和重要性。2011 年岁末，国际反腐败监察组织曾对 180 个国家"清廉度"进行排名，中国只排名第 75 位，中国香港、台湾、澳门分列第 12 位、32 位和 46位，美国第 24 位。新西兰连续 6 年排名世界第一，索马里和朝鲜排名最后。1980 年到 2011 年，31 年间我国省部以上的贪官达百名，其中除 3 人自杀和外逃，判处死刑 6 人，死缓 26 人，无期 16 人，其余为有期徒刑。这些人开始作案时间可考者 91 人，其中 53 例（约占 58%）是边腐败边提拔，43 例（约占 47%）是任副部级职务前就开始犯罪。

一、正确的物质观和精神观

要做到不贪不贿，首先要从思想上辨析清楚官员为什么会"贪贿"？"贪贿"到底是一种什么样的行为？为什么贪贿很难戒除？

贪贿，就是贪污受贿，从法律文件看，我国《刑法》第三百八十二条有关贪污罪的条文规定："国家工作人员利用职务上的便利，侵吞、窃取、骗取或者以其他手段非法占有公共财物的，是贪污罪。"第三百八十五条有关受贿罪的条文规定："国家工作人员利用职务上的便利，索取他人财物的，或者非法收受他人财物，为他人谋取利益的，是受贿罪。"

可见，贪贿的核心，就是非正当地占有财物。那么，人为什么会有占有财物的欲望呢？如果人占有财物是不可避免的，一个人占有多少财物是合适的呢？怎样占有财物才是正当的呢？这就涉及正确的物质观的问题。

1. 正确的物质观

首先应该明确，占有财物是人的一种正常心理。这是由人们生存发展的需要和资源的稀缺性所决定的。

每种生物，每个人，在其生命形成后都想延续自己的生命存在，这是一种基本的规律。而要想延续生命，就必须有相应的食物等的物质保障。更进一步，人们在实现了基本的生存目标之后，还会有发展的要求，希望能够生活得更好、能实现自己的价值、能得到社会的尊重等等，这就需要更多更好的物质基础。

但是，人们所需要的物质并不充分，具有稀缺性，所以就需要对有限的物质有一种归属和占有欲。假设每个人所需要的任何资源都是完全可以满足其需要的，人还会有专门占有它的心理吗？比如空气，我们每个人都需要，但它很充足，至少截至目前，地球上的空气还不是稀缺性资源，所以人们就不会有专门占有它，使之为自己专有的想法。

人的这种对财物占有的正常心理，是受其欲望支配的。一般来说，欲望是世界上所有生命最原始、最基本的一种本能，一切生命最基本的欲望就是生存与存在。人类的欲望是由人的本性产生的想达到某种目的的要求，是从心理到身体的一种渴望、满足。当人对物质的正常占有转化为一种欲望时，就超出了人对物质的正常需求。这是因为，人所需要的物质是有限的，而人的欲望是无限的。所以，对财物的占有是正常的心理，但对财物过度占有的心理就成了一种贪婪的欲望。欲望的无限性，又决定了人的欲望是永远无法完全满足的。所谓"欲壑难填""贪欲无止境，没有满足时"。

人类的欲望是多样的也是无限的。人类有生存的欲望和需要，有性的欲望，有发展的欲望，有享受的欲望等等。欲望还会随着人们生活环境的变化而变化，有的欲望逐渐消退，有的欲望新产生出来。如同结庐而居、茹毛饮血的时代相比，今天，人们的欲望就有了很多不同。所以，人们常说，欲不可纵，志不可满。革命烈士吉鸿昌的父亲曾教导他说："做官即不许发财。"吉鸿昌把这句话作为座右铭，他还向瓷厂订做了几百个饭碗，将这句话刻印在碗上，发给官兵。

"君子爱财，取之以道。"一般来说，官员的生活都会有政府给予一定的保障，官员应该建立正确的对物质占有的认识，通过正常的方式，获得自己正当应得的物质财富，而不是掉进欲望的陷阱之中。

《论语·公冶长》中说："子曰：'吾未见刚者。'或对曰：'申枨。'子曰：'枨也欲，焉得刚？'"意思是说，申枨私欲太多，怎么能做到坚强不屈。后来，林则徐有一句更为人熟知的话："海纳百川，有容乃大；壁立千仞，无欲则刚。"西方的《圣经》里有一句话说："私欲既怀了胎，就生出罪来。"所以，正确地看待和控制自己的欲望，是官员正确的物质观的基础，是官员能否不贪不贿的基础。

叔本华说"一切痛苦都来源于欲望"。知足者常乐，欲望是幸福的敌人。但是，一些官员大权在握，不是在追求为人们做事的快乐，而是将自己置于"欲望的奴隶"的境地，追求物欲和奢靡，从而大肆贪贿。为此，用尽心机，劳心费神，最终还落得锒铛入狱、为人不齿，甚至"机关算尽太聪明，反误了卿卿性命"。

"去山中贼易，去心中贼难。"官员只有不纵容贪欲，清除心灵上的污垢，矫正畸形扭曲的心态，驱除心魔，树立正确的思想价值，才能正其身、端其行。进而把更多的精力放在更高的精神追求方面。

2. 超越物质享受，提高精神追求

人的思想是支配行动的先决条件。在物质享受的基础上，官员应该有更高的精神追求，这样可以获得更高尚、更深刻的人生体验，体现自己更高的人生价值。

人不仅是一个肉体的存在物，同时还是一个精神的存在物。人不同于动物又超越于动物的地方，就在于除了肉体还拥有一个心灵的世界。只有在这个层面上，才能显示出人之所以成其为人的本质规定，也才能显示出人的尊严和高贵。

人的物质存在和精神存在决定了人的物质需要和精神需要，而物质需要和精神需要又进而决定了人必须拥有自己的物质生活和精神生活。而且，物质需要和精神需要对于人及其存在而言并不是平分秋色的，精神需要及其满足更带有本质的意义。

毛泽东曾说："人是要有一点精神的。"周恩来曾提出，领导干部必须过好思想、政治、社会、亲属、生活"五关"。其中，对于生活，他说：生活关分两种，物质生活和精神生活。物质生活方面，我们领导干部应该知足常乐，要觉得自己的物质待遇够了，甚至于过了，觉得少一点好，人家分给我们的多了就应该居之不安。精神生活方面，我们应该把整个身心放在共产主义事业上，以人民的疾苦为忧，以世界的前途为念。这样，我们的政治责任感就会加强，精神境界就会高尚……周恩来的一生，也确实是在这样做的，难怪英籍女作家韩素音在访问周恩来后，会称他的办公室是"一片斯巴达克式的简朴，他全然不关心任何物质享受"。

干部不同于一般的老百姓，他们应该有更高尚的品格，健康向上的精神状态，为国家和大众作出一定牺牲的精神。不仅仅停留在一般的物质需要的层面上，而应有更高的精神追求，加强自身修养，不断磨砺，努力进取，真正使自己成为一个情操道德高尚的人。有了这样的道德心理防线，干部在掌

权用权时才能不为利所动。

在杭州岳庙，有这样一副对联：

> 天下太平，文官不爱钱，武官不惜死；
>
> 乾坤正气，在下为河岳，在上为日星。

上联是岳飞答人的话："文官不爱钱，武官不惜死，则天下太平矣。"下联出自文天祥的《正气歌》诗句："天地有正气，杂然赋流形。下则为河岳，上则为日星。"对官员而言，应该追求更高的精神境界，养成一身正气，超越对钱财的追逐。

二、政亡于暴，官毁于贪

有大清朝"天下第一清官"之誉的张伯行，到福建任巡抚时，为杜绝送礼者，曾写了一首《禁止馈送檄》，张贴在巡抚署衙门外：

> 一丝一料，我之名节；
>
> 一厘一毫，民之膏脂。
>
> 宽一分，民受赐不止一分；
>
> 取一文，我为人不值一文。
>
> 谁云交际之常，廉耻实伤；
>
> 倘非不义之财，此物何来？

这一拒贿檄，简洁明了，充满正气，至今读来余味悠长，发人深思。在短短的 56 个字里，张伯行将贪贿对于官员个人名节、人格、廉耻的损害，对老百姓利益的危害等问题，均一一点出。

官员因为位置特殊，在社会中拥有独特的资源，发挥着特殊的作用，所以，一旦陷入贪贿的漩涡中，就会贻害无穷，带来各种各样的恶果，对其个人、国家、社会都将是一种不可饶恕的罪过。暴政易亡，贪官必毁。贪贿之于官员，就如同一个致命"命门"，直接决定着官员的成败存亡，贪贿之于官员，也如同那根最敏感的神经，官员既易触及，老百姓也最为痛恨。

1. 古今多少官，终究毁于贪

《论语·子路》中说："子夏为莒父宰，问政。子曰：'无欲速，无见小利。欲速，则不达；见小利，则大事不成。'"为政者，贪小利，就成不了大事。孔子的这一观点，为历史上诸多官员的落马败亡，甚至身首异处提供了一个注脚。

大家都知道一个成语"唇亡齿寒"，这句话源自"假途灭虢"的故事，即虞公因贪图财宝，而使国家灭亡。公元前 668 年，虢国因攻晋而使两国结下了仇隙。后来，晋要复仇，想借道虞国。因为走这条路，不仅可以节省时间，也可以攻虢国于不备。为此，晋献公以宝马和玉璧贿赂虞国，结果，虞公贪图贿赂，答应了晋国的请求。两年后，晋国再一次借道，贪婪的虞公又答应了。结果，晋军很快就灭了虢国，并在回兵时，乘机袭灭了虞国，虞公和虞国的大夫们都成了俘虏。

历史上著名的大贪官，无不经历了手握重权，大肆贪贿，最终败亡的人生轨迹。秦时指鹿为马的赵高，曾位至丞相，最终被诛夷三族；东汉的"跋扈将军"梁冀，贪婪奢靡，富可敌国，当其被诛杀时，受牵连的朝臣达 300 余人，以致朝中官位为之一空；北宋宰相蔡京，贪婪成性，晚年时"既贵而贪益甚"，甚至不惜做假账，领双份宰相俸禄，因有宋一代不杀大臣，所以蔡京后被流放而死；明代的"大丞相、小丞相"严嵩父子，骄横贪腐，最终被斩杀于街市；至于"和珅跌倒，嘉庆吃饱"的事情，就更为人们所熟知了。

官员贪贿，其危害既重，影响又广，所以，历朝历代的律令，都将惩治官员贪贿作为重要的内容。故此，大大小小的官员，因贪贿而毁，也就成为历史的必然了。除了律令刑典，人们也还想出了各种办法来阻止官员贪贿。

比如，宋太宗时，曾下令各衙门前都要立一块戒贪碑，上书："尔俸尔禄，民脂民膏；下民易虐，上天难欺。"现代社会当中，为防止和惩治官员贪污，许多国家都有专门的反贪局和廉政部门。

为什么贪贿会毁掉一个官员？政权运行要有一系列的规则，而所有行贿受贿者必然都是要突破这些规则，乱纲乱纪，寻求法外之便，这当然就构成了强烈的冲突，为规则所不容。更细微地说，公生明，廉生威。官员以清廉为本，就可以底气十足，无所畏惧，工作起来也就可以虎虎生威。而官员贪贿，必然损害其人格、名节、公正、廉耻等，拿人手短，吃人嘴软，必然影响到其为政的心态、行政措施的实施等。时日长久，必然陷入各种利益、人情、关系等等的泥潭陷阱之中，也就无法正常为官行政，甚至贪赃枉法，执法犯法，一步步走入囹圄。

在共和国的历史上，刘青山、张子善也为官员因贪而毁树立了一个反面典型。他们原本都是党的高级干部，为新中国流过血、立过功，以其资历、能力本也都可以成为一名好干部，取得更大的成就，但却因贪腐而很快受到惩治。

另一方面，从人们对于清廉的看重，也可说明防止贪贿对于干部的重要性。在苏州文庙内，有一块奇石，高约两米五十，厚约七十厘米，宽不足两米，名为"廉石"。最初由东汉末年为官清正的郁州太守陆绩卸任后带回苏州故里。到了明朝弘治九年（1496 年），监察御史樊祉将其移置城中察院场建亭保护，亲自题名为"廉石"。康熙四十八年（1709 年），苏州知府陈鹏年十分仰慕陆绩的清廉，又将"廉石"移至苏州文庙内，以作纪念，供人观瞻。这块廉石的故事绵延近 2000 年，为不同朝代的官员所看重，折射出的正是官员清廉在中国人心目中的重要性。

2. 百姓恨贪胜于贼寇

因为有了行贿受贿的现象，社会要失去公平，人类失去正义，是非要被颠倒，真相要被迷惑。因此，自古以来人们对行贿受贿的现象总是给以揭露批评鞭挞和惩罚，老百姓对于这种以受贿而昧心的官员也是痛恨不已，甚至超过贼寇。

在桂林，有一块惩贪官碑。碑文为："浮加赋税，冒功累民。兴安知事，吕德慎之纪念碑。民国五年冬月闰日公立"。指名道姓，为贪官立碑，彰显其恶，以戒后人，全国大概仅此一例。其作用正如朱元璋将贪官"剥皮实草"立于衙堂之侧。

朱元璋出身贫寒，深知百姓对贪官的痛恨，他自己也特别痛恨官员贪贿。所以，他对官吏贪污，处罚也特别重。犯有贪赃罪的官吏，一经查清，一律发配到北方荒漠中充军。官员若贪污赃银 60 两以上，将被处枭首示众、剥皮实草之刑。他命令在各府州县衙门左侧设皮场庙，就是剥皮的刑场，贪官被押到这里，就会被砍下头颅，挂到竿子上示众，然后再剥下人皮，塞上稻草，摆到衙门公堂旁边，用以警告继任的官员。有时，还让犯贪污罪的官吏服刑后继续任职，充当反面教员。

我国古代常常有大赦天下以示仁政的行为，但历览古代大赦史，贪官污吏往往不在大赦之列，可见人们对于贪赃者之恨。唐朝是历史上下诏大赦最频繁的朝代之一，但都不赦赃官。唐太宗于贞观四年（630 年）颁布赦令，罪无轻重，包括死罪在内皆赦免，但却特别申明：枉法受财之赃官不在赦列。"安史之乱"后，唐肃宗以天下未定颁布赦令，凡死罪者减为流放，流放罪以下一律赦免，但亦申明官吏贪赃枉法者不得赦免。尔后文宗、宣宗、懿宗、僖宗等皇帝的大赦令中，均特申官吏犯赃不予赦免。宋时亦确定官吏贪赃为不赦之罪，还将赃官定为与"十恶杀人者"同罪。

温家宝总理曾说过这样一段话：群众看公务员，其中很重要的一条就是看他们是否廉洁。如果一时工作上的失误还可以谅解的话，那么贪污腐败是决不可容忍的。每个公务员都要做到"进不失廉，退不失行"，一身正气，两袖清风，坚决同腐败现象作斗争，树立清正廉洁的良好形象。这样，我们才能赢得群众的真心拥护。

2005 年 5 月，丹麦曾曝出低阶移民官员收受中国留学生贿赂丑闻，其中一件贿赂金额约七万五千元人民币，竟被称为"丹麦三十年最大宗的贿赂案"。丹麦是当前全球最清廉的国家之一，在 2011 年全球清廉指数排行榜上名列第二。长期以来，对贪污腐败的"零容忍"深深扎根于丹麦社会和丹麦人心中，人们无法容忍政府官员贪腐或享有特权。

大凡一个部门、一个地区的负责人贪污受贿、腐化堕落，这个部门、地区的经济犯罪问题往往就更严重。主要干部贪污受贿，不仅给其他层次的大小官员做了坏样子，而且他们收受贿赂的对象大多就是下级官员，在接过行贿者贿金的同时，也会将贪欲传染给行贿者，从而上行下效。官吏之所以贪墨，其病因却决非贫穷而是贪欲，是利用手中的权力进行掠夺或交易。因此，它无论在何时何地，都会激起民众的公愤。

当前，一些干部禁不住诱惑，丧失了基本的价值观和精神追求，物欲膨胀，利令智昏，权力寻租，权钱互换。为了中饱私囊，贪贿腐化，不惜给国家造成各种损失，给百姓带来各种危害。有的甚至巧立名目，吃拿卡要，认为"权有多大，利就有多大"，出现了"公共权力部门化，部门权力利益化，部门利益个人化"等现象。这些危害最终都要转嫁到老百姓头上，也就难怪老百姓对此极为痛恨不满。

三、在心里筑起一条反贪防线

《后汉书·杨震传》记载："当之郡，道经昌邑，故所举荆州茂才王密为昌邑令，谒见，至夜怀金十斤以遗震。震曰：'故人知君，君不知故人，何也？'密曰：'暮夜无知者。'震曰：'天知，神知，我知，子知。何谓无知！'密愧而出。"

这里所说的东汉人杨震，为官公正廉洁，不谋私利，由于非常热心教育事业，还赢得了"关西孔子杨伯起"（杨震字伯起）的美名。他在赴任东莱太守途中，路经昌邑。当时的昌邑县令王密，是他任职荆州刺史时提拔的官员。王密听说杨震路过本地，为报答当年的提携之情，于是白天去谒见杨震，晚上则准备了白银十斤想赠送给杨震。并说："现在是深夜没有人知道。"杨震说："天知、神知、我知、你知，怎么能说没有人知道呢？"王密听完后，惭愧地离开了。这就是著名的"四知美誉留人世"的故事。

唐代诗人杜荀鹤曾有一首《径溪》诗："径溪石险人兢慎，终岁不闻倾覆人。却是平流无石处，时时闻说有沉沦。"常常保持"战战兢兢，慎言慎行"的思想警惕，即使河道危险一些，也不会摔倒。

对于贪贿，干部要在自己的心底筑起一条最可靠的防线，处处留戒心，时时存四知，不在于别人知不知道，关键是自己要有坚守，始终保持这种"径溪石险人兢慎"的状态，才能收到最好的效果。这是因为，官员贪贿的具体心态可能是多样的，但大都和思想意志薄弱有关。大多数贪贿者，都经历了一个思想斗争的过程，都是在思想稍有懈怠的情况下，迈出第一步，然后越陷越深的。

1. 手莫伸，伸手必被捉

陈毅元帅有一首《七古·手莫伸》，其中写道：

> 手莫伸，伸手必被捉。
> 党与人民在监督，万目睽睽难逃脱。
> 汝言惧捉手不伸，他道不伸能自觉。
> 其实想伸不敢伸，人民咫尺手自缩。

"手莫伸，伸手必被捉。"这句流传最广，成为劝诫警示那些心有邪念、蠢蠢欲动者最常用的话。

干部贪贿，明知为法令所不容，为什么还会以身试法，屡禁不绝呢？究其原因，一方面，是贪婪的欲望作祟，另一方面，则是贪贿者大多都心存侥幸，以为自己的行为不会为人所知，神不知，鬼不觉，可以蒙混过关。至于个别身居高位，无所顾忌者，则属于利令智昏，挑战法令。

但是，历史一再证明，法网恢恢，疏而不漏，对那些"伸手者"，必然会有东窗事发，"手被捉"的那一天。随着社会文明的进步，公众民主和监督意识的增强，贪贿者被揭发的方式越来越多，东窗事发的时间也越来越短，其侥幸心理的存在空间也越来越小。

陈良宇已经官至中共中央政治局委员、上海市委书记，其多年以来的贪腐罪行不也得到惩治，身败名裂吗？近年来，诸多干部都是在已经调离或者高升之后，因其在原来工作岗位上的贪腐行为而受到惩处落马的。如陕西省政协原副主席庞家钰，就是因其在任宝鸡市委书记期间的问题而东窗事发。贵州省交通厅原厅长卢万里，在其已经出逃海外后，最终还是被引渡回国，接受法律制裁。如此等等，都说明无论方式如何、时间多久，伸手者，必被捉。

2012年元旦刚过，一张《过去10年"小偷反腐"10个著名案例》的图片在各大论坛和微博上疯传，引发网友热议。许多网友调侃说"小偷，反腐战线上的一支奇兵"。该事件的起因，是此前几天山西焦煤集团原董事长、党委书记白培中被免职，原因是白培中家中被偷，其妻报案时谎称被偷300万，但小偷被抓获后，证实被盗财物近5000万元。

其实，所谓"小偷反腐"，并非新话题，自2000年来，几乎年年都会发生此类案件。网上热传的"小偷反腐10个著名案例"也只是财新网所做的不完全统计。甚至有小偷专偷官员，除了收获丰厚，官员往往还选择不声张，大大降低了小偷被抓的风险。这也从另一个角度说明，为官莫贪，贪官终究会被捉，方式可能多样。与此类似，近年来还出现了各种各样的反腐新招，还有所谓"二奶反贪""行贿者反贪"等等。

与这些贪官形成对比的是，郑培民的家曾发生过这样的事：两个小偷撬门进入郑家，翻箱倒柜，偷了 4000 元现金和两条烟。这 4000 元钱是郑培民女儿出差后尚未归还的公款。几个月后，归案小偷的坦白与郑家报案的数字完全吻合。

就当今世界范围来说，新加坡的官员清廉为人称道。在新加坡，其公职人员上自总理，下到一般公务员，除应得的工薪外，均没有任何其他好处和油水。没有公用车，没有官邸"公房"。任何人都没有找借口开上发票便可胡乱报销的机会。不给官员任何"伸手"的机会，当然也就不会"手被捉"。官员不得到处题字、剪彩，更不准以此为由收受红包，不得向下级单位或所辖企业"借钱""要钱"。

当前，我国国家工作人员的收入相对较低，与某些行业和一些个体经营业主相比，存在一定的差距。一些人员便容易心理失衡，其中那些意志薄弱、自控能力差的人便会利用手中的职权贪赃枉法，掉入犯罪泥坑。

2. 戒小私，蚁穴溃坝成泽国

唐德宗时，陆贽为宰相，他为官清廉，对上不贿，对下不贪。德宗曾向他下过一道密旨，大意是：一概拒绝馈赠，办事恐怕不大方便，重礼不可收，但像马鞭、鞋靴之类的薄礼，收亦不妨。

可陆贽却严肃地说，收薄礼也是受贿，贿道一开，辗转滋甚；鞋靴不足，必及衣裘；车舆不足，必及金璧；涓流不止，溪壑成灾。陆贽的话，其实说出了一个非常重要的问题：官员贪贿都是从小事小节开始的，防止贪贿，就是要从戒小私开始，防微杜渐。

从小事小节入手，在这方面，周恩来总理曾经做出了表率。有一次，周恩来接见外宾，途中绕道去理了个发，回来后，他把绕道的路算作私事交了车费。平时，他个人用车，都要自付汽油费，如司机忘了记账则会受到严厉批评。周恩来外出时，每到一个地方吃饭，总是要付款、交粮票，一分也不能少。甚至喝一碗白开水，也要交费。日常工作中，凡是送给他的礼品，都一律退回，不能退的，自己付款后交有关部门处理。

与开国领袖们这种严格相比，现在的很多贪官都是因为小处随便或者无意中有了第一次，而最终越走越远的。贪污受贿者几乎无一不对其第一次犯罪经历记忆犹新，甚至连当时的惊恐、激动交织的心情都能重温。尽管后来的贪腐过程中，也可能不止一次提醒自己：这是最后一次，赶快悬崖勒马。但最后往往都是一次次滑向更危险的深渊，越陷越深。

海南东方市委原副书记吴苗曾经说，在接受审讯的日日夜夜里，他想的最多的是：到底是什么原因使自己步入歧途，进而陷入犯罪泥潭的？静心思忖，他在收礼受贿上也经历了一个从警惕、拒绝到默认，从几千元到几万元，最后发展到几十万元、上百万元的渐进过程，从违规、违纪以致到违法、犯罪。俗话说绳从细处断，祸从贪念生。心里有了贪欲，就再也无法回头！贪财捞钱的欲望就会无限膨胀，一发不可收拾。

吴苗刚担任东方市委组织部部长时，有些干部、朋友在逢年过节时上门送红包，开始时他把这种行为看成是正常的人情往来。慢慢地，逢年过节上门送钱的人多了，红包里的钱也厚了，他也警觉了。对送钱的人，曾坚决拒绝过，甚至采取过关闭手机不接电话等方式躲避，用实际行动拒绝送礼的人。然而，随着时间的推移，加上社会上人情风俗的影响，拒腐防变的思想逐步淡化，成为了收礼受贿的俘虏。第一次，过春节时一名干部给他送了2000元红包，他表示拒绝不收，对方说只是表示个心意，最终也就收下了。当时认为这只是礼节往来，并没有想太多。此后，便顺理成章、心安理得地有了第二次、第三次……红包里的金额也由开始的几千元，到后来的几万元。千里之堤，溃于蚁穴，人的思想防腐堤坝一旦溃堤，就再也堵不上了。

行贿者为达到自己的目的，其行贿手段不断出新，名目繁多，方式隐蔽，受贿者稍微流露出的弱点，往往就会成为行贿者所攻击的方向。所以，不贪小利，力戒小私，让行贿者无机可乘，使自己保持警惕，是干部做到不贪不贿必要的修养。比如，行贿者往往会在"礼尚往来"幌子的掩盖下，通过春节拜年、恭贺子女上学、红白喜事等机会，实现行贿目的，还美其名曰促进感情、人情礼数。有很多人，为了达到自己的一己之私，整天一门心思研究官员的喜好，努力投其所好，名画、古董、美色、溜须拍马，几乎无所不用。

戒小私，不是一时之戒，而是始终不能放松。从引起社会热议的原红塔集团掌门人褚时健，到近年频频出现的"60岁现象""天花板现象"，说明戒一时之小私容易，而能一直坚持，实为不易。

云南省财政厅原副厅长肖晓鹏，担任厅级干部长达15年，在还有6年就将退休的这段时间里，眼见仕途无望，便产生了贪念，并抓住机会大捞钱财……收受财物等折合人民币17.4万余元，伙同他人非法占有国家财政资金577万元，被判处有期徒刑十八年，并处罚金20万元。肖晓鹏并非天生贪婪。他从1969年参加工作，至2002年长达33年的时间里虚心好学，工作勤奋，廉洁自律。然而，肖晓鹏没有守住清正廉洁的最后一道防线，在他临退休之前"出事"了。

人的心理结构发生畸形恶变，都要通过主观的罪错冲动心理发生作用。在同一条件下的人，由于主观意志不同，有的人始终坚定信念站稳立场，不受任何影响；有的经受不住诱惑和风浪的考验，在不良的特定环境氛围中放任不良个性发展，使主观意识隐匿着犯罪的主动性和破坏性，进而还可能发展到有预谋、有计划地实施犯罪。

无数案例表明，自制意识的失控，放纵心理，会极大地诱发职务犯罪。如果对防腐拒贪的行为没有坚强的自制能力，贪贿犯罪就会得以实施，甚至创造条件、选择时机、利用隐蔽手段，来达到犯罪的目的。所以，从小处着手，严谨自己的行为，戒小私，防大患，是每一位干部都应该高度警惕的事情。

3. 贪无用，却为别人背黑锅

所谓"食不过三顿饭，睡不过三尺床"。对每个人而言，无论是平头老百姓，还是高官显贵，终其一生，所能消费的财物都是有限的。贪官所得之财物，个人生不能用尽，死难以带走，最终只不过是一个数字概念，成为他的人生污点和负担，为此承受牢狱之灾，甚至赔上性命。

所以，贪贿者只不过是钱财的奴隶，行贿者们一旦图谋得逞，受贿者只不过就是他们手中所使的枪。贪贿的实质，只不过是替别人背了黑锅而已。有一句出现在手机短信上的调侃说：别人送的钱物，是通往监狱的通行证。慎之慎之！

近年来屡屡出现的"贪官装穷"案例，就是对此的很好的说明。

2011 年 7 月，山东齐河县财政局原局长任居孟因贪污罪、受贿罪等数罪并处，被判刑 18 年。任居孟被查处时其来源不明的财产金额累计多达 1194 万元。但是，日常生活中的任居孟是什么样子的呢？为了省钱，任居孟会在周末一大早起来，和一帮老头老太太在超市门口排队，只为买每斤便宜一角钱的鸡蛋；一件贴身上衣穿了十几年，洗得都露出了洞，他依然舍不得丢掉。被抓捕后，有段时间，他还告诉家人从家里捎些鸭蛋来，因为监所里的鸭蛋要一块钱一个，比外面的贵。

重庆南川原五金交电化工有限公司经理金荣中，因贪污、职务侵占、挪用公款、偷税等问题，于 2005 年 5 月被判刑 12 年，其个人所得总计共 164 万余元。但长期以来，金荣中却一直带领全家过着"苦行僧"一般的生活：他的手机是最老最老的款式"大哥大"，而且，他的这个大哥大，还有地方已经残破，他用胶布包了又包。此外，金荣中和妻儿常拣亲戚的旧衣服穿，他最"体面"的一件皮衣，竟是其姐夫不要后送给他的。他几十年来一直住在职工宿舍，家中不曾装修，没有像样的家具和家电，甚至用报纸糊窗户。其行为真是让人目瞪口呆，一个"百万富翁"竟然会"穷"到如此地步。倘若就是一般的人，又有几个还会再用打了补丁的"大哥大"，会用旧报纸来糊窗户。在周围人看来，他简直就是在"活受罪"。

也许有人认为，这些贪官"装穷"，是为其贪污受贿作掩护，是一种策略。但问题的实质是他们对钱财的占有观念，完全成了一种畸形的欲望。试想他们如果没有贪污受贿，心里坦坦荡荡，该享受的生活都光明正大地享受，比起"活受罪"的生活岂不是更有滋有味？贪贿大量财物，却不能正常地让这些财物为人的生活服务，贪贿又是为了什么？

类似的案例还有：兰钢原总经理张斌昌，上班骑自行车，在大食堂和工人一起吃饭，其因贪污巨款东窗事发后，大家竟然怀疑是不是反贪局搞错了；四川省交通厅原厅长刘中山衣着朴素、饮食简单，被称为"廉政厅长"，可他却伙同他人贪污1000万元；陕西宝鸡市公安局原局长经常脚穿一双解放胶鞋，一个绿色帆布挎包形影不离，一身"朴素"形象给他带来了"挎包局长"的美誉，可经查，其近年来违规收受各种礼金达30多万元；武汉市市政建设管理局原局长明九斤朴素节俭，他穿的衣服、皮鞋都是便宜货，脚上的袜子甚至还有一个大窟窿，可其在任职期间，却利用职务便利，收受贿赂共计人民币47.5万元；还有广西玉林市原市委书记李乘龙出差时常吃方便面，令手下叫苦不迭，最后经查，其收受贿赂合计人民币390多万元，有650万元财产来源不明等等。

这些人的行为，可以让我们很清楚地看到，贪占财物是一种欲望，与人正常的对生活资料的需求是两回事。贪贿，主要不是出于弥补生活中财物匮乏的需要，而是人的一种超物质的欲望。

据《梁书·鱼弘传》记载，南北朝时，梁武帝一朝曾出了个大贪官鱼弘。鱼弘在其管辖的地方总实行"四尽"政策。他常常得意忘形地对人说，我为郡，水中鱼鳖尽，山中麋鹿尽，田中米谷尽，村里民庶尽。他娶了大小老婆一百多个，"不胜金翠，服玩车马，皆穷一时之绝"。对于钱物的占有，已经到了一种不可理喻的地步。

干部所贪钱财，对自身而言，并没有太多实际的意义，当他因此而成为阶下之囚时，就会明白，贪贿无用，生命有期，他只是在用自己的名节、生命在为别人背黑锅而已。

4. 防小人，小贿背后有大祸

有句话说"世界上没有人愿意行贿"。意即所有的行贿者都是被迫的。暂且不论这句话的准确性，但却可以反映出大多数行贿者的心态。

行贿者为什么要行贿？行贿是行贿者是在利用正常手段不能达到个人目的时才使用的卑鄙手段，通过权钱交易，实现个人理想，达到个人目的。他们送出"小额"的贿金，必然要得到更多的利益。所以，小贿之人有大志，贿金之后有黑金。那双手奉上的一笔笔贿金，实际上是一颗颗祸心。对官员来说，收受贿赂，实际上是被行贿者所害，一不小心上贼船，小贿背后有大祸。

春秋时，宋国有位大臣叫乐喜，乐喜向来不贪不占，节俭自律。有个人获得了一块美玉，非要献给乐喜不可，乐喜说，你以美玉为宝，我以不贪为宝，如果我接受了美玉，我们都失去了宝。官员防止被周围小人的贿赂所害，就要做到"以不贪为宝"。

近年来，一些贪官落马的背后，都有某个或某些固定的行贿者的影子。他们之间，貌似结成了稳固的利益、钱权关系，但官员往往成为这种关系中的牺牲品。

2011 年 7 月 22 日，中国移动通信集团公司原党组书记、副总经理张春江因犯受贿罪，被判处死缓。张春江的背后，就有一两位固定的行贿者，其中之一是他在北京邮电大学时的同学宋世存。长期以来，宋世存在做生意的过程中，多次打着张春江的旗号，一路走来，获益颇丰，为了抓住张春江这棵大树，宋世存不断通过各种方式向其送钱，增进感情。对外，则到处说他与张春江之间的关系如何如何，以便获得更多获益的机会。最终，宋世存因为其他违法乱纪的事情被收审，牵连出了张春江，张春江的前程仕途也就被完全断送。

所以，对干部来说，防止贪贿，一定要注意自己周围那些别有用心的"小人"，不要被其表面的谄媚迷惑，不要被其提供的各种好处和方便迷惑。要注意慎重交友，辨别是非。问题的复杂性还在于，这些人平时所表现出的，有可能完全是一副谦谦君子的样子，热情、友好、富有人情味等，要能区分什么人是真正的朋友，什么人是有所企图的小人。

不仅是干部自己要做好这一点，也要要求自己的家人做好这一点。干部的子女也许识别能力稍差一些，被这些"小人"利用的可能性更大，行贿受贿的方式更隐蔽，所以也更具迷惑性。

在陈良宇案爆发后，就有评论指出：痛定思痛，不得不关注干部周围的"气候"问题，即围绕在干部周围的都是哪些人，由此形成的相对稳定的"圈子"的风气如何。至于形成"气候"的元素，家人和亲戚概莫能外，秘书和其他身边工作人员也在其中，还有诸多抱着升官发财等各种目的追逐游荡四周的人，其中少不了那些有钱也想有势的"企业主"。

有人总结说，在贪官故事中，从来就缺少不了小人与女人。当然，这并不是说小人与女人怎么样，关键还在于贪官自己怎么样，上有所好，下必有人投其所好。

2009年3月17日，浙江临海市文化广电新闻出版局原局长周华清因贪污罪、受贿罪被判处其有期徒刑12年。周华清共收受贿赂35万余元、侵吞公款1.9万余元，其非法所得，很大一部分的来源是兰花。在周华清眼中，养兰花纯粹是一种爱好。然而，作为一种名贵花种，有些兰花一株就要几万甚至几十万。许多想要找周华清帮忙的人便投其所好，以兰花为手段与其拉拢关系。周华清也开始利用手中的职权为他人牟取利益，以换取自己所心仪的兰花。于是，堕落就从收受名贵兰花开始。

经典
阅读

清 贫

◎方志敏

　　我从事革命斗争，已经十余年了。在这长期的奋斗中，我一向是过着朴素的生活，从没有奢侈过。经手的款项，总在数百万元；但为革命而筹集的金钱，是一点一滴都用之于革命事业的。这在国方的伟人们看来，颇似奇迹，或认为夸张；而矜持不苟，舍己为公，却是每个共产党员具备的美德。所以，如果有人问我身边有没有一些积蓄，那我可以告诉你一桩趣事。

　　就在我被俘的那一天，一个最不幸的日子，有两个国方兵士，在树林中发现了我，而且猜到我是什么人，他们满肚子热望在我身上搜出一千或八百大洋，或者搜出一些金镯金戒指一类的东西，发个意外之财。哪知道从我上身摸到下身，从袄领捏到袜底，除了一只时表和一支自来水笔之外，一个铜板都没有搜出。他们于是激怒起来了，猜疑我是把钱藏在哪里，不肯拿出来。他们之中有一个，左手拿着一个木柄榴弹，右手拉出榴弹中的引线，双脚拉开一步，作出要抛掷的姿势，用凶恶的眼光盯住我，威吓地吼道：

　　"赶快将钱拿出来，不然就是一炸弹，把你炸死去！"

　　"哼！你不要做出那难看的样子来吧！我确实一个铜板都没有存；想从我这里发洋财，是想错了。"我微笑着，淡淡地说。

　　"你骗谁！像你这样当大官的人会没有钱！"拿榴弹的兵士坚决不相信。

　　"绝不会没有钱的，一定是藏在哪里，我是老出门的，骗不得我。"

　　另一个兵士一面说，一面弓着背将我的衣角裤裆过细地捏，总企望着有新的发现。

"你们要相信我的话，不要瞎忙吧！我不比你们国民党当官，个个都有钱，我今天确实是一个铜板也没有，我们革命不是为着发财！"我再次向他们解释。

等他们确知在我身上搜不出什么的时候，也就停手不搜了；又在我藏躲地方的周围，低头注目搜寻了一番，也毫无所得。他们是多么的失望啊！那个持弹欲放的兵士，也将拉着的引线，仍旧塞进榴弹的木柄里，转过来来抢夺我的表和水笔。后来彼此说定表和笔卖出钱来平分，才算无话。他们用怀疑而又惊异的目光，对我自上而下地望了几遍，就同声命令："走吧！"

是不是还要问问我家里有没有一些财产？请等一下，让我想一想，啊，记起来了，有的有的，但不算多。去年暑天我穿的几套旧的汗褂裤，与几双缝上底的线袜，已交给我的妻放在深山坞里保藏着——怕国军进攻时，被人抢了去，准备今年暑天拿出来再穿；那些就算是我唯一的财产了。但我说出那几件"传世宝"来，岂不要叫那些富翁们齿冷三天?！

清贫，洁白朴素的生活，正是我们革命者能够战胜许多困难的地方！

一九三五年五月二十六日写于囚室

爱莲说

◎〔北宋〕周敦颐

水陆草木之花，可爱者甚蕃。晋陶渊明独爱菊；自李唐来，世人甚爱牡丹。予独爱莲之出淤泥而不染，濯清涟而不妖，中通外直，不蔓不枝，香远益清，亭亭净植，可远观而不可亵玩焉。

予谓菊，花之隐逸者也；牡丹，花之富贵者也；莲，花之君子者也。噫！菊之爱，陶后鲜有闻；莲之爱，同予者何人？牡丹之爱，宜乎众矣。